大师经典

新企业文化

重获
工作场所的活力

THE NEW
CORPORATE CULTURES
Revitalizing the Workplace after Downsizing, Mergers,and Reengineering

迪尔作品

[美]特伦斯·迪尔（Terrence E. Deal）[美]艾伦·肯尼迪（Allan A. Kennedy）◎著
李原　黄小勇　孙健敏◎译

珍藏版

中国人民大学出版社
·北京·

译者序

如果说《企业文化》（中国人民大学出版社，2020）一书带给你的是在文化天地自由驰骋、激情澎湃的感觉，那么，阅读完两位作者近20年后的又一力作《新企业文化》，则是另一番滋味在心头。经历了20世纪八九十年代裁员、兼并、合同外包、企业再造的洗礼与重创之后，劫后余生的企业文化大多已是体无完肤了。大多数公司在收获了短期效益的回报后，已经开始在偿还因牺牲了长期利益而带来的惨重代价。

美国的经验与教训在进入我国时，常常有一段时间的迟滞。今天，结构重组、流程再造、精简规模、战略联盟这些技术手段，正在被中国企业奉为管理的金科玉律，我们希望清醒而冷静的管理者在追随这些时代潮流之前，先看一看应用这些所谓金科玉律的前车之鉴。在追求短期效益的背后，牺牲的往往是企业的灵魂，是那些承载着企业精神和价值理念的“公司记忆”。

乱世出英雄。这也是一个造就英雄的时代。英国电信公司在瓦兰斯的带领下，历经人员精简和结构重组之后，不仅得到了留任员工的认同，也获得了离开员工的认同；大陆航空公司在贝休恩的带领下，从濒于破产的边缘成为全美最佳的营运公司。这些传奇故事向当今的管理者展现了领袖的作用。在混乱的环境中塑造一种可行的企业文化要求领导者的目光要能够双重聚焦：一只眼睛盯着那些必要的改变，另一只眼睛盯着保持传统和文化的凝聚力。

两位作者以一贯的诙谐笔调，轻松地讲着故事，给我们揭示了购并狂潮中不同文化的碰撞和妥协。当你读到莲花公司被 IBM 收购，莲花的员工都谨慎地一改往日的休闲装扮，为迎接 IBM 总裁的到来纷纷穿西装打领带，但他们看到的却是约翰·汤姆森身着 T 恤和牛仔裤出现在他们面前，你也会不禁身临其境般哑然失笑。

作者还大胆地倡议，在重整企业文化的过程中，让工作成为一种快乐，所以，管理者不仅要有“智商”“情商”“财商”，还要有“乐商”。快乐是一种标签，它让人意识到自己很享受这份工作，这份工作对自己意义重大。虽然娱乐不是工作的全部，但辛苦也同样不是。

翻译大师的作品无疑是一种享受。在翻译的过程中，我们常常觉得自己置身于与大师的对话当中，乐此而不疲，虽苦而不觉。同时，翻译经典作品也是一种挑战。大师博学多才、视野开阔、引经据典，而译者才疏学浅，翻译不当之处在所难免，敬请各位读者不吝赐教。

感谢老朋友于波对我们的信任、支持和包容，把这一艰巨的任务交给我们。感谢本书责任编辑的辛勤劳动。参与翻译本书初稿的还有王兵、蒲瑶、王寅珊、李刚、罗红艳，在此一并致谢。

孙健敏　李原

致谢

我们要向帮助这本书出版的许多人致谢。首先也是最重要的，我们的感谢必须指向 John Kotter，James Heskett，James Collins 和 Jerry Porras。是他们充分相信我们在 1982 年的想法，并给我们以及每一个理解企业文化重要性的人补充了那些无以估量的重要内容。对于他们对文献的补充，我们深表感谢。

本书在准备过程中得到了很多人的帮助。其中包括无与伦比的 Homa Aminmadani，迪尔的这位同事永不知疲倦，如果没有他的主动精神，这本书不可能完成。坚韧的研究者 Brian Jensen 和 Chris Kane 做了很多工作来支持我们的观点。Michael Kennedy，这位在文化方面很有实力的著名学者，给我们提供了大量的编辑意见。Ken Kalb，Dennis Powers，Suki Mudan，以及 Parker Llewellyn，都给了我们很有益的建议，Perseus 集团的编辑 Nick Philipson 也是如此。Sandy Deal 和 Alison Kennedy 更是最重要的支持者以及内部评论家，他们贡献了无数努力。

我们还得益于很多商业方面其他观察家的作品，他们的成果都在正文中有所引用。任何的错误或不当之处都是本书作者自己应承担的。

特伦斯·迪尔

艾伦·肯尼迪

引言

我们曾在1982年出版了《企业文化》一书。当初写作该书的动机，是因为苦恼于自己的能力中欠缺一些东西，因而难以真正理解组织。尽管欠缺的这些东西表面上看来微不足道，实际上却是作用巨大的。与其他先驱者一样，我们大胆地提出了一种想法，它存在于商业的理性与技术外表之下，我们把这股虚幻的力量称为“企业文化”。

这本书以及具有相似主题的其他著作的出版，引发了一场大论战。有些评论家认为我们触及了一些重要内容，另一些人则认为我们的思想是管理学与人类学两个领域中的垃圾。有的企业界领袖称赞说，我们的理念为他们提供了一条能够深入触及企业经营实质的途径；也有人嘲讽地预言，企业文化这个概念如同20世纪80年代的呼啦圈，是昙花一现。

在新千年到来之际，“企业文化”这一概念得到了主流商业界的广泛认同。许多高层管理者在制定经营规划时把企业文化放在了与公司战略同等关注的地位。一些企业的购并行为被回避，是因为各方的文化存在差异；另一些购并行为得以实施，是因为各方的企业文化具有和谐性。领导的象征性方面也得到了特别的关注，这些关注者中包括麻省理工学院的《组织文化与领导力》（*Organizational Culture and Leadership*）一书的作者埃德加·沙因（Edgar Schein），他有着大胆的洞察力，“有这样一种可能性，但在领导学研究中并未得到重视，即领导者所做的唯一真正重要的事情，就是创造并管理企业文化。因此，领导者的独特才干就在于和文化打交道”。其他的著作，最值得一提的有约翰·科特与詹姆斯·赫斯克特（John Kotter and James Heskett）合著的《企业文化与经营业绩》（*Corporate Culture and Performance*），詹姆斯·柯林斯与杰里·波拉斯（James Collins and Jerry Porras）撰写的《基业长青》（*Built to Last*），他们提供了大量强有力的证据，表明强文化的公司通常以极大优势胜出那些缺乏文化气质的普通公司。这本书出版的 15 年后，企业文化终于步入了成熟阶段。

1982 年以来，企业文化中发生了什么

自我们的第一本书出版以来，企业文化本应受到更有力和更集中的宣传与关注，但遗憾的是，事实远非如此。此后发生的种种事件，使企业文化遭遇到来自各方的攻击和挑战。一些因素的发展和改善，如复杂性的增加以及电脑技术的运用，是必然的。另一些因素，诸如对股东价值的广泛接纳，并把它作为商业伦理的驱动力，给充满活力和生机的企业文化挖掘了坟墓。

为了追求股东价值这一新型的商业伦理，管理层顺应了一些极具破坏力的潮流。公司减员的同时也切去了很多组织的核心部分；合同外包（outsourcing）虽然有助于公司专注于其核心竞争力，但它是以丢掉内部的文化凝聚力为代价的；企业购并只是把彼此陌生的不同群体拼凑在一起，而很少甚至根本不考虑它们之间如何能够协调一致。这种例子还在不断增加。

支持者也许会争辩，在竞争日益激烈的全球市场上，这些变革对于重新夺回企业赖以生存和发展的优势至关重要。但这类变革的批评家

们，也包括我们自己在内，则反驳说，这种近乎不加思考就采用的经营战术，常常丢掉的是商业经营的灵魂。在很多案例中，管理层的行动破坏了员工工作生活中的社会联系。而真实的情况很有可能位于悲观和乐观两个极端中间的某个位置。

在这本新书中，我们打算按时间顺序记录这些变革：它们从哪里产生，它们为什么会发生，以及它们对企业文化的影响。我们还对经历了20世纪80年代初那些令人筋疲力尽的攻击后，如何实现企业的复兴提出了建议。我们希望当代管理者能通过本书找到一种办法，在为了维持竞争力而进行的管理活动与员工希望归属于一个有意义的组织的人类需要之间找到平衡之道。乐观地说，我们有志于为管理者提供指导，使工作重新恢复当代生活中的中流砥柱的地位。悲观地说，我们仅仅希望能够阻止企业为了追求短期效益而实施一些欠考虑的管理活动。如果能实现这两个愿望中哪怕很小的一部分，就已经超出我们对本书的期待了。

重新关注文化要素

企业中有效领导的关键在于，读懂并回应文化线索。无论你是纵观人类的发展历史，还是横向比较不同国家的发展现状，文化都表达了一种特别的生活方式。1995年，《财富》（*Fortune*）杂志报告了它所进行的公司声誉调查的结果。这份报告进一步证实了我们早在1982年就已得出的结论："人们越来越认识到，公司并不仅仅是靠那些财务数字而生存的。那些在调查中名列前茅的公司都有一个共同之处：有着充满活力的企业文化。"在一个凝聚力很强的企业中，生机盎然的企业文化能够为一个深刻而持久的共同目标作出贡献。这种文化的活力很大程度上是基于长期以来人们通过共同合作和互相学习而编织出来的一块完整的文化织锦，这块织锦中交织着一套互锁的文化要素：历史产生了价值观；价值观创造了行为的重心并塑造着行为；英雄人物是核心价值信念的具体化身；礼仪与庆典进一步强调了价值观，并唤醒了集体主义精神；通过故事，传颂英雄事迹，强化核心价值观，并提供有关公司事件的令人兴奋的素材。我们在 1982 年的第一本书里描述过这个框架，并将其作为这本新书的背景知识，我们针对这几年来企业文化的发展历程，再作一个简要的回顾。用麦肯锡咨询公司（Mckinsey & Company）前任总经理李·沃顿（Lee Walton）的话来讲，文化就是那些“带领大部队（员工们）向西挺进”的东西。

历史：公司植根的动力

如今的公司常常沉迷于短期的经营业绩表现。这种对于当前时间点的异乎寻常的专注，使得公司常常忽略了对它们是“从哪里来”的思考。实际上，这种思考才能使我们对于目前所处的位置以及朝何处去的方向有更好的理解。柯林斯与波拉斯的著作《基业长青》明确指出，公司的愿景建立在以往经验和教训的基础上：

> 如果不去考察乔治·默克（George Merck）在 20 世纪 20 年代所制定的经营哲学（药品是为了病人，而不是为了利润。但利润会随之而来）的根源，我们怎么会理解今天的默克制药公司（Merck）呢？如果不去回溯通用电气公司（GE）在 20 世纪初的领导体系和发展过程，我们怎么可能真正理解杰克·韦尔奇（Jack Welch）领导下的通用电气呢？如果不去了解强生信条（强生将军亲笔书写于 1943 年）的历史根源，我们又怎么会真正理解在处理“泰诺药品

中毒危机”时强生公司（Johnson & Johnson）的反应呢？

优秀的公司总是花大力气来保证新进员工了解公司的历史根基，因为它们知道在公司的历史中凝聚着一种象征性的黏合剂，它能使大家做事拧成一股绳，共同为公司的理想和目标而努力。迪士尼公司（Disney）要求所有的新员工参加该公司的“传统节目”；好时食品公司（Hershey Corporation）发给每位新来者一本关于公司创建历史的书籍。这只是各种做法中的一些代表，这些公司试图把它们过去的传统传递给新员工，并在老员工中不断加固它们的文化根基。

对公认的过去传统的叙述，奠定了文化的根基。然而，今天的许多公司为了追求所谓的时尚，常常轻易抛弃了自己的传统根基。这样做的同时，它们也抛弃了曾经引领它们取得成功的那些核心价值信念。它们变得贫乏无力而又漂泊不定，一味地去追逐任何时尚的商机。那么，我们如何能够在带给我们稳定的传统以及使我们保持与时代同步的创新之间维持平衡呢？这是一个令当今很多公司领袖深感头疼的两难处境。维持平衡的诀窍就是，在调整周边行动以应对时代挑战的同时，要维护核心价值观。

价值信念：文化的基石

信念与价值观构成了企业文化身份的基石。信念指的是在“什么是重要的”这个问题上大家深信不疑和广为接纳的思想观念。价值观指的是：什么能代表我们这个集体；我们存在的意义是什么；是什么力量能让我们团结起来，即使身处逆境之中。上面提到的强生公司在面对“泰诺药品中毒危机”时，采取的措施（当发现零售货架上公司的药品受到毒素污染时，强生公司作出回应，下令进行大规模且代价高昂的药品回收行动）是该公司 1943 年“强生信条”直接作用的结果：“我们坚信，我们首先必须对医生、护士、病人、母亲，以及所有使用我们产品的消费者负责。”

价值观、信念和盈利能力之间的这种联系，在当代催生了一连串为了构建愿景目标和使命宣言而进行的努力。尽管其本意通常是值得称赞的，结果却往往与人们的期望相去甚远。这些使命宣言通常是长篇累牍和辞藻华丽的，并在明显的地方张榜公布。但问题是，这些内容常常只是被挂在墙上，而没有真正深入到员工的心中。我们最近访谈了一家大银行的一位副总裁，我们问道：“什么东西能够代表你们企业？”他回答说：“都在使命宣言里写着呢。”我们接着又问：“那宣言里怎么说？”这位副总裁冥思苦想了一分钟，然后不得不承认：“我没法告诉你，不过我参与了它的拟定。”

今天的公司在言和行上又有多大程度的一致性呢？出于对短期利益和股东回报的强调，许多值得称道的价值承诺成了牺牲品。当然，也有一些例外值得一提，比如明尼苏达州的黏合剂生产商富勒公司（H. B. Fuller），就是一家被业界高度赞扬的具有商业道德的企业。若干年前，有一档名为《六十分钟》（60 Minutes）的电视节目曾强烈谴责该公司的一个重要发展项目。节目中提出的证据表明，中美洲的儿童广泛使用富勒公司的某种产品，以变得兴奋。尽管产品的分销并不在公司的控制范围之内，富勒公司还是花了大力气来研发一种不含致幻剂的新型黏合产品。该公司在这一项目上投入了数百万美元，去年，公司的这些付出得到了回报。然而，在今天又有多少公司能够如此坚定地恪守自己的传统价值观呢？

礼仪与庆典：文化在传递

价值信念固然重要，但它们看不见也摸不着，难以准确地把握。人类学家在研究原始文明时，关注的是那些不断重复的活动（他们称之为仪式），以此来寻找这个群体里价值信念的线索。他们还研究庆典场合，试图发现在这个群体里哪些东西被认为是值得庆祝的。在当今世界，惯例活动（仪式）与特殊庆祝（庆典）也能告诉我们许多内容，包括群体中的人们是怎样思考的，他们看重的东西是什么。

想一想，在我们的私人生活中有多大比例是用在仪式与庆典上呢？我们有自己的私人仪式：清晨喝一杯咖啡、剃须或化妆，以及傍晚遛狗。这些活动并不仅仅是生活习惯，它们给我们提供了反思的空间。当我们参与其他人的仪式时，就会有互动与联系：作为问候和道别仪式的握手或拥抱，围坐在咖啡壶或饮水机旁的闲聊，午休时间、下班后的幸福时光。礼仪把时光接合在一起，它们形成了纽带把人们联系在一起，甚至是在艰难时期。

工作仪式具有重要的作用。飞机驾驶舱内的检查单是一种确保飞行员不会漏掉任何一个可能影响飞行安全的细节的仪式。在开始一天工作之前浏览一下电子邮件，可以保证你不会漏掉任何一条需要你作出紧急回应的信息。在下班之前列一份“待做工作”清单，有助于你在脑子里还记得它们时就安排第二天的工作。但工作仪式还有着更加深层的象征意义，透过表面现象，它们是重要价值观的具体表现。在执行工作仪式的同时，我们也在不断强化那些无形的、难以用语言表达的价值信念。在仪式中，行动在说话，它帮助我们感受到意识层面以下的东西，并与之联系在一起，它帮助群体为履行文化职责做好准备。

仪式是日常生活中的常规内容。而庆典则定期给我们提供机会，为我们自己而庆祝，对关键事件进行识别，并对时光的流逝作出标记。大多数公司——至少是优秀的公司——会定期举行典礼来褒奖优秀员工，也会定期让员工们欢聚一堂，诸如公司野餐或假日晚会等。和仪式一样，这些活动都具有象征性的意义。它们提供机会加强个人之间的联系，给人们留下深刻的记忆，并使人们了解那些日常工作学不到的东西。

但是庆典活动花费很高，面对成本压缩和人员精简的压力，人们常常认为它是无关紧要的内容。其结果是，真正的礼仪和庆典能带来的凝聚力和工作干劲不见了。人们往往被孤立在各自的办公空间或小群体中，缺乏那种能将人们凝聚和联合在一起的“黏合剂”。技术的发展使得电子邮件成了人际沟通中的一种替代性选择，尽管它能加速信息的流动，却不能像面对面的接触那样给我们提供一些无形的收益。随着时间变得紧迫，技术变得更加复杂，如何鼓励公司通过仪式和庆典活动，把员工凝聚在公司的同一屋檐下呢？我们又如何能在做好自己手头工作与更好地了解身边的同事之间维系平衡呢？

故事：文化的口述史

当今世界，电视、技术和快节奏渐渐破坏了讲故事这一重要的人类活动。故事承载着文化价值观，讲故事是日常工作生活的一部分。就像理查德·斯通（Richard Stone）在《讲故事的治疗艺术》（*The Healing Art of Storytelling*）一书中所说的那样：

> 收集故事和讲故事是我们的天性。实际上，很难想象如果生活

中没有了故事会是什么样子。在经历了包括交通拥堵在内的艰难一天后，我们做的第一件事就是告诉我们的伴侣或朋友这一天所发生的一切——那个开着黄色科迈罗（Camaro）的混蛋是怎样挤到我们前面，差点酿成车祸的；老板又是怎样出台了一个假期加班的新政策，使得我们一天一天积攒下来的假期泡汤的。这不仅仅是在记流水账，这是我们用来解释世界和了解我们自己的一种机制和手段。

公司故事又是关于什么的呢？很多时候它集中在文化英雄上。公司故事同样也是核心价值观的具体体现。它抓住的是员工那些非凡的表现，有时还会关注错误。那些出色的经理人都熟知，故事在创造文化的焦点、方向和凝聚力上有着神奇的魅力。它是顶级公司努力追求的一种奖品。但是，对一个两眼只盯着成本和短期利益的 CEO 来说，故事似乎没什么太大意义，一张数据表就能讲完他们所有需要说明的故事。在这样一个忙碌的世界中，如何能专门抽出时间去重新讲述那些抓住了“工作到底是为了什么”这一本质的故事情节呢？在哪些场合我们才能了解到那些作为公司代表的人员和情境呢？购并后的企业又应该怎样将它们各自的部落神话有效地整合起来，创造出一部新公司的口述史呢？

英雄人物

正如前文描述的那样，文化故事突出了特殊人物的表现。故事把员工、管理者或者经营者提升成文化中的英雄人物，用以达到一种特殊的象征作用。这些英雄角色体现了文化价值观，通过长年累月地讲述这些英雄人物，把他们作为角色榜样或者活生生的公司标识，通过他们的言辞和行为来表现公司热切的理想。

赫伯·凯莱赫（Herb Kelleher）是西南航空公司（Southwest Airlines）的CEO，也是一位与众不同的人物，他曾在公司的万圣节晚会上装扮成大祭司，并因而广为人知。他的知名度还来自于，在决定谁有权对一个有争议的营销口号作出决策时，他在达拉斯的演讲台上与另一位CEO通过掰手腕一决胜负。他的行为强化了他反复说过的一句话："娱乐不是工作场所的禁忌，恐惧才是。"他公开告诉员工他非常爱他们，这强化了该公司"用爱心构筑航线"的声誉。他对员工的爱护和同情是发自内心的，也很容易被员工接受。

英雄人物并不都聚集在公司的最顶层，他们散落在公司的各个角落——存在于各种不同的职能部门、分公司以及工作岗位。对这些英雄人物作出的贡献进行认可和表扬，提供了巩固和强化文化价值观的另一个机会。在这方面，西南航空公司再次成为一个耀眼的榜样，它定期对那些做出了非凡业绩的普通员工给予奖励。制胜精神奖（Winning Spirit Awards）颁发给那些传播西南航空公司精神的员工。奠基人奖（Founder Awards）颁发给那些始终工作主动且勤奋的员工。总裁奖（President's Award）颁发给那些体现了西南航空公司美德和价值观的员工（其中包括：热情地对待客户和同事，有学习的愿望，热心于变革，为大家传播幽默和快乐）。卓越领导奖（Special Leadership Award）颁发给那些以实际行动体现公司使命和宗旨的员工。其他奖项还包括社区关系奖、好邻里奖、幽默风趣奖以及杰出客服奖。"最佳扳手"计划是用来奖励工程技师的；"最佳清洁工"计划是用来奖励飞机上的清洁工的。凯莱赫把所有这些奖项称为"员工的日常庆祝活动"。通过这些庆祝活动，西南航空公司保证了日常工作中的这些文化偶像能够获得高度的奖励和广泛的认同。

但是，在最近的减员决策中，企业又在多大程度上把员工的文化价值观因素纳入到考虑的范围？在决定是否裁掉某个员工之前，高层管理者是否考虑过该员工对其他员工来说意味着什么？还是仅仅简单地考虑到这个员工所在的工作岗位应该被精简？当一个多年来始终提供优质服务的员工突然间被公司裁掉时，管理层是否考虑过公司中的其他员工会作何感想？把其他员工非常尊敬的某位员工裁掉，会使所有员工受到重大打击，而这种代价在损益平衡表上是看不出来的。但是，这种裁员行为会对员工士气和公司精神敲响警钟。它会使员工们意识到每一个人都是可以被牺牲的——即使那些在日常工作中成为公司支持的价值理念具体体现的员工，也是可以被牺牲的。

文化网络

你是否曾经有过疑问，为什么没有什么秘密可以保守很长时间？或者为什么某些员工简直就是公司知识的资料库？虽然每个人都拥有一份正式的工作，但是他们经常被分配去承担或主动去承担其他一些工作任务。当然，这些工作任务并不会写在他们的名片上。欢迎进入公司内部非正式网络的运行系统，这种沟通网络几乎总能胜过正规渠道或者正式命令链条。非正式网络中的成员包括说书人、牧师、小道消息传播者、耳边私语者以及谍报人员。拥有相同兴趣的员工可能会形成小团体，以推进一份共同的工作议程或者为一个共同目的而密谋。企业的真正运作是通过这种文化网络来完成的。在强有力且充满生机的文化中，网络中的这些成员会强化公司的基本信仰，通过传播有关英雄的事迹和英雄成就的故事来提高英雄人物的象征价值，形成一种变革的新氛围，并为CEO提供一种有力的影响机制。但在消极而有害的文化中，这种文化网络则会成为抵制变革的一个巨大障碍。

说书人能够抓住工作中其他人常常轻视甚至忽视的蛛丝马迹。他们解释公司里发生了什么事，以及在这些事件中隐藏的真相。说书人讲述的故事，就像部落里流传的神话一样，给日常的工作世界赋予意义。对公司来说，说书人能够维系凝聚力，并为员工们提供可以遵循的行为准则。讲故事是传递信息和塑造行为的最有力的方式之一。说书人向新员工讲述公司里的传奇故事，从而保存了公司的价值信念。说书人带来了英雄人物的故事，通过这些故事，说书人传递了很多要想不断发展应该怎样做的信息。你会发现，最优秀的说书人常常处在信息流的核心位置，同时也是行为活动的中心。说书人需要想象力、洞察力，对具体细节的把握，以及戏剧表演才能。说书人通过这些故事，对企业文化施加了有力的影响。

公司里的牧师与他们在教堂或部落中所做的工作是一样的。他们被选派出来作为企业的操心人，操持着企业文化的具体内容，他们也是文化价值观的主要监护人。牧师们竭力将员工们聚集到一起并且沿着正确的方向前进，他们经常抽出时间来聆听忏悔，并会对道德和伦理的两难困境提供答案。大多数牧师都是公司历史的一部活百科，他们主持并维护着公司的文化传统，他们最常被要求做的事是，为已经筹划好的一项工作提供公司历史上曾有过的先例。牧师们用这样的方式来解释公司的价值信念，“早在 1977 年……”面对失败、挫折或者灾难时，他们也会站出来帮助人们。

小道消息传播者就像公司里的行吟诗人。牧师们只引经据典而不指名道姓。说书人在关键事件上加注了自己的解释。不过小道消息却是姓名、日期、薪水以及组织中正在发生的各种鸡毛蒜皮小事的主要传播途径。人们越来越依赖于小道消息了解最新的信息，即使他们也对小道消息传播者的舌头存有戒心。如果没有一定数量的有意思的零碎琐事，那么绝大多数公司中的生活将会是阴沉灰暗的，甚至枯燥、无聊。

耳边私语者是皇冠背后真正的权威，他们很容易将信息传递到最高管理层的耳朵里。他们是很有权力的人物，能够在没有正式权限的情况下影响公司的政策与战略。他们的力量源自于老板的耳朵。如果你想不通过正式渠道而将信息传给最高管理层，就会求助于耳边私语者。耳边私语者与老板之间存在一种共生关系，而且他们绝对忠心耿耿。另外，他们还拥有一个广泛的，包括了各个级别、各个层次和各个工作的沟通系统，并且努力维护着各种消息来源以获得最新信息，以使老板了解公司里发生的最新事件。马文·鲁尼恩（Marvin Runyan）在担任日产美国公司（Nissan America）的 CEO 期间，建立了一支由耳边私语者组成的大部队，所有员工都是他的耳目。一位公司副总裁曾经评价说："如果你想把某个信息传到马文的耳朵里，只要随便告诉一位员工就行了。"

对于所有优秀的资深管理者来说，谍报人员都是无价的信息来源。这些人被安插在关键岗位，观察公司上层想要了解的发生在公司里的日常情况。通常来说，谍报人员是可以肝胆相照的弟兄——他对你十分忠诚，并告诉你其他部门或者下级部门暗地里正在发生的事情。有时候，受你信任的谍报人员也会同时为其他管理者刺探情报，拥有双重间谍身份。他们的秘密活动，有助于避免高级管理者丧失警惕性，或者对其他人的策略和意图一无所知。一些公司成立了反间谍活动小组，希望阻止那些可能会泄露不想被泄露的信息或危及公司秘密的信息的行为。

小集团由两个或两个以上的人组成，他们私下里共谋以联合起来达到共同的目的——提高他们在组织中的地位或者支持一个共同的利益。在组织中，小集团无处不在。他们可能规模很大，也可能仅仅局限在两个人之间。对这种非正式小群体，信任和忠诚最为关键；无论小集团规模大小，它必须对共同的目标产生一种清晰的认同。从对小集团的界定上可以看出，它的焦点集中在一个清晰的使命上。小集团内的成员可以借助其他成员的声誉或者思想来进一步达到自己的目的，只要这个过程是一种公平的交易，并且不破坏小集团的核心目标。在强企业文化中，会有意地鼓励和容忍小集团，因为当这些小集团的利益与公司利益交织在一起时，会形成一个有力的管理杠杆，这是使工作得以圆满完成的最佳方式之一。

过去，非正式网络的这些特征会给公司带来最大益处。即使是小道消息传播者的舌头痒痒，也不会把公司的宝藏外传出去，泄露公司的机密。但是今天，在这种看重股东价值和短期效益的企业环境中，创建文化网络的努力变了味，也有了一定的毒性。由于牧师反对脱离传统价值信念，因此，他们常常被迫离开，与他们一起离开的还有公司的记忆。说书人讲述的故事拥护和支持了公司的抵抗者和怠工者。小道消息传播者将公司内部信息向外人泄露。谍报人员成了告密者，将秘密情报卖给出价最高的买家。小集团投靠了高级管理者。简言之，这些曾经对文化凝聚作出过贡献的非正式文化群体中的成员，现在变成了导致文化衰败的一种关键力量。

文化类型

我们的早期工作还开发了一种企业文化的分类，但这种分类不是一个可以直接拷贝和效仿的范式，而是用来帮助管理者和高层经理针对他们所面对的具体商业环境，更有创造性地思考他们所处的情境。我们希望他们可以了解：文化在多大程度上帮助或者阻碍了他们的竞争能力和获胜能力。为简单起见，我们确定了影响文化范式和实践活动的两个市场因素：（1）与公司的关键活动相关的风险程度；（2）对于公司的决策或者战略是否成功方面，公司及其员工获得反馈的速度。在某些环境中，风险是非常高的；而在其他环境中，风险会非常低。由于行业的不同，确定某一活动是否有效所需要的时间常常差异很大。有的公司一夜之间就能了解某一活动是否成功。而有的公司，可能要花费数年时间才能判断一个战略或者一种产品是否有利可图。根据市场的实际情况，可以划分出风险的高低、反馈的快慢。由此，我们可以划分出四种文化类型，下面我们对每种类型进行简要讨论。

硬汉型文化是一个个人英雄主义者的世界：它们通常承担高风险，并能迅速地获得自己的行动是否正确的反馈信息。在经营世界里有大量的组织属于这一类型，如建筑业、管理咨询业、出版业、投资银行、广告、电视、电影、体育运动行业（实际上应该说是整个娱乐业）。它们在财务上的赌注相当巨大——声势浩大的广告宣传，费用高昂的建筑工程，秋季投放的电视剧新片，耗资 3 200 万美元的一部电影，一场世界体育大赛。而且，它们得到的反馈也非常迅速：判断成功与否的最长时限可能只需一年。更可能的是，公司常常在一个季度之内就能清楚看到它们的产品是否对路。在更极端的情况下——例如百老汇的演出或者一场电影的首映式，其反馈是立竿见影的。

在这种环境中，全或无的特性（要么大获全胜，要么一无所有）鼓励了冒险的价值观，并有着“我们能赢得巨大的成功，最优的竞争”的坚定信念。擅长在这种文化类型中生存的人物，是那种极其兴奋的瘾君子，他们需要赌博并渴望获得即时的反馈。这是一个个人英雄主义者的世界。作为团队的一分子并不会获得奖赏，他们的目标是成为明星。在这种文化中，机遇扮演了一个关键的角色。曾经起作用的东西可能不再有效果，因此，员工们设计出各种仪式来试图“保护”他们远离环境的反复无常。通常来说，联合是唯一的办法。一些文化中的明星联合到一起，以使他们的“魔法”不会削弱。硬汉型的文化类型是这样的：它奖励那些喜怒无常、目光短浅和唯心迷信的个体，而贬低那些在职业生涯中需要花费较长时间才能达到巅峰的人。由于那些在短期里没能成功的人的离开，带来了行业的高流动率，因此在这种硬汉型的氛围中建设一种强有力的、富有凝聚力的文化是非常困难的。

努力工作/尽情玩乐的文化类型是销售人员的世界，娱乐和行动是这里的主角。员工个体几乎不承担什么风险，但是他们能迅速地获得关于自己是否取得了成功的反馈。在经营世界中，绝大多数销售取向的公司都落在这种努力工作/尽情玩乐型的文化范畴，包括电脑公司、办公设备供应商、绝大多数刚刚起步的高科技公司以及所有的辅助产业，例如汽车零售业、电话推销商和股票经纪人。要想在这样一种文化类型中取得成功，要求员工对业务活动保持一种高度的甚至是疯狂的状态，且在所有的或至少绝大多数时间里维持一种精神饱满的状态。成功来自持之以恒。这种文化中的英雄人物是那些超级销售明星。如果说在硬汉型文化中任何取得成功的人都会成为一位明星，那么在努力工作/尽情玩乐型的文化中，只有团队才能赢得世界，因为任何个体都无法造就真正的差异。团队产生数量上的变化，这就是为什么销售人员俱乐部和销售竞赛对这些公司如此重要，因为公司的核心业务使得他们处在这种努力工作/尽情玩乐型文化的中心位置。

赌注型文化是这样一种类型：他们制定高风险的决策，而且需要花费数年才能了解这一决策是否正确。处于这种文化类型中的公司包括资本投资公司、采矿和冶金公司、大集团企业、石油公司，以及诸如建筑公司之类的服务型企业。这些公司的赌博者，并不像硬汉那样拿自己的职业生涯去冒险，他们常常是拿整个企业的未来作赌注。这些产业巨头可能不会因为一次糟糕的投资决策而倾家荡产，但是两次糟糕的决策就可能会毁了整个公司。

作出正确决策的重要性使得企业上上下下都鼓励一种深思熟虑的风气。在赌注型文化中，时间以月或年为单位来计算，而不是以天或周为单位。公司的价值观关注未来，强调对未来进行投资的重要性。这种文化类型的一些大公司的宣传口号最好地体现了这个特点："发展和进步是我们最重要的产品"（通用电气公司）；"通过化学使生活变得更加美好"（杜邦公司（DuPont））；"美国铝业（Alcoa）不能坐等明天的到来"。

过程型文化是一个很少能获得甚至根本无法获得反馈的世界。员工发现很难测量他们做了什么工作，因此，他们更关注如何完成这些工作。在经营世界中，占据这个低风险、慢反馈角落的常常是银行、保险公司、金融服务组织、绝大多数零售商、大型政府部门、公共服务机构，以及处于严格监管行业中的公司（例如制药公司）。与努力工作/尽情玩乐型文化一样，过程型文化的金融风险也很低——任何一笔交易，或任何一个人，都不可能造就一个公司，也不可能让公司灭亡。但与努力工作/尽情玩乐型文化不同的是，这里的员工得不到实际的反馈。他们写的备忘录和报告就像石沉大海一样无影无踪。如果不是有人因为某件事情而指责他们，他们根本无从得知自己的工作成效如何。反馈的缺乏使得员工们关注自己如何从事工作，而不是自己做些什么。作为补偿，他们对于工作生活中的小事十分在意和重视——一个电话，一张纸片，部门领导最近发来的一份备忘录，并在这些小事上建立起一些人为的关联性。

这种文化的价值理念强调技术的尽善尽美——要能够计算出风险，找到解决办法，并要使过程和具体细节正确可靠。丘博保险集团（Chubb Insurance）的口号"在保险业出类拔萃"，就是一个很好的例子。另外还有"致力于技术的尽善尽美"（普华永道公司（PriceWaterhouse & Company））。这种文化的仪式高度强调工作模式和程序，并且存在大量关于具体细节的讨论。

公司景象发生了哪些变化

应该说，把经营世界划分为四种独立类型不仅仅是简单化，而是过于简单化了。我们今天知道的任何公司，以及曾经知道的任何公司，没有一家能够精确地落在这四个范畴当中的任何一个。实际上，在真实世界里的任何一家公司，都会发现自己是由这四种文化类型构成的一种混合体。营销部门属于硬汉型文化，销售部门属于努力工作/尽情玩乐型文化，研发部门属于高风险和慢反馈的世界。在绝大多数公司中，成功的制造部门和会计部门遵循的是过程型文化模式。另外，强文化的公司——也是最令我们着迷的那些公司——总体上也很难符合这个简单的划分模式。这些公司的文化巧妙地将四种文化类型的最佳元素融合起来——使得在公司的外部环境发生变化时，也能确保产生最佳工作绩效，而且，外部环境不可避免将发生改变。但是我们曾经，而且现在依然认为，当管理者开始具体辨别自己公司的文化类型时，这一框架是非常有帮助的。

1982 年以来，风行一时的文化类型发生了哪些变化呢？赌注型文化中的“长期愿景”这一特色已经被逐步腐蚀掉。当波音公司（Boeing）的飞机订单减少时，该公司裁掉了大批员工。而现在，当对波音飞机的需求以加速度增长时，公司又在费尽心思寻找它所需要的人才。在过去的日子里，波音公司可能已经赌了一把。努力工作/尽情玩乐型公司那种精力充沛的特点，也毫无疑问更多地转换成了工作越来越多，娱乐却越来越少。即使是诸如安泰保险（Aetna Insurance）和国民银行（NationsBank）这类广为人知的属于过程型文化的公司，现在也要求员工对短期的、可测量的绩效目标负责。简言之，文化类型的多样化已经衰落。这是不是一个问题？当最高管理层错误地解读环境信号并竭力推行那些不能带来长久成功的文化价值观和工作方式时，它确实是一个问题。

公司如何进行调整以适应经营环境中发生的变化呢？对这一问题很难简单地作出回答，因为有多少个公司，就可能有多少个答案。我们获得了许多公司的特许，可以观察它们的内部运作机制，但我们还没有得到具有普遍意义的第一手材料，也还没有足够的时间或足够的幸运，能够总结出一个放之四海而皆准的具体解决办法。不过，我们对此问题进行的研究，足以提供以下一些思考。

在有些公司中，传统的文化范式已经被严重腐蚀。通用汽车公司（General Motors）、西尔斯罗巴克公司（Sears Roebuck）、通用电气公司、伍尔沃斯公司（Woolworth）和伊士曼柯达公司（Eastman Kodak），就是这样的例子。如同在《蓝色巨人：IBM 的沉浮》（*Big Blues: The Unmaking of IBM*）中记录的一样，IBM 极具活力的文化在它的接缝处断裂了。在新任领导的带领下，该公司正在寻求一种更具凝聚力、更具竞争力的身份意识。理查德·斯科特（Richard Scott）执掌哥伦比亚/HCA 医疗集团（Columbia/HCA）期间，公司重新评价了自身对于卫生保健领域的承诺，这种传统的价值观曾使其与众不同。在这些公司中，其远期效果仍是扑朔迷离的。放弃一种长期存在的传统，从而在新型经济游戏中获得竞争的胜利，并不是一件容易的事。

在其他公司中，在新条件下进行竞争的努力导致它们进行深刻的自我反省（soul searching）。但最终结果是一种对于核心价值观的重新肯定，以及对其外周范式和活动的一次全面检查。这类公司的名单中包括：福特公司（Ford）、联合包裹公司（UPS）、飞利浦电器公司（Phillips Electronics）、ABB 公司（Asea Brown Boveri）、波音公司、万豪国际集团（Marriott International）、摩托罗拉公司（Motorola）、美洲航空公司（American Airlines）、惠普公司（HP）、宝洁公司（P&G）、施乐公司（Xerox）以及3M公司（Minnesota Mining and Manufacturing）。例如，达美航空公司（Delta Airlines）今天正在竭尽全力恢复其曾经在航空业中深受顾客喜爱的精神。乘客曾经将达美航空公司评为全美最杰出的航空公司。1988年，为了回报公司在经济萧条期间作出的全员雇佣的承诺，该公司的员工举行募捐活动，为公司购买了一架新的767飞机。乘客和员工们现在都拭目以待，想看看这家曾经成为行业标杆的航空公司，未来会是什么样子。

虽然20世纪80年代初以来出现了动荡，但一些公司已经开始致力于维护它们的传统方式。这些公司包括：沃尔玛公司（Wal-Mart）、大众汽车公司（Volkswagen）、戴姆勒-奔驰公司（Daimler-Benz）、皇家壳牌石油公司（Royal Dutch/Shell Group）、汇丰集团（HSBC Holdings）、联邦快递公司（Federal Express）、埃克森石油公司（Exxon）、强生公司、默克制药公司和英特尔公司（Intel）。当然，即使在这些幸存者中，挣扎仍在继续。戴姆勒-奔驰公司和克莱斯勒公司进行了一次风险极高的合并。到底会不会突然冒出一家卓越的公司，带来一次圆满的“婚姻”，目前仍不明朗。联邦快递公司的飞行员在1998年的假期中威胁要进行怠工或者罢工，该公司引以为荣的企业文化能否使公司安然度过由于麻烦不断的劳资关系而导致的紧张局面呢？

最后，还有一些公司似乎保持了它们的传统文化的完整性并幸存下来，但这很可能是在不经意间达到的目标，而不是通过有意识的管理。它们一直自我沉醉于15年来不变的很多做法。我们可以把微软公司（Microsoft）以及处在繁荣的高科技领域中的其他公司纳入这一范畴中。

证据很明显：面对外部环境的变迁和经济状况的起伏，保持一种富有凝聚力的文化并不容易。对客户、股东和员工三者之间互相矛盾的需求进行平衡是很困难的，我们很难预测不久的将来会发生什么事情，也不可能预测出长期的发展趋势。无论我们喜欢与否，在今天的世界，经营一家公司需要面对无数的问题、两难困境以及似是而非的局面。那些能够在没有安全保护网的情况下，游走于一根移动着的钢丝绳上并保持平衡的人，才能塑造企业的明天。

为什么要写这本新书，而且写在此时此刻？

最初我们只是打算完成《企业文化》一书的新版，但我们意识到这个世界已经发生了太大的变化，通过简单的更新根本无法解决问题。我们可以看到在企业文化的每个角落都存在不一致的地方。员工们非常担心自己的工作前景，对公司的忠诚已经被抛到九霄云外，到处弥漫着对公司管理层的冷嘲热讽。个人利益成为人们的最高指导原则。在这种相当混乱的环境中，谁能保持清醒的头脑致力于创造一种有力且有效的文化？是的，从内心深处讲，人们仍旧渴望那些“美好的旧日时光”，人们仍旧希望认同自己公司取得的成就，人们仍旧希望从自己的工作经历中寻求更多的意义。是否仍然存在一线希望，能够挽救那种积极的公司氛围呢？

因此，我们决定对已经发生的事件进行评估。我们这么做时，有一点是十分明显的，即发生在 20 世纪八九十年代的变革遵循着一种逻辑和理性，但它被误导了。更有意思的是，构成这种逻辑的那些因素也在发生改变。随着股票市场的股价飞升到非理性的高度，带动绝大多数变革的股东价值的思考正在成为强弩之末。无论哪里的管理者都对下一步何去何从不得而知。也许一本新书能够开辟出一条管理者和员工都能利用的前进道路，于是我们把这本书取名为《新企业文化》。

本书的内容编排

本书由三部分构成，共包括 13 章。第 1 部分仅仅包括第 1 章，总结了自第一本著作后出现的文化对于长期卓越绩效的重要性的证据。我们把这一章叫做“企业文化显著影响绩效”，阐明 1982 年出现的一个新思想在接下来的时间里如何进入到经营思想的主流当中。

第 2 部分由 7 章组成，称为“危机中的企业文化”。这部分内容以编年史的方式逐一记录了 20 世纪 80 年代初以来已经从企业文化中消失的一些力量。第 2 章讨论股东价值运动以及它对公司决策造成的影响。第 3 章重点关注组织减员，这种行为已经使得许多公司削掉了自己的灵魂。第 4 章表明，当传统的成本削减办法失效时，合同外包如何成为削减成本的新工具。然后，我们在第 5 章探索了购并狂热症如何推动了那些最不可能合并的公司进行合并。第 6 章，我们将目光投向电脑，这种将员工从劳役当中解放出来的潜在工具，实际上使得员工之间彼此隔绝，并且使他们成为机器的奴仆。第 7 章，我们会看到这个世界的边界不断变窄，它如何将人们匆匆拼凑在一起从而在地球这个加工车间里建设起一座虚拟的巴别塔（Tower of Babel）。在最后的第 8 章，我们将讨论这些因素综合起来是如何破坏传统企业文化的，它们用恐惧、疏远和自私代替了欢乐、认同和忠诚。

第 3 部分由 5 章组成，我们在这里考察如何从巫师的含有有毒元素的液体中提炼出金子。我们称这一部分为“重建强大的企业文化”。第 9 章，我们主要强调在重建企业文化凝聚力的努力中领导的重要作用。第 10 章提供了一些基本信息，判断你目前处于什么样的位置，以及如何开始前进的旅程。第 11 章建议了几种为文化重建努力增加动力和使该过程产生一些乐趣的方法。在第 12 章我们可以看到，即使是那些最重视利润的管理者，也能利用强文化纽带的重新出现来再度激励员工实现高绩效。作为本书的结尾，在第 13 章中我们将阐述，如果员工受到激励愿意为雇主的利益贡献自己的最大努力时，为什么对工作所在的社会环境进行重建是重要的，以及如何进行重建。这是未来十年最关键的挑战，如果不是在新千年来临之际发生，之后也必将发生。

目录

第 1 部分　企业文化和绩效

第 1 章　企业文化显著影响绩效 / 003

一些属于“事后聪明”的证据 / 005

文化和长期经营业绩 / 007

愿景公司的财务成功 / 008

与企业环境步调一致 / 011

领导和适应力 / 013

文化管理中的迷思和现实 / 016

第 2 部分　危机中的企业文化

第 2 章　股东价值和短效主义吞噬企业文化 / 029

股东价值：CEO 的“可乐瓶” / 030

杠杆收购：王者诞生 / 032

“养家糊口”的管理层 / 037

看得见的部分：盈利 / 044

看不见的部分：短效管理 / 046

短效主义的文化效果 / 049

第 3 章　精简规模和企业再造切除企业文化 / 052

从改善运营到企业再造 / 053

成本削减：一只咆哮的猛兽 / 057

精简规模的诱惑力 / 063

企业再造：闹剧还是拯救？ / 066

精简规模的人力成本 / 070

精简规模的文化影响 / 077

精简规模的未来影响 / 080

第 4 章　合同外包截断企业文化 / 083

公司为什么进行合同外包 / 083

当代合同外包的范围 / 089

在合同外包游戏中鹿死谁手？ / 092

一个案例研究：英国的民事服务 / 096

合同外包的影响：文化疏离 / 100

第 5 章　兼并狂潮淹没企业文化 / 105

兼并案例的增长 / 105

为什么兼并交易如此之多？ / 108

华尔街垂青合并 / 114

合并与文化 / 118

前面的道路上还有什么 / 125

第 6 章 电脑隔绝企业文化 / 128
今天谁用以及谁不用电脑？ / 129
电脑对蓝领工作的影响 / 133
电脑对白领工作的影响 / 136
白领工作性质的改变 / 139
电脑的文化影响 / 144

第 7 章 全球化扰乱企业文化 / 148
全球化的简要历史 / 148
全球化对劳动力市场的影响 / 153
工作中的文化差异 / 159
工作场所中的文化 / 165
学会在一个全球化的世界里生活 / 167

第 8 章 劫后余生的企业文化 / 170
悬崖边上的企业文化 / 171
始终坚持：英国电信公司的故事 / 177
从深渊中回来：大陆航空公司 / 185
其他绝大多数公司的现实 / 190

第 3 部分 重建强大的企业文化

第 9 章 训练文化领导力：管理者的挑战 / 195
“你必须要有信念” / 196

消除恐惧 / 201
创造信念的伞形体系 / 206
把信念转化成行为：行动的伦理准则 / 212
说到做到，言行一致 / 214

第 10 章　把破碎的文化重新拼装起来 / 217
对文化复兴进行组织与管理 / 219
描述现有的亚文化 / 220
鼓励亚文化的繁荣发展 / 223
加强较弱的亚文化 / 225
把亚文化编织在一起 / 228
达美公司的文化复兴事件 / 233
测量进度 / 236

第 11 章　激发动力 / 238
工作与娱乐 / 238
让会议令人难忘 / 240
当正式交流遇上非正式交流 / 244
英雄人物 / 246
庆祝成功 / 248
玩耍 / 250
幽默 / 252
管理你的“乐商” / 254

第 12 章 确保优异的工作绩效 / 256
雇用合适的人 / 256
奖励合适的人 / 258
晋升合适的人 / 260
提供合适的（金钱）激励 / 261
通过组织让员工发挥最大效用 / 263
设立绩效标准 / 266
跟踪绩效表现 / 269
你的员工政策如何体现企业文化？ / 270

第 13 章 重获工作场所的活力 / 272
让人们想要工作 / 274
准备在全球化的世界中生活 / 282
在工作中建立学习环境 / 284

01

第 1 部分

企业文化和绩效

第1章

企业文化显著影响绩效

我们先前那本《企业文化》的第 1 章题为“强文化的力量”。在那一章中我们提出，如果公司关注自己的员工，并创造一种可以充分发挥员工才干的社会环境，或者说文化，将会获得长久且卓越的经营成功。与现在一样，那时的文化在绩效方面的作用似乎也很明显，因为所有的企业都是人的企业。当人们热爱自己的工作时，他们会加倍努力，准时上班，在必要时持续工作到很晚，并对公司生产的产品或提供的服务感到骄傲。他们对组织忠诚，有奉献精神，不但关心自己的职业生涯也同样关心集体的利益。当事情需要作出改变时，他们会挺身而出，而不是按兵不动或者逃之夭夭。他们不仅通过自己的双手，而且通过奉献自己的整个身心来完成公司的使命。

我们还指出，对企业文化影响最大的一个因素是该公司所处的社会和经济环境。企业文化体现了这样的内容：在某种特定的社会经济环境下，公司采取什么样的行动会取得成功。如果努力推销是公司取得成功的必要条件，那么文化就会鼓励员工这样去做。如果产品制造的精度水平是取得成功的前提保证，那么在这家公司中你会看到，员工采取严格的标准来指导他们的工作。我们的这些观点是否经受住了时间的考验呢?

带着某种程度的胆怯，我们完成了《企业文化》的写作。当时，并没有太多的声音支持高凝聚力的企业文化具有优越性。然而，从那时开始，大量的管理者和研究者加入到我们以及其他先驱者，例如埃德加·沙因、斯坦·戴维斯（Stan Davis)、拉尔夫·基尔曼（Ralph Kilmann）以及汤姆·彼得斯（Tom Peters）的行列中。有的人把它称作文化，有的人用了别的称谓，但是，当前的这场争论包含在一个共同的概念体系中。星巴克（Starbucks）的CEO霍华德·舒尔茨（Howard Schultz）这样描述说：“如果人们把自己与为之工作的公司联系在一起，如果人们对公司形成一种感情的纽带并且认同公司的梦想，那么，他们将会全心全意地把公司建设得更好……我将我的全部心思倾注到每一杯咖啡上，而且我在星巴克的所有伙伴都是这么做的。”大陆航空公司（Continental Airlines）的CEO高登·贝休恩（Gordon Bethune）的言辞稍有不同：“无论你在经营企业时遇到什么样的问题，它都是人的问题……企业由人来运作。因此，你会发现，在企业经营过程中遇到的所有问题的根源，是人的原因……许多管理者忘了考虑他们的员工，所以在行动时只能是‘只见树木，不见森林’。”西南航空公司的CEO赫伯·凯莱赫和首席运营官科林·巴雷特（Colleen Barrett）相信，是文化塑造了他们独一无二的公司：“文化是一家公司拥有的最珍贵的财富之一，因此，你必须在这方面比其他事情投入更多的努力。”

上面这四位高级管理者全都是重量级的商业人士，他们通过自己的亲身经历得出这样一个结论：文化是非常重要的事情，需要我们认真对待。许多人对组织进行深入研究后，也得出相同的结论。凯文·弗莱伯格和杰基·弗莱伯格（Kevin Freiberg and Jackie Freiberg）两人所撰写的西南航空公司的编年史《我为伊狂!》(*Nuts*!)，受到广泛关注，书中写道："今天，企业文化的理念对公司的有效运作是如此重要，以至于它不能被错误地理解为一种短暂的狂热。文化是把一个组织凝聚到一起的黏合剂。"对于商业舞台之外的其他组织来说，这一点也是正确的。托马斯·雷克斯（Thomas Ricks）这样描述美国海军陆战队（U. S. Marine Corps）："文化——塑造该组织成员的价值观和理念——是全体成员所拥有的。它是将所有成员凝聚起来的力量。他们是美国军事服务机构中规模最小的一个群体，但是从许多方面来说，他们也是最有意思的一个群体。他们拥有最丰富的文化：正规化的文化、独立保守的文化、精英主义的文化，并且这些文化深深地植根于他们的核心历史和理想当中。"

总而言之，如果你近距离观察任何一家备受尊重的公司，肯定会发现它们有一种与众不同的文化。《财富》杂志对那些拥有恒久声誉的商业机构进行了一次调查，得出这样的结论："在调查中，能把那些顶级公司与其他公司区分开来的一件事，就是它们所具有的充满活力的企业文化。"

1999 年，支持我们观点的人要比 1982 年时多得多。支持者不仅包括第一线的企业实践者，也包括那些立场独立的分析人士。在企业中，人确实是非常关键的要素。而在将人们凝聚到一起，使他们的努力集中到一点，并使努力有意义这方面，文化扮演了一个十分重要的角色。但是，这里依然存在一个利润方面的问题：强文化能够带来财务效益吗？1982 年时，人们对这一问题的看法存在着明显分歧。现在的情形如何呢？

一些属于"事后聪明"的证据

1982 年，我们引用了许多公司作为这一新兴管理哲学的具体例证，其中包括卡特彼勒公司（Caterpillar）、通用电气公司、杜邦公司、丘博保险集团、3M公司、杰斐逊-史墨菲集团（Jefferson-Smurfit）、数字设备公司（Digital Equipment）、IBM、丹纳公司（Dana Corporation）、宝洁公司、惠普公司、强生公司、坦德姆电脑公司（Tandem Computer）以及大陆银行（Continental Bank）（另外还包括一些私营公司和一家英国的公共服务机构）。从那时起，并不是所有的公司都发展得很好。就在我们撰写本书时，IBM正在廉价出售自己庞大的电脑组装基地，而这一基地以前是租赁给公司客户的。这一行动在很大程度上是为了帮助公司弥补有史以来最高的年度运营亏损。IBM的两个追随者，坦德姆电脑公司和数字设备公司，情况甚至更糟：它们分别于1997年和1998年被电脑行业的一个新贵——康柏公司（Compaq Computer）收购，不再作为独立的实体出现。在冲击美国银行业的大并购浪潮中，作为首轮最主要的并购之一，大陆伊利诺伊银行（Continental Illinois Bank）被美洲银行（Bank of America）一口吞并。

然而，如果我们在1982年把用于吃喝的钱投进股市，并且购买的是那些我们喜爱的公司（当时已经上市的公司）的股票，那么，我们最初的投资到1998年年中时已经上涨了987%。与此对比，如果我们对标准普尔指数成分公司中拥有平均水平的那些公司进行投资，投资只会增加538%——差不多是投资给我们的典范公司所取得的回报的一半。

单单是这个简单的算术，也足以证明我们的想法并不太离谱。公司的文化被证明是公司未来经济成功的一个主要决定因素。1982年以来，其他一些作者在这场辩论中使用了更加引人注目的证据来支持我们的主张。这些作者不仅补充了证据，而且从足够深刻的角度来研究文化这一主题，揭示出了很多被我们所忽视的细微差别。

文化和长期经营业绩

第一本详细评估企业文化对经营业绩影响的严肃著作，是由哈佛商学院两位受人尊敬的教授约翰·科特和詹姆斯·赫斯克特共同撰写的。在我们的《企业文化》一书出版十年之后，他们出版了《企业文化与经营业绩》一书。他们在 1987—1992 年期间进行了四项连续性的实证研究，对 200 多家公司进行了深入探索，并得出了以下结论：

1. 企业文化能够对公司的长期经营业绩产生显著影响。

2. 未来十年（我们猜测，这里指的是 1992—2002 年），在决定公司的成败上，企业文化很可能是一项更为重要的因素。

3. 能够抑制公司的长期经济效益的企业文化并不罕见；这种情况很容易出现，即使公司里全都是理性和有才智的员工，也会如此。

4. 虽然很难改变，但还是可以使企业文化发生变化，来提高公司的绩效。

这些结论建立在坚实的学术研究基础上，因而很难被轻易推翻。让我们更具体地看一看他们的证据。

约翰·科特和詹姆斯·赫斯克特以十年为一个单位来考察公司的财务业绩。他们分析了 207 家公司，即那些在全美 22 个行业中规模最大的前 9 家或者前 10 家公司。通过使用调查问卷，这两位作者建立了一种指标来考察其中 202 家公司的相对文化强度。在获得了数据的使用许可后，他们使用三种不同的测量方法来评估这些公司 1977—1988 年的财务业绩：（1）净收入的平均年度增长；（2）投资的平均年度回报；（3）股票价格的平均年度增长。他们运用相关分析来检验假设，这里的假设是强文化公司比弱文化公司表现得更为出色。但他们得到的相关程度，尽管是正向的，却并不那么显著地证明了该假设。在他们的分析中，文化强度本身似乎与财务业绩之间没有显著的相关性。

他们的发现激起了我们的强烈兴趣，我们计算了文化强度指标最高的 20 家企业的平均财务表现，并与文化强度得分最低的 20 家公司进行了对比。我们认为，他们的样本当中包括了太多的表现中等的公司（从文化的角度来说），并因而使这两位哈佛学者忽视了某种重要的东西。我们的计算结果如下：

- 在这 11 年中，在运营收入上强文化公司比弱文化公司平均高出 571％。
- 在投资回报率上，强文化公司比弱文化的竞争对手平均高出 417％。
- 在该研究进行的时间跨度里，强文化公司的股价涨幅相比对照组平均高出 363％。

有时候，分析可能会因为过于看重一棵一棵的树木，而没有看到整片森林的存在。这两位哈佛学者进行的相关分析似乎就是这种情况。当我们对他们的数据进行再分析时，可以看到强文化公司 1977—1988 年期间的表现明显超过弱文化公司。我们在 1982 年提出的强调文化强度的主张，看来得到了证明。

愿景公司的财务成功

有关文化和绩效之间的联系（虽然使用的语言稍有不同）进行的第二个主要研究出版于 1994 年。《基业长青：愿景公司的成功习惯》（*Built to Last*：*Successful Habits of Visionary Companies*），由詹姆斯·柯林斯与杰里·波拉斯撰写，他们针对 36 家可以追溯至 20 世纪 20

年代的公司，考察了这些公司的发展历史和财务记录。表 1-1 列出了这些公司的名单。

柯林斯和波拉斯的名单中，许多愿景公司与两位哈佛教授研究的公司相重叠，也与我们在本书和前一本书中引用的许多例子有重复。这一点并不令人吃惊，对于哪些是美国经营得最好的公司，大家似乎都有一种共识。

表 1-1　詹姆斯·柯林斯与杰里·波拉斯研究中的公司

愿景公司	对比公司
3M	诺顿公司（Norton）
美国运通公司（American Express）	富国银行（Wells Fargo）
波音公司	麦道公司（McDonnell Douglas）
花旗公司（Citicorp）	大通银行（Chase）
福特汽车公司（Ford）	通用汽车
惠普公司	得州仪器（Texas Instruments）
通用电气	西屋电气（Westinghouse）
IBM	宝来公司（Burroughs）
万豪集团	古象豪生公司（Howard Johnson）
强生公司	百时美公司（Bristol-Myers）
默克制药	辉瑞制药（Pfizer）
诺德斯特龙公司（Nordstrom）	梅尔维尔公司（Melville）
摩托罗拉	顶峰公司（Zenith）
菲利普莫里斯公司（Phillip Morris）	雷诺公司（R. J. Reynolds）
宝洁公司	高露洁公司（Colgate）
索尼公司（Sony）	健伍公司（Kenwood）
沃尔玛	Ames 百货公司（Ames）
迪士尼公司	哥伦比亚制片公司（Columbia）

资料来源：James Collins and Jerry Porras，*Built to Last*（HarperBusiness，1994），p. 3.

柯林斯和波拉斯计算了 1926—1990 年期间两组公司的经营业绩，这个时间框架要比两位哈佛学者研究的时间跨度长得多。但是，他们的结论却是相似的：1926 年向每一家愿景公司投资的 1 美元，到 1990 年末价值达到 6 356 美元。与此相比，1926 年向每一家对比公司投资的 1 美元，到 1990 年末只能获得 955 美元。而在同期，总体的股票市场平均水平为 1 美元投资仅得到 415 美元的回报。愿景公司的业绩确实高出一筹，与两位作者的结论一样。不过，他们的愿景公司概念与我们的文化概念有什么联系呢？

这两位作者列举了能够解释愿景公司的卓越经营业绩的十个特征。而第一个也许是最重要的一个发现是，建设强文化的公司（而不是开发新颖的想法或者赚取巨额的财富），是过去岁月里成为企业神话的商业领袖背后的驱动力量。看一看那些传奇人物的宣言："我将全力建设出一个我们可能拥有的最好的零售公司。创造巨额的个人财富永远都不是我的一个具体目标"（萨姆·沃尔顿（Sam Walton），引自《基业长青》）；"我们的工程师队伍相当稳定，这是我们精心努力的成果，而不是偶然得到的。工程师是创造性的员工，因此，我们在雇用每一位工程师之前，要保证他将在一个稳定和安全的环境中从事工作。我们还保证每一个工程师拥有与公司长期共事的一个机会和适合他的工作项目"（比尔·休利特（Bill Hewlett），引自《基业长青》）。

公司之间的对比——通用电气与西屋电气，花旗公司与大通银行，沃尔玛与Ames百货公司，摩托罗拉与顶峰公司，迪士尼与哥伦比亚制片公司——也提供了类似的证据。是公司创始人的长远愿景，而不是开拓具体市场机遇的短期努力，创造了伟大的公司。而在强文化公司中，一个主要的驱动力就是自始至终维系着这种愿景。

我们在考察共享的核心价值体系和诸如利润最大化之类的短期目标体系的相对重要性时，发现愿景公司与强文化公司之间还有另外一个相似之处。通过对比这些公司的历史和发展，可以看到这个相似点——惠普公司与得州仪器，强生公司与百时美公司，摩托罗拉与顶峰公司，波音与麦道公司（该公司后被波音公司并购），万豪与古象豪生，以及菲利普莫里斯与雷诺公司——这些愿景公司和我们所界定的强文化公司或高文化凝聚力的公司一样，核心价值信念都占据着核心位置。

愿景公司并不满足于取得微小的成就，它们为自己设定了远大的目标和艰难的任务。被吸引来这里工作的人十分喜欢这样的挑战，他们愿意承担并战胜艰巨的挑战，这是使公司有着长期卓越绩效的关键因素之一。杰克·韦尔奇领导下的通用电气公司，坚定地要成为它所在的每一个市场上数一数二的公司。弗兰克·范德利普（Frank Vanderlip）早在 1915 年就为花旗指出了一条通往全球统治地位的道路，当时他说："花旗完全能够成为有史以来最强大、最有用、覆盖范围最广的全球性金融机构，对此我非常有信心"（引自《基业长青》）。

柯林斯和波拉斯还得出结论，真正伟大的愿景公司都拥有强有力的、独特的和几乎是排外的文化。在这些公司工作就像在美国海军陆战队里工作一样：如果你不能够迅速适应它，你将被淘汰出局。他们以诺德斯特龙、IBM、迪士尼和宝洁公司作为例证，你会看到这些公司也都在我们的强文化公司的名单上。

柯林斯和波拉斯的这本著作里充满了关于"是什么使得真正优秀的公司运行良好"的真知灼见。虽然他们的措辞和我们不一样，但传达的信息与我们的观点是相当一致的。其中心思想就是：文化对于优异的经营业绩的重要性。他们引用的具体内容扩展和丰富了我们的观点。他们说过这样一句话，我们再同意不过："一家愿景公司的本质在于，将它的核心意识形态渗透到组织的基本结构之中……渗透到公司所做的每一件事当中。"

与企业环境步调一致

文化的强度对于卓越财务业绩的取得十分重要，但是它的作用还不仅限于此，就像约翰·科特和詹姆斯·赫斯克特在后来一个更深刻的研究中证明的那样。两位作者主要比较了同一行业中两家公司的经营业绩——一家公司拥有与企业环境在“战略上相关”的文化，另一家公司的文化与企业环境不太吻合。他们的研究样本包括 21 家公司，在表 1-2 中列出。

表 1-2 10 个行业中公司绩效的比较

行业	高经营业绩公司	低经营业绩公司
航空	美洲航空	西北航空（Northwest）
银行	信孚银行（Bankers Trust）	花旗公司
饮料	安海斯-布希公司（Anheuser-Busch）	库尔斯（Coors）
电脑	惠普公司	施乐公司
食品	康纳格拉公司（ConAgra）	ADM 公司（Archer Daniels Midland）
石化	皇家壳牌	德士古公司（Texaco）
零售（食品、药品）	艾伯森（Albertson's）	温迪克西（Winn-Dixie）
零售（非食品类的商品）	代顿哈德森（Dayton-Hudson），沃尔玛	杰西潘尼公司（J. C. Penney）
储蓄和借贷	Golden West	阿曼森公司（H. F. Ahmanson）
纺织	Spring Industries	Fieldcrest Cannon

资料来源：John Kotter and James Heskett, *Corporate Culture and Performance* (Free Press, 1992), pp. 32-33.

根据他们的报告，所有列出的公司都是强文化公司，但是左边公司的业绩显著超过右边的公司——净收入高出 3 倍以上。左边公司的股价涨幅达到 400%～500%，而右边公司的平均涨幅只有 100%（1977—1988 年）；左边公司的投资回报率达到了 11.13%，而右边公司的投资回报率只有 7.73%。两位作者访谈的行业分析家报告说，独特的文化帮助了这 11 家公司拥有优异表现。在绝大多数情况下，弱文化削弱了那些绩效较差的公司的竞争实力。原因在于：在那些表现优异的顶级公司里，公司文化和它所生长的企业环境的吻合程度很明显要高出一筹。在一个七级评分量表中，7 分代表非常吻合。对这些顶级公司来说，行业分析家给它们的文化与企业环境的吻合度平均打分为 6.1 分；而在那些经营业绩较差的公司中，文化和企业环境的吻合度的平均值仅为 3.7 分。在经营业绩较差公司的一栏中，没有一家公司的得分超过对比公司。当企业环境发生改变，但公司尚未或难以作出调整时，那些曾经为低绩效公司的经营业绩作出过贡献的因素，似乎起到了反作用。

根据科特和赫斯克特的说法（我们当然相信他们是正确的），这些结果为文化与环境关系的理论提供了强有力的支持：

> 它（这个理论）的主要概念，即文化和环境的吻合，显得很有用——尤其是在解释中短期经营业绩的差异时。这个概念对跨行业的公司也有着重要意义。它说的是，此时一种统一的文化将不会有效，而是需要一些变化以满足不同行业的特殊要求。

实际上，这两位哈佛学者更加系统地证实了我们在 1982 年的猜想和推测。为了能在利润上创造奇迹，公司文化必须与它所在的环境的要求步调一致。

领导和适应力

关于文化和经营业绩之间的关系，还有另外一种结果会产生：适应力。科特和赫斯克特在第 3 项研究中把全部精力集中在表 1－2 中 21 家公司中的 17 家公司上，仔细考察这些似乎能够非常敏捷地适应商业环境变化的公司。他们使用的主要方法是，对经验丰富的行业分析专家进行有关该公司的深度访谈和问卷调查。在访谈中，他们努力去抓住这些适应力强的公司的本质特征（思想开放，风险导向，创业精神），以及与此对比，那些适应力差的公司的本质特征（被动应对，厌恶风险，缺乏创造性)。虽然他们为了支持自己的范式而引用的一些例子在某种程度上尚待进一步证实，但他们的主要结论还是相当有意思的。

其中最有意思的发现与适应力强的公司中领导所扮演的角色有关，这一点值得那些想要作出卓越贡献的高层管理者关注。在经验丰富的行业分析专家评价这 17 家公司时，科特和赫斯克特请他们回答这样一个问题，“文化在多大程度上强调和重视公司管理者的卓越领导才干?”(在七级评分量表中，1 表示完全不重视领导才干，7 表示高度重视领导才干。)高绩效公司在领导力的这个七级量表中平均得分为 6，而低绩效公司的平均得分只有 3.9，这一结果并不令人吃惊。这是一个相当明显的差异了，尤其是在问题本身相当模糊的情况下。

这些发现显然与我们的文化观点相当一致。之所以存在强有力的企业文化，是因为高级管理层在过去所做的事情上展现出来的领导力。这种领导力与领袖魅力无关，但对于塑造一个处于文化中心位置的核心价值观的生动而有形的榜样来说十分重要。核心价值观是世代相传的不朽思想。有时候，领导层必须作出艰难的决策，但是这些决策必须与一整套有凝聚力的价值体系保持一致。外围的行为和活动可以变化无常，但核心价值信念要始终如一。这样才能够在适应不断变化的环境的同时，仍然保持一种很强的公司身份认同。

领导力提供了成功适应的关键影响因素。但是领导力通向何处？一些权威人士，例如汤姆・彼得斯就是其中最著名的一位，主张领导力应该关注客户以及他们的需要。其他人的观点得到的支持相对少一些，他们将企业家精神视为能够成功地长期适应环境的关键。科特和赫斯克特提出了一种更加平衡的处方(它照顾了双方的想法)。

每一种企业环境都包括许多不同的群体，而每一个群体都拥有自己狭隘的利益。股东想从他们的投资中获得高回报；顾客要求获得高质量的产品和服务；社区希望当地公司提供资金以支持学校和当地的慈善事业；员工要求获得良好的工作环境、公正的报酬、足够的培训以及有意义的工作。在快速变化的环境中，企业文化很容易失去平衡，在青睐某个群体的同时忽视了其他群体的利益。例如，为了设法使股东满意，航空公司有时候会增加飞机上的座位，降低食品的质量，绞尽脑汁维持低廉的工资水平，削减公司的慈善捐献。虽然这些行为能够使股东在短期内高兴，但从长远来看，公司将承受疏远顾客、员工和当地社区的风险。

科特和赫斯克特发现，成功的公司会始终监控着它的关键利益群体，一旦发现任何一个群体未能获得优质服务时，会立刻作出调整。两位作者询问熟悉这些公司的行业分析专家，“企业文化在多大程度上重视它的顾客、股东和员工?”然后要求他们把每家公司列入七级量表中（1 表示不重视；7 表示高度重视）。表 1－3 简要总结了这些结果。

表 1－3　服务于不同群体的文化价值观（平均值）

	重视顾客的程度	重视股东的程度	重视员工的程度
经营业绩优异的公司	6.0 （最低得分为 5.8）	5.7 （仅有两家公司得分低于 5.0）	5.8 （最低得分为 4.8）
经营业绩较差的公司	4.6 （仅有两家公司得分高于 5.0）	3.9 （仅有一家公司得分高于 5.0）	4.1 （仅有两家公司得分高于 4.8）

资料来源：John Kotter and James Heskett，*Corporate Culture and Performance*（Free Press，1992），p. 49.

表 1－3 表明，重视所有这三种利益群体的企业文化，在经营业绩上均超过对照组的比较对象。在行业分析专家的眼中，低绩效公司的管理者通常最关心的是他们自己。在对这 21 家公司之中的 17 家进行的追踪访问中，两位作者进一步在这个表中补充了两个利益群体。许多经营业绩优异的公司同样高度重视对当地的社区以及社会作出贡献。例如，艾伯森公司的文化对所有这五个利益群体作出承诺，并认为这是该公司

“文化信仰”的一部分。康纳格拉公司有重视所有五个群体的文化价值理念，并用醒目的字体书写在行政办公室旁边的一面墙上。安海斯-布希公司把顾客、股东、员工、社区和社会作为其公司使命的一部分。

在经营世界里，股东或者顾客经常受到高度的重视，但在一些适应力强的文化中也可以平衡对于员工、社区和社会的重视。从长远来看，这些努力常常会获得回报。如同科特和赫斯克特总结的那样：

> 当管理者对这三个利益群体漠不关心，也对各级管理者的领导主动性视而不见时，其结果通常来说将会是缺乏适应力。当公司对于顾客以及领导力缺乏重视时，这一现象尤为明显。但是，如果一家公司强烈地以顾客为导向，但缺乏对员工或者股东的足够关注，其结果也是一样。在这种情况下，管理者会千方百计地满足顾客不断变化的各种需要，即使这意味着显著降低利润空间和花费员工相当长的工作时间。这种战略有时候在短期之内能够发挥作用，但是最终，它会缺乏足够的资本投资于必要的新产品或服务。另外，员工们会逐渐产生被剥削的感觉，也就不再那么努力地为顾客提供服务。因此，这样的公司会发现自己越来越难以满足顾客不断变化的要求。

当任何一个利益群体获得了比其他群体更多的照顾时，同样的连锁反应就会出现。文化价值观能够为企业提供必要的关注，从而使经营业绩链条中所有重要的链接都得到维护。

文化管理中的迷思和现实

亚马逊（Amazon. com）是一家在线图书销售商，在其网上列出了75本书名中带有“企业文化”术语的图书。我们怀疑市面上还有更多关于企业文化的书籍，只不过用了其他的书名而已。首先是约翰·科特和詹姆斯·赫斯克特，紧接着是詹姆斯·柯林斯与杰里·波拉斯，他们的著作详细讨论了文化如何与环境很好地融合从而为公司创造卓越的财务绩效。成千上万的商业实践者和学术研究者购买了这两本书。我们在互联网上使用一个较好的搜索引擎 nlsearch. com 进行了一次常规搜索，结果针对“企业文化”这条短语的回答有近 30 000 条。本章开篇时曾提出，企业文化的时代已经来临，在这里似乎获得了很好的佐证。

那么，这幅画面里有什么错误呢？虽然 20 世纪 80 年代以来已经对文化的概念进行了大量的深刻揭示，但是，关于“文化到底是什么”和“它究竟如何发挥作用”，仍充满了缺乏依据的言论。当然，当我们说这种缺乏依据的言论会干扰和误解这个原本也是虚构出来的理念时，听起来颇有些讽刺意味，但这种情况在今天的商业世界里大量存在。我们在承认文化概念的活力的同时，也应该努力解释和澄清这些不实之处。作为一种思想，尽管仍有着这种不必要的和容易被误导的“包袱”，文化却已经在经营世界里牢牢地扎下根来并能够存活下去。

误区：文化是一种（迅速）能解决任何问题的万灵药

在 1982 年出版第一本企业文化的著作后不久，我们两人应邀去给一家资本高达数十亿美元的服务型企业的最高管理层作演讲。那一次该公司在美国中西部一个旅游胜地举行了为期几天的会议，我们的演讲成为会议上的亮点。我们展示了各种案例并详细说明了关于企业文化的理念，并且，我们很高兴地发现这些理念似乎被很好地接受了。但是，当该公司的 CEO 总结我们的发言时，我们的愉快心情一下子荡然无存，他这样说：“这确实是些很有益的信息。我们这里也需要有一种文化，在两周之内给我建立起这种文化。”刚开始，我们两人因自己在沟通方面显然的能力缺陷而深感意外和吃惊。后来我们认识到，这不过是初次我们接触到这种想法，这种想法是文化能够成为解决公司面临的任何问题的万灵药——而且，如这位 CEO 所相信的，它还可能是快速见效的万灵药。

文化并不是能够迅速解决问题的万灵药，战略才是。当戈登·贝休恩接手濒临破产的大陆航空公司时，他制定了一项战略决策。他停飞了座位使用率（付费乘客占所有座位的比例）达不到运营成本的航线。这是该公司发展方向上的一次战略转变，而且，这次战略转变获得了成功：不久之后，大陆航空公司重新盈利。这样的战略转变使该航空公司重新走上通向成功的道路。

误区： 文化和战略之间没有任何关系

作为一位很有眼光的商业领袖，戈登·贝休恩并没有忽视文化，他对文化给予了同等的关注。在重新安排大陆航空公司航线结构的同时，他制定了一项覆盖公司全体员工的奖金计划。根据这项计划，如果航空公司在准点运行方面名列前三位，那么每位员工都可以每月额外多得 50 美元。这是一种所有员工都理解而且绝大多数员工都可以为之作出贡献的文化信号。很快，受到激励的员工，不管从事的是飞行任务还是地勤服务工作，都想方设法确保他们能够每个月获得这笔额外的奖金。会飞往人们想去的任何地方的公司战略，再加上准点保证的补充，成为乘客们无法抗拒的诱惑。但是，员工的这种行为是文化性质的，而不是战略性质的。战略转变是寻找一种方式，把员工的精力引导到乘客真正关心的事情上去。

把这些战略行动和文化行动综合起来，展现了一个伟大的真理：在执行过程中，文化（人们头脑中根深蒂固的行为模式）和战略（关于如何有效竞争的一种理念）是不可分割的。文化的变革非常缓慢，但是，要想使战略迅速取得成功，必须利用文化的惯性，必须将人们的精力引导到他们习惯实施的行为当中。如果战略要求人们去做那些他们感到不自然的或完全是外行的事情，则注定是一次缓慢的死亡过程。

战略（很可能产生新想法和迅速的解决方案）和文化（变化相当缓慢）之间的关系是非常密切的。优秀的战略家（比如大陆航空公司的戈登·贝休恩）深知这种关系，并且选择把战略建立在自然的和文化的力量基础上。但还有许多战略家失败了，你可能并不知道，这是因为他们忽视了战略和文化之间的共生关系。他们幻想华丽的战略转变，但这些战略在现实世界的检验中却失败了。这些战略从来没有发挥过作用，因为它们与公司存在的文化现实相矛盾。我们希望，组织中的柔性方面（涉及企业文化之类的无形内容）能够与硬性的战略方面（涉及数字和财务等内容）相互融合。如果我们认识到在每个方面没有对方自己就无法生存，那么它们将会融合到一起。

误区：文化抵制所有的变革

几年前，我们为一家高科技企业提供咨询服务。该企业正在设法改造一个新近收购的分公司，这个新的分公司在企业的核心市场上使用的是一种不同的技术。我们的客户试图在分公司这种更受技术驱动的氛围中灌输一种百折不挠的销售文化。我们还清晰地记得，在一次热烈的管理层会议中作出了改组分公司整个高层管理班子的决策。他们提出的观点是：“如果高层管理班子不作出彻底改变，我们根本无法让分公司的文化发生改变。”我们对这项决策表示反对但被否决了。这一误区中的观点在此时占据着支配地位。

认为文化会抵制变革的想法，在许多管理者的头脑中根深蒂固。在实行某种新举措的过程中一旦出现问题，人们下意识的反应就是责备与文化有关的所有事情。如果问题的原因并非来自管理者或者英明的活动发起人，那么，还有什么是比文化更合适的替罪羊？

企业文化是一种活生生的见证，表明员工内心最深处对于“什么是正确的”以及“如何去做以获得成功”的渴望。由于这个原因，文化在拥护公司传统的同时也支持着变革。这包括新的和更好的做事方法，新的市场战略，新的办公室、工厂和装潢方式。文化喜欢把它们作为一种信号，表明与这个世界同步调是正确的。文化经常会适应周围发生的那些变化。无法适应将会是危险的，因为这将被视为文化正在逐渐落伍的一个信号。只有当长期存在的核心价值信念或者被广泛接受的仪式与行为受到威胁时，文化才会抵制这种变化。而且，文化之所以抵制这样的变化，是因为历史的力量在支持它们：这项变革的提议真的是公司继续前进所需要的吗？

误区：文化变革能够被管理与操纵

这个世界上肯定会有 100 万个管理顾问承诺说可以帮助公司“改变它的文化”。很多这样的管理顾问甚至还从这项实践活动中找到了合情合理的谋生手段。真是一派胡言乱语。文化只有当确实需要改变并且做好了改变的准备时，才会改变。当文化的集体智慧意识到这个世界已经改变，为了维持公司的生存，文化应该更好地适应变化了的世界时，它们就会改变。当文化发生正确的改变时，它带来的是公司的生存和繁荣。但是，深刻的文化变革也是一个混乱和痛苦的过程。员工需要很长时间才能从内心接受这个事实：世界已经改变，他们也必须改变。人与文化的方式和行为是息息相关的。当这种联系被打破时，他们会产生深深的失落感。如果整个组织都意识到必须要继续前进时，是否还会因为这个过程充满了艰难困苦而踌躇不前？员工在继续前进之前，必须有所放弃。每一种人类文化都提供了转变的仪式以帮助个体和群体摆脱旧事物，进入一个更加光明的未来。因此，文化变革需要一段文化敏感的过程（culturally sensitive process）。

在这一过程中，管理顾问能够扮演什么角色？谈不上什么重要的角色。管理顾问可以举行会议帮助文化中的成员们思考接下来会发生什么。但是，难道公司的管理层不应该做这些事情吗？如果管理顾问提供的是一种服务，管理层却在采用完全不同的另一种安排，难道员工就觉察不出来不对头吗？毫无疑问，他们能感觉得到。

几年前，我们接受一家刚刚解除政府管制的大型企业的邀请，帮助它们"管理文化"，该公司当时正在进行一次重大的结构重组和有史以来第一次的减员增效行动。当时我们毕竟还很无知，接受了这项工作。在由该公司员工组成的一个生气勃勃且才华横溢的团队的帮助下，我们做了许多堪称奇迹的事情。我们发起了一些活动，使得生产一线的员工能够直接与公司高级经理进行交流和沟通。我们编辑了时事通讯，使所有成员都能了解该公司在结构重组过程中取得的进展——以及它对文化的重要意义。我们向高级管理层指出，他们在管理文化变迁的过程中能起到什么作用。

在这个过程中，我们做得很开心，并且将一大笔咨询费带回了家。能够同时获得这两种奖赏，真的是要感谢上帝。不过除此之外，我们的"这项干预"几乎没能产生任何其他价值。实际情况是，我们竭力想要影响的那些人，在高层经理的全力支持下，正忙着盘算自己在结构重组后的公司里担任什么角色。因此，对于我们这些"热情的宣传"，他们除了口头上的敷衍了事之外没有任何其他行动，他们有更重要的事去做。当时人们正在绞尽脑汁揣摩：公司里发生的这些变化到底意味着什么，他们需要对此作出什么样的应对。我们这种管理过程的努力，虽然并未造成真正的伤害，却也分散了他们从事核心任务的精力。

因此，管理者应该慎重。下一次，如果管理顾问说，可以帮助你管理公司的文化，你可以把他们拒之门外。相反，要尽可能多地把自己的时间花费在管理和领导这一过程上。提供正确的领导，然后让人们按照自己的方式去做，人们将会理解并且努力作出必要的调整。如果你认为这一过程的推进速度过于缓慢，那么，应该仔细检查你的管理安排，看看你可能遗漏了哪些内容。人们也许会告诉你他们没有被说服，绝不应该忽视这些警告信息，除非你打算自取灭亡。

误区： 高层领导是灌输强企业文化的关键

作者们（包括我们自己）在讲述有关文化方面的大胆行为的故事时，必然会引用一些企业中最著名、最令人瞩目的英雄人物作为例子。我们 1982 年的那本书里充满了这些英雄人物的事迹：IBM 的托马斯·沃森（Thomas Watson），NCR 公司的精神领袖约翰·帕特森（John Patterson），惠普公司的戴维·帕卡德（David Packard），以及福特公司的亨利·福特等。这是否意味着，只有杰出的公司巨人才能够影响他们的企业文化？如果真是这样，我们这些剩下的凡人还能做些什么呢？

我们以及其他作者之所以选择这些非凡的英雄人物，是因为其有着大家耳熟能详的名字，而且这些公司也是大家容易识别的组织。实际上，每一家公司，不管其规模大小，都拥有自己的文化身份。这些文化模式和行为是通过公司的创始人以及操持公司至今的管理者不断灌输和巩固的。如果说一种文化是强有力的，那是因为大量日常工作中的无名英雄的需要与渴望，与公司创建人的愿景中所坚持的价值信念相当一致。他们的愿景致力于建设一个在赚取利润的同时又为员工的需要提供服务的公司。他们尤其注重塑造一个能长期取得繁荣和成功的商业组织。由于数以百计的员工（如果不是数以千计的话）接受了公司创建人的这种想法并付出大量努力，从而将这个梦想发扬光大，于是，一种强有力的文化就出现了。员工的努力为公司的火焰增添了燃料，从而使公司之火在员工的心中熊熊燃烧。公司本身也成为一个受人爱戴的组织。

可见，领导与建设具有凝聚力的文化之间有很大联系。但是，领导本身并不能够使公司成功完成自己的经济使命。领导的作用在于：它塑造一种所有层级的员工都认同的工作环境；它鼓舞每一个人的领导能力；它提供无畏的支持；它关心使公司有效运行的那些具体事务；它努力使员工对公司的整体成就感到骄傲，而不仅仅是个人从公司的经济活动中获得多少满足。领导是所有优秀的管理者都应该行使的权利，前提是管理者能严肃地对待自己和自己的职责。

这种鼓舞人心的领导并没有什么神奇的魔力，但它会取得成功，而且羡慕这些成功的其他人也会努力效仿它。领导是建设强文化的关键，但未必非要由那些非凡的、拥有改造世界使命的英雄人物所领导。平凡而普通的领导以及公司上上下下良好的管理层都能创造这个奇迹。

误区：人们会坚持自己熟悉的文化，即使它已不再适用

有多少次我们会坐下来倾听前辈们唠叨美妙的旧日时光？你是否常常参加这样的会议：人们群情激昂地谴责当今局面，惆怅地回顾曾经的好时光？人们会很自然地紧紧抓住过去，而且，几乎没有人能够做些什么以缓解他们的历史情结。

人们坚守着过去，是因为它有意义，而且也使他们当前的工作变得有意义。他们坚持以前的方式，是因为这些方式曾经发挥过作用，并帮助他们发展到今天的这个地步。人们之所以拒绝接受现在和未来，宁愿痴迷于令他们感觉更好的“旧日的好时光”，常常是因为他们对新的现

实世界缺乏把握，难以为他们提供新的信心。这表明了管理层在沟通职能上的失败。

优秀的公司通过在公司各级建设一个预先计划好的无政府状态，试图抵制这种竭力保持现状的倾向。这些公司很少青睐现有的公司路线，与此相反，它们更倾向于奖赏敢于挑战传统智慧的冒险家和创业者。公司里的这些活跃分子以动摇习惯思维和传统做法为乐趣。运作良好的公司将挑战现状作为一种文化美德和价值观，而不是作为谴责和排斥的理由。有远见的管理层在公司里建立这样一种看似自相矛盾的道德伦理："在一定程度上支持这些事情，但是管理层现在所做的每一件事情都值得怀疑。简而言之，就是对你一向不尊重的东西，在一定程度上表示你的尊重。"这种管理方式鼓励了一种生机盎然的文化，它能够在企业环境中适应不断发生的变化。对变革采取的过度怀疑的态度，是表明预计行动中存在某种错误的一种明显线索，但未必是一个表明文化已僵化的信号。

误区：强文化是铁板一块

对外行人来说，显然会认为一些最著名的企业文化是坚如磐石的一个整体。历史上，强文化公司的案例（例如 IBM）也确实符合这种模式。但是，在铁板一块的外表和文化力量之间建立起任何一种联系的想法都是错误的。只有在某种产业中，当具体而始终如一的行为模式是未来成功的最好保证时，一体化的文化才会存在。强文化会在任何地方出现。当企业环境要求思想和行为具有多样性时，有活力的文化将会回应这种要求，并在公司的各级员工中培养这种多样性。

我们知道，花旗公司有着最强有力的企业文化（我们这里指的不是那个与旅行者保险公司（Travelers）合并之后出现的花旗集团（Citigroup），因为在目前判断这个企业文化将如何发展和演变还为时尚早）。银行业是世界上最多样化的行业之一。银行家的工作内容很广泛，从与关键客户培养长期的合作关系，到积极销售新产品，再到鼓励规模庞大的后台高效办公。所有这些因素需要共同发挥作用才能维持银行的良好运作。绝大多数银行遗漏了其中的一个或多个方面，并因此自食其果。但是，像花旗这样的企业却能够繁荣昌盛。为什么？

花旗公司的文化是乐观主义和努力工作的一种巧妙融合。公司里充满了这样的员工，并且它的成功也来自这样的员工：不管他们来自哪个城市，对他们最恰当的描述都是“地地道道的纽约人”。这些地道的纽约人把工作干得井然有序——而且花旗公司还是一个行动始终如一的名副其实的蜂窝。地道的纽约人工作努力——在纽约，没有诸如搭便车的现象。因此，花旗人期望将这种道德规范很好地应用到工作当中，地道的纽约人尊重他人。如果你不与别人保持一定的距离而且小心处事，那么在纽约这个大熔炉里生活会很困难。按照花旗的文化范式，你可以看到每个人都在自己的地盘中打拼，但同时又留心不影响其他的花旗人。这些表面上看起来相互矛盾的特点和行为综合在一起所构成的文化，会令绝大多数局外人士感到迷茫和困惑。这种文化并不是铁板一块，但它不仅有力度而且有韧性——这是花旗取得成功的一个主要因素。你可能会说，“萝卜白菜各有所爱”，但只有当这些“萝卜和白菜”在现有的企业环境中有意义时才有作用。

误区：文化并不针对每一个人

无论你是否喜欢，在工作中你都会沉浸在一种文化当中。无论你认为它是否重要，文化的习俗和规范总是在日常工作生活中指导着你的行为，左右着你的思考。你无权选择是否遵守它——除非你想要离开这个环境。一家公司的文化会渗入你的毛孔并且塑造着你的身份认同。

对文化的这种理念尚不能充分接受的管理者应该有所警惕了。文化，虽不是正式的规则或政策，但它最终规定了你可以做什么和不可以做什么。文化很可能是影响一家公司成败与否的关键因素，因此，管理层需要把它放在十分靠前的优先顺序上。你不能把“还不习惯于这种文化”作为借口：如果你不对文化的行为与方式给予必要的关注，它终有一天会反过来伤害你。

我们也许还能再写 300 页，来详细阐述围绕企业文化这一主题所出现的误区。不过，这应该是其他人在另外一个时间和地点完成的任务。我们在这里得出的结论是：文化这一理念在 20 世纪的八九十年代得到了承认。但与此同时，随着许多其他事件的发生，也使全球范围内企业文化的面貌发生了改变。在本书后面的内容中，我们将换一个角度，来考察企业文化的一些发展趋势及其影响，以及需要采取哪些应对措施。

02

第 2 部分

危机中的企业文化

第2章

股东价值和短效主义吞噬企业文化

1981年，一位年轻且才华横溢的电影制片商杰米·尤依斯（Jamie Uys），在博茨瓦纳首度发行了一部南非荷兰语（又称阿非利堪斯语（Afrikaans language））的新电影，名叫《上帝也疯狂》（*The Gods Must Be Crazy*）。这部电影在南非大获成功，并用英语配音后于1984年在美国再度公演。很快，它就成为美国电影史上票房最高的一部外国影片。

该片讲述了非洲丛林中一个平静而且相互合作的部落的生活遭到破坏的有趣故事。故事的起因是一位飞越卡拉哈里沙漠（Kalahari Desert）的飞行员随手把一个空可乐瓶从飞机上扔了出去。巧的是，这个可乐瓶子正好砸在一个非洲部落居民的头顶，被他的家人和其他部落成员误以为是一份来自上帝的礼物。这个外来物受到了极大的尊重并投入使用。但很快，它威胁到了整个部落大家庭作为一个和谐的职能单元的正常结构。家庭成员之间互相猜忌，并且有史以来第一次，为了获得这个独一无二的珍宝的唯一所有权而展开竞争。这种不协调一直继续，直到英雄人物基（Xi）的出现，他认为上帝的旨意被严重误导了。为了归还这一礼物，基踏上了艰辛的旅程，并因此而出现了一系列构成本片主要内容的意外遭遇。

正当这些部落居民在南非因为从天而降的上帝恩赐而争论不休时，西北大学凯洛格管理学研究生院（Kellogg Graduate School of Management at Northwestern University）的一位会计学教授，艾尔弗雷德·拉帕波特（Alfred Rappaport），发表了一系列文章，指出现金流量分析不仅是企业价值更好的预测指标，而且能更精确地预测未来股票市场的价格水平。于是，股东价值的概念横空出世。就像那个可乐瓶子突然掉到了卡拉哈里的部落一样，这个概念使得管理世界陷入了一种直到现在还未恢复过来的混乱当中。本章，我们将深入探讨股东价值这一创新理念对企业文化产生的影响。学术界的“上帝”是否也在我们当中抛下了一个诱人的、最终却产生了破坏作用的礼物呢？果真如此的话，我们该做些什么才能恢复企业生活的和谐与秩序？

股东价值：CEO 的“可乐瓶”

直到 20 世纪 80 年代早期和中期，大多数管理者在公司里还在平衡着各个“股东”的利益，并采用会计学的计量方法来帮助记录经营业绩的数据。拉尔夫·科迪纳（Ralph Cordiner）是 20 世纪 50 年代末通用电气公司一位德高望重的 CEO，他认为高级经理在管理公司时，应该有责任“使股东、顾客、员工、供应商以及公司所在社区的利益得到最大限度的平衡”。戴维·帕卡德在 1995 年出版的著作《惠普之道》（*The HP Way*）中，描述了他在 20 世纪 40 年代末参加的一次商业会议。在那次会议上，他表达了这样一种观点：“公司的责任不仅仅是为股东创造利润……我们对员工、顾客、供应商和整个社会的福利都承担着重要的责任。”那时候的帕卡德还只是一家初具雏形的小公司中年纪轻轻的高层经理，他说自己很是吃惊，因为并非所有与会者都赞同他的想法。实际上，绝大多数人不赞同他的观点。而有些人，例如休利特和帕卡德，是如此坚信这种为多个利益群体服务的理念，他们把这一理念铭刻在公司的信条当中。

在早期，经营公司是为了服务于多个利益群体的不同需要，事实上，所有的公司和投资者都依赖于普遍接受的会计学的经营业绩测量方法，例如每股收益率（EPS），以了解它们的经营状况。像通用电气这类成熟的公司，则使用其他一些会计学的计算方法，例如投资回报率（ROI）或者占用资本回报率（ROCE），来帮助它们制定资本投资决策。就像非洲的部落世界一样，管理世界也是由于人们拥护和坚持某些被广泛接受的传统和行为，从而凝聚到一起的。

然而，在会计学领域内部，出现了很多反对这些传统方法的声音。一些学者指出会计学的经营业绩测量方法并不总能得出正确的答案。例如，埃兹拉·所罗门（Ezra Solomon）在 1966 年的《会计学测量研究》（*Research in Accounting Measurement*）中，发表了题为《投资回报率：账面收益和真实收益的联系》（Return on Investment：The Relation of Book-Yield to True Yield）的文章（该论文最初并未受到重视，但是后来被重新收录在拉帕波特 1979 年的著作《决策信息》（*Information for Decision Making*）中）。所罗门认为，当根据现金流折现法（DCF）计算一项投资时，投资回报率并不是真实反映该项投资的“经济价值”的一个可靠指标。其他人，尤其是拉帕波特，认为每股收益率是一种评价公司价值的非常不可靠的测量方法。他的理由是：（1）通过使用不同的但被人们广为接受的会计假设（例如，如何对存货进行估价），可以人为地操纵每股收益率的计算；（2）每股收益率甚至无法以一种常规方式测量出经营一家公司需要多少投资（例如营运资本的要求）；（3）每股收益率并未考虑资金的时间价值这项对确定公司的真实经济价值至关重要的因素。不过，一些修正主义者进行了大量的真实性分析以证明他们的主张——他们尤其指出，使用现金流折现法可以更准确地预测未来股票市场的价格。由于它针对的是赚取更多金钱的潜在方法，因此人们很自然地对此非常关注。

现金流量折现，如果被恰当建构，毫无疑问能够提供一种计算企业价值的更精确的方法。而且，即使是将这种方法应用到商业评估的反对者，也承认恰当的计算不是一件小事情。在未来现金流合适“折现率”的假设中发生的微小变化，能够导致对同一家公司的评价完全不同。关于如何最好地计算（然后折现）一家公司的“最终价值”，仍在热火朝天的争论当中。甚至是计算未来短短几年内的现金流量这一简单行为，也是困难重重。恰当的股东价值分析要求在晦涩难懂的分析技术和推算方法方面具备极高的专业技能。因此，一批计算能力很强的管理顾问很快在应用方面开辟了一个新产业。而且，它也同样迅速地疏远了整整一代管理者，他们把这些复杂的演算视为分析失效的经典案例。

在股东价值革命的早期，很少有管理者花时间去仔细研究这些观点。更没有多少管理者考虑过应用这些观点来改变他们所习惯的管理公司的方式。但是，这里确实传递了一个清晰而响亮的信息：股东价值意味着股息再加上股价累积——不仅仅是会计利润的有效提高。因此，管理者开始重点关注股票价格，把它视为一种重要指标来衡量他们努力的价值。色子已经落地，势在必行。至少管理思想百年史上的一场最根本的革命即将发生。

杠杆收购：王者诞生

虽然管理界在股东价值革命的早期对其并无兴致，但是一群观察家觉察到了这场思想巨变的潜在影响结果。他们迅速采取行动以利用之。其中包括一批新型的投资银行家，最引人注目的是小杰罗姆·科尔伯格（Jerome Kohlberg Jr.）。科尔伯格是贝尔斯登公司（Bear Stearns）企业金融方面的负责人，该部门负责分析各家公司的财务状况并确定它们可能需要哪种类型的财务帮助。1965 年夏，当年轻的助手乔治·罗伯茨（George Roberts）与他一起共事时，科尔伯格正在探索他称为“拔靴”（bootstrap）的一个新概念。世界很快就通过另外一个名字——杠杆收购（leveraged buyouts，LBO）逐渐了解了这一概念。

一次杠杆收购即购买一家公司，通常是向出售方支付很有诱惑力的价格。交易的完成通常包括两部分内容：其一是一小部分股本——由购并方提供；其二是大量的债券——由银行和保险公司提供。正是这些债券提供了交易中起决定性作用的杠杆。在早期，对公司非常了解的管理者很有动力成为新型管理团队中的成员。他们得到了资本结构重组之后新公司股本中的一部分股权（通常是 20%左右，是该公司未来福祉的重要组成部分）。

因此，杠杆收购中的管理团队很快就遇到这样的问题：为了完成交易工作，需要为债券支付很高的利息费用。为了使他们私人拥有的股权实现价值，管理层经常会采取一系列的结构重组行动。他们实施大量的成本削减行动以改善现金流，出售不能获得利润的部门或工厂以增加现金和减少债务，改变销售方式（例如，取消公司直接支付的销售队伍，将公司的分销业务交给代理商完成）以提高剩余业务的利润空间，或者经常通过提高价格的简单方式来改善边际利润。通过几年内成功地紧缩开支，他们希望债券得以清还，现金流量实现增加，公司整体的利润和前景能够获得改善。如果真能如此，那么，通过在股票市场上向公共投资者重新出售股权或者将公司出售给另外一家公司，最初的投资者就能实现他们的收益。虽然不是所有这类交易都取得了成功，但是的确，大多数获得了成功。每年的整体回报率达到50%以上——有时候甚至会更高，这一点迅速地获得了更为被动的权益投资者和债券投资者的密切关注。

在接下来的十年间，科尔伯格和乔治·罗伯茨，再加上罗伯茨的表弟亨利·科拉维斯（Henry Kravis），为贝尔斯登公司建立了这种新的业务类型。财经记者莎拉·巴特立特（Sarah Bartlett）1991年撰写了《赚钱机器》（*Money Machine*）一书，说科尔伯格他们的一些交易取得了巨大成功，其他的一些交易相对来说要差一点。虽然会不时地出现一些挫折，但人们已经相信科尔伯格、罗伯茨和科拉维斯他们正走在正确的道路上。然而他们在贝尔斯登的合伙人却不那么热情。1976年的5月，科尔伯格、罗伯茨和科拉维斯自立门户，成立了他们自己的KKR公司（Kohlberg Kravis Roberts & Co.）。剩下的，如人们所说的那样，就是历史了。

KKR公司最初遇到的挑战之一就是获得更多的资本。这三位新的合伙人，虽然非常贫穷，却需要更多的净资本以收购目标公司。除了利用诸如保险公司之类的传统资金来源之外，这三位合伙人是最先涉足利用养老基金进行资金积累的人。对于公共雇员的养老基金这个来源来说，尤其是有利可图的，它是全球投资中最大的共同资金。他们成功地筹集到这些资金（见表2-1），从而拥有了一笔较大的“专用资金”，使他们得以成为该行业中举足轻重的角色。

表2-1　KKR公司资金筹集的发展趋势

年份	基金规模（百万美元）	KKR公司所占份额（百万美元）	KKR公司所占份额（占总体基金的百分比）
1978	32	3.0	10.6
1980	75	3.1	4.1
1982	316	5.0	1.5
1984	1 000	7.5	0.8

续表

年份	基金规模（百万美元）	KKR 公司所占份额（百万美元）	KKR 公司所占份额（占总体基金的百分比）
1986	1 800	20.0	1.1
1987	5 600	140.0	2.5

资料来源：Sarah Bartlett，*Money Machine*（Warner Books，1991），appendix.

表 2－1 显示，这笔“专款”膨胀得十分迅速，以至于十年之内 KKR 公司在各种基金当中占有的份额从 10%以上快速落至 3%以下。那么，KKR 公司如何从它的成功投资中获得财务利润呢？答案非常简单：改变游戏的基本规则。KKR 公司要求在任何投资中最早获得的 20%利润直接进入 KKR 公司，作为完成这笔交易的费用开支。如此一来，虽然 KKR 公司自己只进行了少量的直接投资，却能保证它获得充足的利润。

但是，还有另外一个问题需要克服。交易需要花费较长时间才能成熟。在等待自己的投资瓜熟蒂落的过程中，谁将提供资金支付新公司的租金费用和管理成本呢？同样，答案非常简单：对与每一次投资有关的所有工作收取费用，这包括：这笔交易的组织与筹划费，在它的投资组合中针对每家公司进行的监管费用，甚至连应公司要求出席董事局会议也要收取费用。公司定期得到这些费用，使得 KKR 公司能够维持稳定的经营，直到投资得到回报时，他们的口袋里装入了大笔财富。

为什么投资者甘愿忍受 KKR 公司提出的这种负担沉重的“霸王”条款？答案只有一个：利润。即使 KKR 公司强加了高额费用，投资者依然能够获得很好的回报率。例如，1978 年一年之内，投资者的基金就获得了 30.5%的年度回报率；1980 年，基金的年度回报率是 32.2%；1982 年的回报率达到了惊人的 41.8%；1984 年是 28.0%；1986 年是 29.6%。在股票市场或债券市场上进行直接投资时，回报率是一位数，与此相比，这个两位数的投资回报率明显吸引了投资者的眼球。因此，即使KKR公司从中拿走一点，又有何不可呢？

尤其当交易规模扩大时，杠杆收购成为一种非常诱人的业务。到1985年中期，创立KKR公司的三位合伙人中的任何一位估计都拥有5亿美元以上的净资产。而且，KKR公司已经为杠杆收购铺平了道路，其他许多公司很快就加入到这一行列中，争夺这块极其诱人的蛋糕。

带着所有的这些资金和四处寻找交易机会的大量选手，游戏规则开始发生改变。最初，所有的交易都是“友好的”，而且形成了一种广为接受的信条：维系一个忠诚的管理团队对交易的成功至关重要。然而，市场越来越拥挤（从这些交易所筹集的资金角度来说，似乎并没有这样拥挤），这条黄金规则于1985年被抛弃了，当时KKR公司对公开上市的比阿特立斯公司（Beatrice Companies）发起了一次恶意收购。从那时起，“经理们，小心那些收购艺术家”便成了人们的口头禅。

这些交易本身以及与此相关的令人吃惊的费用，都对公司未来数年的经营管理有着十分重要的影响。在1984年的一篇文章中，迈克尔·詹森（Michael Jensen）认为：

> 科学证据显示，由公司操纵的市场行为几乎无一例外地提高了工作效率和股东财富。然而，几乎总是涌动着一种不利的宣传，存在着对恶意收购进行监管和限制的要求。**这些呼吁中有不少来自希望获得工作保护的管理者**（我们加了强调标记）和希望对公司进行更多控制的其他人。

收购艺术家的咄咄逼人，再加上利润的丰厚可观，将股东价值这一概念推到了核心舞台上。对提高股东价值的强烈关注很快使得管理层陷入了几乎别无选择的境地，只能接受它并把它作为管理层最关心的事项，就像对其“公司掠夺者”一样地关心它，这一点并不令人惊讶。如果不能将这个新标准纳入考虑范围，会使自己的公司在面对恶意收购时不堪一击。旧的测量方法将不得不被抛弃。当管理层的报酬变得要确保管理者集中关注这些新的优先事项时，他们的未来已经注定了。

“养家糊口”的管理层

20 世纪 70 年代的管理者满足于他们获得的薪水以及现金分红（如果他们能够获得的话）。1970 年，马尔科姆·索尔特（Malcolm Salter）对美国 100 家规模最大的工业公司高层管理人员的薪酬进行了调查，结果显示，81 家公司使用现金红利作为对高层管理者最主要的激励方式。虽然当时已有了股票期权计划，但由于 20 世纪 70 年代股票市场的糟糕表现，再加上高层主管们的偏爱，使得库存现金称王。

之后十年里，股东价值的拥护者一直主张更加基于经营业绩的报酬方式。例如，股东价值的领袖人物艾尔弗雷德·拉帕波特，1978 年在《哈佛商业评论》（*Harvard Business Review*）上发表了一篇文章，认为高层主管的薪水应该与经营业绩之间保持更密切的联系。当然，他对经营业绩的定义是与股东价值密切相连的。他提倡基于股票市场的、长期的经理人报酬计划。他的观点并没有被冷落。到 20 世纪 80 年代中期，对于绝大多数高级经理人来说，股票期权已经成为奖励性报酬的优先选择方式。

对管理者来说，基于股票期权的激励计划真能实现预想效果吗？它们是否刺激了股东价值的大幅增长（即使这一目标不应该成为管理者追求的唯一目标，就像第 1 章中我们介绍的科特和赫斯克特的报告所显示的那样）？历史似乎在说“是”。20 世纪 80 年代以来，股票价值在不断攀升。1980—1997 年之间，道琼斯工业指数平均增长了 533%，如图 2－1所示。

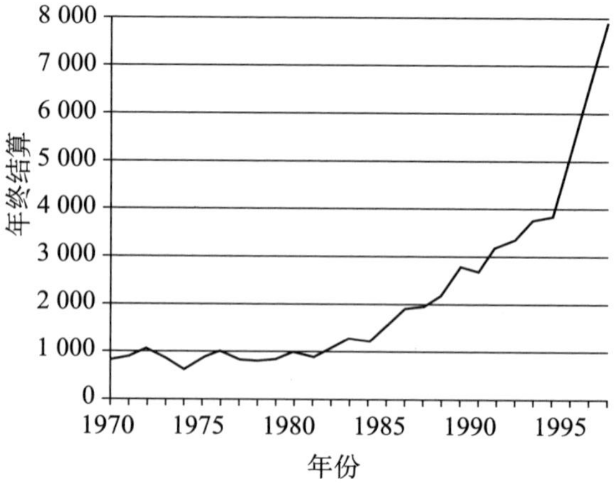

图 2-1　道琼斯年终结算平均数

资料来源：Dow Jones.

因此，在 20 世纪八九十年代，高层管理者报酬水平的增长也是相当迅速的，例如，针对最高层管理者"工资袋"的历年追踪，得到的数据如表 2-2 所示。从表 2-2 可以看到，在 20 世纪 70 年代中期，最高管理者的收入开始出现了七位数（七位数通常来说代表了顶峰的局面）。到 1981 年，八位数的收入变得更普遍，虽然这中间的一些特殊情况与这种高收入有关。例如，布恩·皮肯斯（Boone Pickens）（他出现了两次）实际上是一个恶意收购的"公司掠夺者"，也属于华尔街痞子一伙。同样，联邦快递公司的弗雷德·史密斯（Fred Smith）也是作为一名企业家获得成功。然而，进入 20 世纪 90 年代时，八位数的"工资袋"已经成为一种规范，而不是例外情况。虽然那些身着"灰色西装"的人可能需要经历多几年时间才能够得到这种高分，但是，要感谢这些高收入的先驱者，他们把终点线挪得更远了些，运动场地也因而更加开阔了。

表 2-2　名列前茅公司“工资袋”的发展趋势

年份	高层主管人员	公司	当年的全部收入（百万美元）
1974	Harold Geneen	ITT 公司	0.8
1975	John Halliburton	哈利伯顿公司（Halliburton）	1.6
1976	Charles Lake	R. R. Donnelley	1.0
1977	J. Robert Fluor	福陆公司（Fluor）	1.1
1978	Harry Merlo	Louisiana-Pacific	3.4
1979	Frank Rosenfelt	米高梅制片公司（MGM）	5.2
1980	T. Boone Pickens	美莎石油公司（Mesa Petroleum）	7.9
1981	Steven Ross	华纳公司（Warner）	22.6
1982	Frederick Smith	联邦快递公司	51.5
1983	William Anderson	NCR 公司	13.2
1984	T. Boone Pickens	美莎石油公司	23.0
1985	Victor Posner	DWG 公司	12.7
1986	Lee Iacocca	克莱斯勒公司（Chrysler）	20.5
1987	Charles Lazarus	玩具反斗城公司（Toys “R” Us）	60.0
1988	Michael Eisner	迪士尼公司	40.1
1989	Craig McCaw	麦考通讯公司（McCaw Communications）	53.9
1990	Donald A. Pels	林氏广播公司（Lin Broadcasting）	186.2
1991	Tony O'Reilly	亨氏公司	75.1
1992	Thomas Frist	HCA 公司	127.0
1993	Michael Eisner	迪士尼公司	197.0
1994	Charles Locke	莫顿国际（Morton International）	25.9
1995	Lawrence Coss	绿树金融公司（Green Tree Financial）	65.6
1996	Lawrence Coss	绿树金融公司	102.4
1997	Sandy Weill	旅行者保险公司	230.7

资料来源：Information through 1984 taken from Kevin J. Murphy, “Top Executives Are Worth Every Nickel They Get,” *Harvard Business Review*, March-April 1986, based on various issues of *Forbes*; data after 1984 taken from various editions of *Business Week*.

迈克尔·埃斯纳（Michael Eisner）和托尼·奥莱利（Tony O'Reilly）分别受雇于迪士尼公司和亨氏集团（Heinz），在很大程度上他们是首批获益的“管理者”（他们与企业家不同）。当迪士尼公司的股票价格在整个 20 世纪 90 年代处于暴涨状态时，埃斯纳实际上已经不止一次独占鳌头。但是，20 世纪 90 年代初出现在高层管理者收入名单最顶端的那些人仅仅是冰山一角。1992 年收入排名第十位的最高管理者得到了 2 280 万美元的收入——这种数目根本成不了人们的谈资，也远不足以刊登在头版头条。在 1992 年最高管理者的收入调查中，《商业周刊》（*Business Week*）断言这次调查的 730 位最高管理者中有 467 位一年获得的收入超过 100 万美元；这次调查中，CEO 的平均收入是 3 842 247美元——比 1991 的平均收入增长了 56%。到 1997 年，这些数字根本不足挂齿。《纽约时报》（*New York Times*）对公开上市的 500 强企业的一半进行了调查。结果显示，1997 年 CEO 的平均收入是 870 万美元，比 1996 年增长了 37.8%。在被调查的所有 CEO 中，有整整十分之一拿回家的“工资袋”超过 2 000 万美元。

一些人的收入是如此之多，又是如此频繁，以至于他们的收入数额已经变得令人难以想象。例如，时代华纳公司（Time Warner）的史蒂夫·罗斯（Steve Ross）在 1973—1989 年挣得的全部收入大约是 2.75 亿美元。郭士纳（Lou Gerstner）是一位受聘来“扭转”IBM 低迷表现的前管理顾问，在 1997 年坐收价值 8 100 万美元的股票期权。而且这还是在他与公司谈判达成能够使他获得另外 200 万股期权的合同延期之前的事情。

通过提高股东价值，每个人获得这么多的金钱有什么问题吗？存在很多的潜在问题：股票市场的运行方式发生了改变，导致高层管理的工作议程受到短期思维方式的极力驱动。股权（equity）的所有权和经营权近些年来已经发生了改变。在美国，直到 1965 年，84%的股权还掌握在社会中更为富有的私人投资者手中。而现在，投资机构在全球的主要股票市场上控制了 60%以上的股权。尤其在美国，股权所有权的这种变化已经对如何管理公司产生了巨大影响。

20 世纪 60 年代以来，机构股权（institutional equity ownership）一直在缓慢但稳步地发展。它的成长借助一系列事件的推动，其中第一件就是共同基金的发明。共同基金不仅向个体投资者提供了即时的投资组合多样化（instant portfolio diversification），而且使他们能够获得专业的基金管理技能的帮助。但是，共同基金本身并不能刺激股票市场上机构投资者所持的份额增加。第二次世界大战以后，养老金变成了工人标准的薪酬组合中的一部分内容。最近税法的变化允许个人对自己延税的养老金计划进行投资，这无疑是火上浇油。这些趋势使得更多的投资基金落入机构投资者的手中。这些因素综合起来，提高了机构投资者在大公司中的股权，如图 2－2 所示。早在 1976 年，管理界的领袖人物彼得·德鲁克（Peter Drucker）就已经在其著作《看不见的革命》（*The Unseen Revolution*）中预测了美国公司股权将要发生的这种变化。到 20 世纪 90 年代到来之际，他的预测变成了现实。

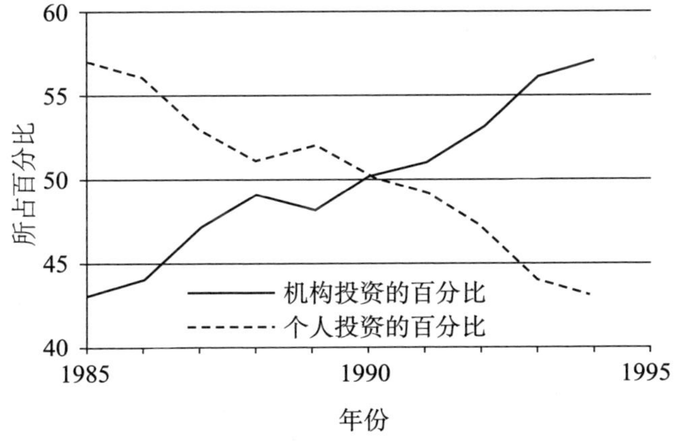

图 2－2　大公司股权的变化趋势

资料来源：Michael Useem，*Investor Capitalism*（Basic Books，1996），p. 26.

为什么这一变化如此重要呢？主要是因为进行这些投资的人。机构投资者是由专业的基金管理者组成的一个集合体，他们中的大多数（尽管不是全部）拥有工商管理硕士学位，绝大多数十分年轻，非常关注自己控制之下的基金业绩，他们的生计都依赖于它。与绝大多数私人投资者不同，基金经理将所有时间用于观察和监控自己的投资。他们会迅速买进和抛出股票，以应对公司爆出的突发事件。他们最常规的资料来源是公司的季度报告。实际上，每一位对得起自己薪水的基金管理者都像老鹰一样仔细观察公司的季度财务表现。其结果是大量反复的买入卖出交易。随着基金管理者对他们持有股票的公司的每一个或真实或假设的未来前景的变化作出应对，他们的股票组合也频繁地发生改变。例如，如图 2-3 所示，世界上规模最大的共同基金费氏基金（Fidelity Magellan），自 1976 年以来除了三次例外（1984 年、1989 年和 1990 年），其每年的买进卖出比率都达到 100%。

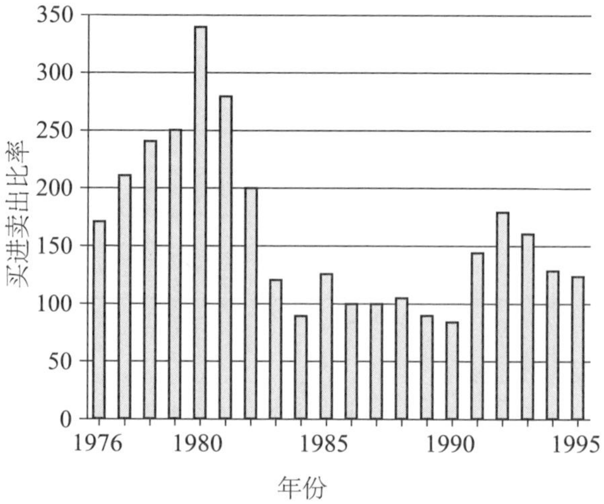

图 2-3　费氏基金买进卖出比率

资料来源：Michael Useem，*Investor Capitalism*（Basic Books，1996），p. 33.

买进卖出被广泛使用，其影响是导致管理层对短期具体目标的高度敏感和关注。几乎毫无疑问，20 世纪八九十年代某些特定的管理战略（例如，人员精简、合同外包、全球化以及企业并购）已经在商业社会中广泛采纳。跟不上潮流的管理者会很快被抛弃。由于报酬与股票密切联系在一起，因此，如果他们控制的股票没有良好的表现，那么经理人自己的报酬将受到极大的冲击。受股票市场的影响，短效的思维方式成为管理规范。

高层主管收入的膨胀还导致了另一个后果：管理者意识到，丰厚的收入并没有像水中涟漪一样向下扩展到公司的其他层级中。在最近一份来自美国劳工联合会—产业工会联合会（AFL-CIO）的研究报告中，一位身份并不完全中立的观察家指出，1980—1995 年间：

- CEO 的收入增长了 499％；
- 公司的利润增加了 145％；
- 通货膨胀使得物价水平提高了 85％；
- 工人的工资仅仅增加了 70％。

这样一来，普通工人和 CEO 之间平均报酬的差距显著扩大了。虽然有关如何正确地计算这个差距仍然存在一些争议，但一个不争的事实是：两者的差距在 20 世纪 70 年代为 15～20：1，到了 20 世纪 90 年代中期则扩大为 150～350：1。高层管理者和普通工人之间越来越大的收入差距可以说是一颗定时炸弹。对这种收入差距的第一反应是冷嘲热讽：我为什么要牺牲自己去成就这位 CEO，使之成为我工作的唯一受益人？而这种最初的反应很可能仅仅是冰山上可见的一角。随着人们越来越意识到自己的努力都成为构筑最高管理者“鸟巢”中的羽毛时，员工不断增长的逆反心理或对峙心理几乎是不可避免的。而这种不断增长的对峙可能导致的后果是，绝大多数大公司出现了大量的离职现象。员工们学会了不再忠诚于自己的雇主，他们更希望投入精力以实现自己私人的经济利益。不断增长的辞职率带来的代价——不仅包括招聘新员工所需的直接成本，还包括失去关键技能所导致的间接成本——很可能是相当惊人的。

看得见的部分：盈利

20 世纪 80 年代，有时候迫于收购艺术家的威胁对管理者造成的压力，公司会受到鼓励为了自己的利益而采取行动。关于这一点，也许最著名的例子是剃须刀制造商吉列公司（Gillette）。1986 年 11 月，罗纳德·佩雷尔曼（Ronald Perelman），这位曾以 27 亿美元的价格收购了化妆品行业巨头露华浓公司（Revlon）的投资商，以每股 65 美元的价格试图收购总价为 41 亿美元的吉列公司。吉列公司拒绝了罗纳德·佩雷尔曼的收购。但是，经过一系列法律程序之后，最终结果是吉列公司向佩雷尔曼支付了比他购买该公司的股票价值还多 4 300 万美元的款项，作为他同意十年之内不会再次试图收购该公司的回报。虽然吉列公司否认这笔款项中包括了“绿票讹诈”——主要是向公司掠夺者支付一笔防敲诈费用，以使其暂停活动——但是绝大多数公众并不这样认为。

虽然作出了承诺，佩雷尔曼后来还是两度试图收购该公司（在 20 世纪 80 年代那段黑暗的日子里，这些“掠夺者”或“偷盗者”没什么好名声）。吉列公司两次击退了佩雷尔曼的收购，但是，在这一过程中最终爆发了吉列公司的管理层与一个叫做康尼斯顿集团（Coniston Group）的新投资团体之间代理权的战争，该集团也试图对公司进行重大的结构重组或者将公司出售给佩雷尔曼。再一次，吉列公司和它的管理团队以如同吉列刀片一样薄的优势获胜。

为了应对这些来自“掠夺者”的压力，吉列公司的管理团队决定对其产业进行结构重组。这家古老而备受尊重的公司在非常短的时间内，决定在全公司范围将工作岗位减少 8%。公司出售了自己的喷气式飞机，取消了购买一架新飞机的订单。公司还出售了在法国的一家奢侈品生产工厂、一家从事电脑目录业务的公司、一个皮肤护理连锁店、一家软件公司、一个眼部护理业务部以及一些豪华的水疗馆。公司关闭了在欧洲及世界其他地区的工厂和仓库。除了支撑公司有利可图的核心业务所必需的广告之外，公司削减了其他广告宣传。这些裁减所导致的一个即时后果是：公司收入和利润双双有了显著的增长。第二个即时后果是，公司获得了世界上最精明的投资者之一、被称为“奥马哈圣人”的沃伦·巴菲特（Warren Buffet）的相当比例的股权投资。这项投资使得该公司彻底与其他收购威胁隔绝，也使它获得了现金，从而可以追求有利可图的新投资。吉列公司的管理层为了应对华尔街“掠夺者”的压力而发起的这些变革，带来的最重要结果是它的全球竞争力。通过进行结构重组，吉列公司在它服务的全球市场上逐渐构建了一种真正令人羡慕的地位。从公司的股票跟踪记录上可以看到，吉列公司目前的发展与过去大相径庭（见图 2－4）。

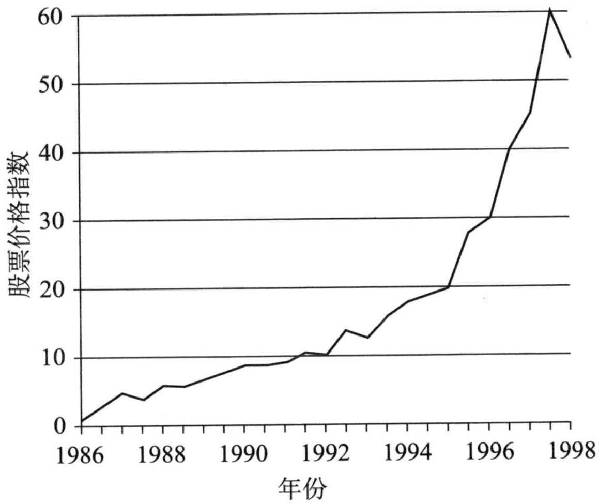

图 2－4　吉列公司股票价格走势

资料来源：Dow Jones.

看不见的部分：短效管理

吉列公司并不是唯一一个面对掠夺者的威胁作出积极应对的公司。其他许多管理者也开始发起激进的成本削减计划。他们还开始实施结构重组计划从而区分出经营业绩较差的业务部门，并通过收购使公司实现在核心竞争力上的临界规模①（critical mass）。然而，所有这些行动综合起来，都是一种短效主义的表现，管理者之所以采取这些措施，是为了维持并提升公司的股票价格。短效经理人的时代已经来临。

有关短效主义和长期战略观点之间的激烈争论已经持续了一段时期。布恩·皮肯斯是20世纪80年代一位著名的“公司掠夺者”，他在《哈佛商业评论》的一篇文章中对短效主义者的观点进行了辩护：“短期主义理论（对于那些反对短效主义的人士来说）必然显露的真面目是：它是软弱的管理提出的一种无力的观点。”几乎与此同时，在《商业周刊》刊文的一位假惺惺的社会现状拥护者，也表达了对同样现象的忧虑：

> 许多因素已经将美国的工业转变成一种高风险的扑克牌游戏。举例来说，养老基金的经理们，为了能使投资超过1万亿美元而使出浑身解数。他们赢得业务的一种方法就是，每个季度的收益都超过其他人。养老基金在季度业绩上的重要性只不过反映了一种股票市场总体上对于季度收益所持的态度。投资者向投资组合经理（portfolio manager）和经纪人施加压力，这些经理人和经纪人为了获得奖金和留住客户，就必须竭尽全力使基金的表现超过平均水

① 指通过数量的积累促成从量变到质变。——译者

> 平——甚至是所有其他的基金。另外，公司自己也向养老基金经理施加压力以使他们创造丰厚的短期回报，这一点更加“恶化”了对于短期绩效的关注……这迫使管理者将短期效益的增长排在诸如市场开发、产品质量、研发能力、顾客和员工满意度之类的公司利益的前面，而这些利益是保证一家公司取得长期成功的关键因素。

到 20 世纪 90 年代，这场战役的败局已定，因此《商业周刊》在这一问题上几乎缄默不语。

短效主义到底有哪些问题？毕竟，股票市场上的一些汹涌波涛可以归因于管理层的活动。而且，当股票市场繁荣兴旺时，绝大部分人都能够获得好处——尤其当大部分投资者利用个人养老基金进行投资之后。这是个利好消息。

短效主义的坏消息在于它对管理者采取行动的影响——或者同等重要的是，它对管理者不采取行动的影响。密切关注自己公司股票价格的管理者很自然地会受到激励，去实施能够提高股票价格的行动。一种途径是削减成本。20 世纪 80 年代以来，大公司的管理者们已经陷入了成本削减的狂热之中。之所以这样做，就是因为股票市场主要充斥着运作机构基金的年轻投资管理者，他们往往对紧缩开支的信息反响积极。从公司的开支中抽取出来的成本通常直接流入利润当中，被视为增加的收益。绝大多数成本削减者都主张“空谈不如实践”：在不危害到产业运营的前提下，只要还能减少成本，就意味着公司成本中还留有不必要的“脂肪”。

但是通常这类开支是用来建设公司的长远未来的。由于人力成本是预算中一个大头项目，因此，解聘员工已经成为现代管理者的一个首选方案。然而，公司为了削减成本而解雇的一些员工，却是企业非正式网络结构（对维系公司的文化特征和长期绩效意义重大）中的关键人物。

兼并与收购也是短效主义管理者非常喜爱的措施。并购行动的汹涌澎湃最初受到了杠杆收购和收购艺术家行为的促动。但随着 20 世纪 90 年代末股票价格居高不下，杠杆收购行为已经显著减少。然而，企业并购仍旧保持在创纪录的水平。为什么会这样？因为华尔街热衷于企业并购。绝大部分关注自己公司股票价格的管理者都知道这一点。另外，并购总是会为新一轮成本削减运动打开大门。管理费用需要合并；公司的设施需要进一步合理化；“非战略性”资产需要剥离。华尔街会注意这些令人愉快的新闻，因此对合并的狂热也一直持续。整合不同的文化是非常困难的，虽然说不是完全不可能的，但是这一事实甚至没能被纳入辩论的范围。

并非所有的短效主义行为都是错误的。许多面临新型竞争或者新型技术的公司必须削减成本以维持生存。而且，大公司之间的许多兼并也取得了良好的效果。但问题在于，这些以提高股票价格为目的的行动常常缺乏仔细的思考，他们对公司员工采取了“大屠杀”，并因此导致对企业文化的严重破坏。

另一个问题是缺乏对公司长远未来的考虑。对管理者来说，短效主义取向的心态往往是这样的：如果投资回报期太长，不足以影响到当前的股票价格，就不采取这种行动。这包括公司在员工、产品、品牌、顾客和供应商等方面的必要投资。但如果不进行这些长期投资，未来的乐观业绩便无从谈起。

让我们思考一下这个例子：20 世纪 80 年代初，IBM 推出个人电脑，推动个人电脑产业发生了翻天覆地的变革。但同时，它也铸下了公司管理者现在承认的几个大错。其中最大的错误是，IBM 转而让微软公司（当时该行业中的一个新贵）为个人电脑提供操作系统。微软利用了 IBM 的短视，把自己打造成当前堪称世界股票市场上规模最大的一家资本公司。当 IBM 认识到自己的错误时，管理者为此做了些什么呢？

他们削减成本——几乎比世界上任何一家大公司都要激进。

他们可以怎样做呢？当发现自己的错误时，可以立刻决策去投资开发一种自己的操作系统。这样就可以与微软公司展开竞争。然而，他们再一次与微软亲密合作，投入了大量资金试图开发一种新的操作系统标准（OS/2）。他们的意图是，在该公司传统的大型电脑业务和个人电脑的新世界之间实现平稳过渡。OS/2 根本无法与微软公司的基本操作系统相提并论。随着视窗系统的发行，OS/2 注定成为一项失败的软件投资。那么为一种能够与微软公司的产品进行竞争并且最终挤掉该产品的操作系统进行投资，是否可以取得成功？我们不得而知。实际上，许多人认为，IBM 本身没有能力制造新兴的个人电脑世界所必需的软件。无论怎样，这种争论现在已经没有任何实际意义。在这新一轮的竞赛中，IBM 并没有进行必要的投资以展开竞争。如果 IBM 从微软手中夺回个人电脑操作系统的垄断，可能会发生什么事情我们永远不得而知。一种可能是该公司更像以前的 IBM，即世界上最受尊重的公司。

这个例子并不是在贬低 IBM 的管理。当时该公司存在许多问题需要克服。而且，我们对于该公司最终决策时激烈的内部争论也并不知情。我们使用这个例子仅仅想阐明公司没有选择的那条路径。没有人知道如果该公司选择了另一条道路，它的未来将会怎样。在郭士纳被引入 IBM 并且掌管该公司之后，他制定的一个最重要的决策就是维持公司每年对研发的巨大投入。我们只希望这不是另一个“力度不足，为时已晚”的例子。

短效主义的文化效果

从 20 世纪 80 年代中期到新千年这段时间里，经营历史被短期倾向的管理行为所统治。这种行为已经开花结果了。20 世纪 90 年代股票价格的飞涨已经使许多人变得富有。这种“财富效应”被许多权威人士广泛引用，作为美国经济长期繁荣和扩张的一个关键影响因素。这些权威人士中，有些人甚至声称，不断攀升的市场价值反映了美国公司显著提高的国际竞争力，虽然这些观点还不得不等待更长一段时间才能证实。尽管更强的竞争力和不断增加的财富是这个管理时代的积极效果，它也同样存在着负面效果。从传统的企业文化所遭到的严重破坏上，可以看出大部分的负面效果，这种状况把商业景象弄得乱七八糟。

为了削减成本，公司一次又一次地削减规模，而公司员工（不仅包括属于受害者的那些员工，也包括幸存下来的那些员工）在精神和态度上留下了永久伤痕。过去那种公司忠诚已经成为往事。员工们不得不认识到，他们第一位的忠诚是对他们自己。还需要一段时间才会显示出来这些最基本的态度改变对工作的影响，并且表现在有形的行为变化上，但员工那种“毫无怨言地努力工作”的意愿已经弱化，这种证据唾手可得。当下一次严重的低迷时期来临时（经济发展的历史意味着这种情况必会出现），公司将不得不关注其他方面，以采取一些必要措施缓解这种局面，而不能依赖于它们的员工。

在 20 世纪 90 年代后半期，管理者采取以股票市场为导向的兼并，把它作为支撑公司股票价格的最后法宝。其结果往往是，人员被安置到这家合并而成的新公司中，但他们有着截然不同的信仰和价值观，并对实现未来成功所必需的措施持有完全不同的想法和意见。从最好的方面讲，这些员工能够在这家混合式的新实体中实现共存（绝大多数员工都需要一份工作）。但是，他们会发现很难针对如何从事工作达成任何的一致意见。他们会更难以从工作中找到真正的意义和价值。此外，传统的员工忠诚的观点严重动摇。从更直接的方面说，当公司员工在竭力弥补他们曾经所熟悉的方式与他们现在的工作文化之间的沟壑时，生产效率无疑会受到影响。管理的主动性将无法发挥作用，或至少无法发挥其应有的作用，这不是因为他们缺乏仔细考虑，而是因为他们在执行时会被不同员工群体之间的认知差异所牵制和阻碍。面临这些缺陷时，管理层会采取甚至更加短期的行为以解决问题，因而这种恶性循环将会继续。

由于短效管理思想的长期积累，其直接结果会影响到长期的企业绩效和生产效率，最持久的后果可能是员工不满。在全球范围里，老一辈的工人在工作中找到了意义和价值，而今天的个体——不管是年轻还是年长的工人——却不得不从其他地方寻找这些意义和价值。当然，人们仍然会继续工作以维持生存。但是，曾经能够从工作中获得的自我实现将会消失。人们不得不从其他地方实现自我。工人们不是积极工作以加入到一家伟大公司的精神和灵魂中，而是急于回到家庭、朋友、社区、工作之外行为的怀抱中，并在这些地方继续寻找意义和价值。这样一来，他们将不会重视工作生活，只是把它视为一种谋生的必要手段。在商业环境堕落和经营气氛变化时（今天的经营人士几乎没有经历过），人们对工作生活的不屑就更不言而喻了。

没有灵魂的工作能够摧毁士气和精神。如果公司里没有忠诚的员工，则注定平庸，并以失败告终。这就是股东价值理念和它衍生出来的短效主义为未来留下的遗产。股东价值驱动的理念所带来的这些结果中，没有一个属于建设具有凝聚力的强企业文化的处方。上帝（的确）是疯了。

第3章

精简规模和企业再造切除企业文化

长期以来，削减成本一直是管理者优先考虑的事项——也的确应该如此。然而，对股东价值的愈加关注以及与此相关的短效思维，使得成本削减被纳入到管理纲领的核心位置。这种优先权的转变掩盖了其他能够改善财务绩效的战略。它使得曾经不过是海面上的一道涟漪转变成一次真正的海啸。在最近的成本削减措施中，有一些属于必要的举措，其目的是重新赢得当今全球市场中维持生存所必需的竞争优势。但是，大量的成本削减措施并不成功，而且事后看来，可能也并不必要。公司采取的所有这些成本削减措施，实质上严重削弱了企业的文化凝聚力。由于绝大多数的成本削减措施以公司员工作为目标人群，以最大限度地降低成本，因此，这些措施对精简规模的受害者来说可谓浩劫。同时，这些措施也影响到了公司的幸存者，因为他们不知道自己会不会成为被公司精简的下一个对象。公司在效率方面的获益能否抵消这些人力成本的代价？公司在成本方面空前激进的动作和措施，导致了文化的破碎和断裂，这种境况能否避免？强有力的文化能否再度出现，并成为获得卓越的财务业绩的有利因素？

从改善运营到企业再造

人们对于成本的关注以及视之为一项优先选择的管理措施的历史，与现代管理的历史一样悠久。20 世纪初，弗雷德里克·泰勒（Frederick Taylor）支持和拥护的“科学管理”，十分强调对成本的测量和理解。现代的管理咨询行业在 20 世纪 20 年代成形，早期的泰勒主义者，如詹姆斯·O. 麦肯锡（James O. McKinsey），运用泰勒的一些思想和理念创造了成本会计制度。随着世界经济从第二次世界大战的废墟中得以恢复，成本削减已成为一项很有特色的管理工具。如图 3－1 所示，整个 20 世纪五六十年代，美国和其他一些国家进行的成本削减主要集中在生产或者与生产有关的事项上，因为当时绝大部分的工人仍然从事蓝领职业。

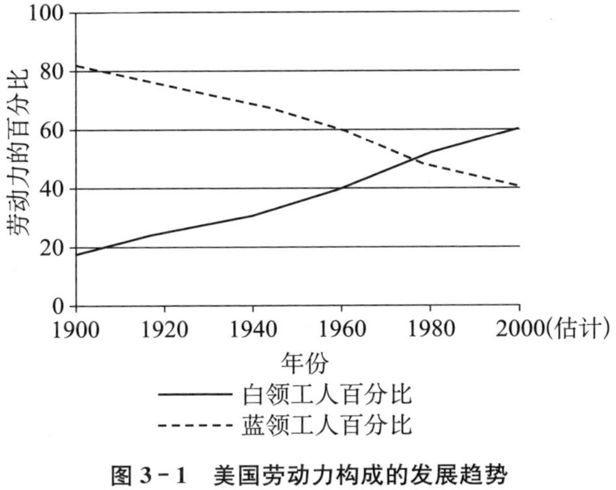

图 3－1　美国劳动力构成的发展趋势

资料来源：Monthly reports of the Bureau of Labor Statistics.

成本削减技术或实践美其名曰“改善运营”，这在很大程度上受益于当时被称为“运营研究”领域的新发展。这种古老艺术的实践者，把《运营研究的原理及其在管理决策中的运用》（*The Principles of Operations Research, with Applications to Managerial Decisions*）一书奉为圣经，它由哈维·M. 瓦格纳（Harvey M. Wagner）于 1969 年出版。在 20 世纪六七十年代的绝大部分时间里，该书为管理者和管理顾问提供了成本削减行动的一个模板。

随着白领工人所占比例的增加，需要获得新工具以针对非生产型员工的成本效益。其中一项最新工具由麦肯锡公司一位名叫约翰·纽曼（John Neuman）的咨询顾问开发出来。他的方法称为“管理费用价值分析”（overhead value analysis），指的是在当一家公司或部门不得不进行人员缩减时，提倡用一种专门的程序来决定哪些职能人员应该保留、哪些职能人员可以解聘。纽曼的文章发表在 1975 年 6 月的《哈佛商业评论》上，这一时期的劳动力构成恰好由蓝领工人占主体转变为职员和会计占主体。管理费用价值分析声称，通过解聘不必要的职能人员，可以降低 40％的成本。实际上，它只能减少 5％～15％的人力成本。但这也足以使它在 20 世纪 70 年代末和 80 年代初成为一种被广泛使用的管理工具。这种方法的成功使得纽曼入选麦肯锡公司的合伙人。但是，它仍旧满足不了管理者对于更大程度的成本削减的渴望。

20 世纪 70 年代中后期，对美国和欧洲的许多公司来说是一段艰难时光。先是 1973 年的石油禁运，随后是通货膨胀的势头十分猖獗，许多公司还面临着新兴的日本公司带来的极大竞争压力。许多行业为了应对海外竞争而苦苦挣扎，汽车行业和办公设备行业（尤其是复印机）是其中两个例子。日本公司通常比在国内市场占有牢固地位的美国公司生产的产品价格更低，质量也更好。

受到这次竞争威胁的公司从成本和质量两个方面作出应对。例如，1976 年初，施乐公司（当时在全球范围内拥有统治地位的复印机厂商）

发起了一项持续多年的成本效益计划（cost-effectiveness program）。这是该公司首次在成本方面进行的全球性动作。虽然这次努力产生了实质性的成本削减，但这不过是漫长苦旅的开始。汽车制造业的生产商也以类似方式作出应对，也许它们比大多数公司都更深刻地认识到，这些行动仅仅是万里长征的开始。

对于质量欠缺的应对甚至更带有戏剧性。它很快就在考虑成本的基础上开展了革命行动。随着 1970 年约瑟夫·朱兰和弗兰克·格里纳（Joseph Juran and Frank Gryna）共同撰写的划时代著作《质量计划和分析：从产品开发到使用》（*Quality Planning and Analysis*：*From Product Development Through Usage*）的出版，这场革命悄然开始。但在 1970 年，企业界尚未做好准备接受这本书中的非传统理念。1978 年菲利普·克劳斯比（Philip Crosby）出版《质量免费：确定质量的艺术》（*Quality is Free*：*The Art of Making Quality Certain*）一书时，这片土地已经相当肥沃了。该书很快就攀升到商业畅销书榜单的榜首。麦格劳-希尔公司（McGraw-Hill）于 1980 年出版了约瑟夫·朱兰和弗兰克·格里纳著作的第二版，再度获得成功。这一次，两位作者撰写的著作获得了它应有的反响。随着 1982 年 W. 爱德华·戴明（W. Edward Deming）的《质量、生产力与竞争地位》（*Quality*，*Productivity and Competitive Position*）一书的出版，全面质量管理（TQM）运动实际上已经付诸实施了。全面质量管理在 20 世纪 80 年代的大部分时间里主导了管理方面的行动纲领，而且该势头在 20 世纪 90 年代依然延续。

全面质量管理最伟大的创新之处在于，关注过程上的正确性。它提倡通过一个不间断的持续改进方案，逐渐把质量纳入到产品和程序当中。这些理念直接来源于发起这次运动的大师们。他们为了实现质量目标而设计的主要方法是：向直接参与到该过程中的人员授权。当这种授权行为发挥作用时，就消除了对于负责监督的中层管理者的大量需求。而这将进一步为类似于间接价值的主动性（OVA-like initiatives）添加动力，以减少管理成本。然而，全面质量管理关注的是一种渐进式增长，但沮丧而急切的管理者总会觉得公司的成本太高。

对持续改进的强调未能坚持下去。1986 年维克汉姆·斯金纳（Wickham Skinner）在《生产率悖论》（The Productivity Paradox）一文中提出，企业还需要做更多事情，而不仅仅是调整生产程序。1987 年，鲍勃·托马斯科（Bob Tomasko）的著作《企业瘦身》（*Downsizing*）号召全方位地核查成本结构。1990 年初，一种能够显著削减成本的方法崭露头角。1990 年夏发表的两篇文章永远地改变了成本削减的面貌，它们是最早明确讨论业务流程重新设计和企业再造的文章（也是我们所见的最好的文章）。一篇是托马斯·达文波特和詹姆斯·肖特（Thomas Davenport and James Short）共同撰写的《新产业工程：信息技术和业务流程的重新设计》（The New Industrial Engineering: Information Technology and Business Process Redesign），发表在声望极高的《斯隆管理评论》（*Sloan Management Review*）上。迈克尔·哈默和詹姆斯·钱皮（Michael Hammer and James Champy）在《哈佛商业评论》上发表了一篇类似的文章《企业流程再造：不是自动化而是推倒重来》（Reengineering Work: Don't Automate, Obliterate）。四年之后，哈默和钱皮又推出了他们划时代的畅销书《企业再造》（*Reengineering the Corporation*），该书在很短时间里就销售了 200 多万册，并刮起了一股模仿的旋风，它为所有的顶级咨询公司带来了大笔业务收入。企业流程再造的革命正在进行当中，大规模成本削减的时代已经来临，公司生活将不再一样。

成本削减：一只咆哮的猛兽

企业瘦身和再造工程变成了一次多大规模的企业运动？《华尔街日报》（*Wall Street Journal*）在 20 世纪 90 年代初的一些头版标题讲述了这个故事：

- 1990 年 9 月 10 日，“快餐连锁店裁掉高达 25%的公司员工”。
- 1990 年 11 月 16 日，“MCI 结构调整，可能裁掉 1 500 名公司员工”。
- 1990 年 12 月 6 日，“福特汽车澳大利亚分公司……正在裁减 22%的工人”。
- 1990 年 12 月 14 日，“法国汤姆逊半导体公司（Thomson-CSF）旨在结构重组计划中削减 3 695 个工作岗位”。
- 1991 年 1 月 28 日，“艾利公司（Avery Dennison）计划裁减 700～900 名公司员工”。
- 1991 年 2 月 7 日，“美洲银行服务部（Service America Corp Unit）正在裁减 1 000 名劳动力”。
- 1991 年 2 月 14 日，“美国西方石油公司（Occidental）计划削减至少 1 000 名公司员工”。
- 1991 年 5 月 21 日，“苹果电脑公司计划在流程再造中裁员 10%”。
- 1991 年 6 月 7 日，“通用轮胎公司（General Tire）裁掉 20%的员工”。
- 1991 年 9 月 19 日，“美国西方石油公司的裁员数量增加到全公司员工的 8.8%”。

● 1991 年 10 月 24 日，“米其林公司（Michelin）计划削减 4 900 个工作岗位”。

● 1991 年 12 月 12 日，“TRW 公司决定裁员 10 000 人”。

● 1992 年 1 月 22 日，“联合技术公司（United Technologies）的流程再造计划包括削减 13 900 个工作岗位”。

● 1992 年 5 月 6 日，“加拿大石油公司（Petro-Canada）计划裁员 20%”。

● 1992 年 7 月 9 日，“阿莫科公司（Amoco）计划裁员 8 500 名”。

● 1993 年 1 月 26 日，“西尔斯公司调整运营——正在裁掉50 000名员工”。

● 1993 年 4 月 26 日，“亨氏公司计划进一步裁员 10%——3 600 名雇员”（在先前裁员 10%的基础上）。

● 1993 年 6 月 14 日，“通用电气飞机发动机分公司（GE Jet Engine）正在削减 1 500 个工作岗位”。

● 1993 年 8 月 19 日，“宝洁公司大幅削减 13 000 个工作岗位”。

● 1993 年 12 月 9 日，“施乐公司计划削减 10 000 个工作岗位”。

当然，上面的名单是精心挑选出来的。它主要包括多数读者能一眼认出的那些公司，突出展现了发生在绝大多数上述著名公司中的精简规模或结构重组行动。而且，它只涵盖了 20 世纪 90 年代的最初三年。但不管怎样，这个名单非常具有启迪意义。

首先，几乎没有什么行业或者公司能够免受 20 世纪 80 年代末和 90 年代的削减工作岗位浪潮的影响。当像 MCI 和亨氏这样极其成功且利润丰厚的公司也加入到这场运动中时，没有人能够宣称精简规模仅限于那些“巨无霸”公司。在 20 世纪 90 年代，即使是处于高增长行业和高科技行业的公司，也无法给员工提供工作保障。的确，我们可以说，苹果公司遇到了一些独特的经营问题，这些问题要求苹果公司采取特殊方式以求得生存。但是，对于通用电气的发动机分公司，却很难给出同样的理由。该部门是当今商业时代最成功的故事之一。另外，规模精简和结构重组是全球性的，它不仅是美国公司的一种时尚。像米其林、汤姆逊半导体、加拿大石油这样的公司，表明成本削减已经在一定程度上变成了全球性问题。

强文化公司提供的终身雇佣承诺主宰了 20 世纪后半叶的商业生活，现在变成了什么样子？随着像西尔斯、宝洁、通用电气和亨氏这样的卓越公司也进入这个名单中，显然，如何对待员工的旧有假设已经不再适用了。

最后一点，也许也是对受其影响的公司员工来说最悲哀的一点，是劳动力的一次性削减已经被持续进行的大幅削减战役所代替。西方石油公司宣布了裁员计划，不久之后又宣布将进一步增加裁员数量。亨氏在第一次削减员工总数 10%的裁员计划取得成功之后，接着又下了赌注。施乐公司从 20 世纪 70 年代开始对公司成本进行削减，到了 90 年代，还在热火朝天地进行着这项活动。1996 年 6 月，《商业周刊》采访美国优利系统公司（Unisys）CEO 詹姆斯·昂鲁（James Unruh）时，他正在宣布公司在 7 年里进行的第五次结构调整。这种行为在持续。

有关工作岗位削减的头版头条的消息，虽然令人忧心忡忡，但是还远没达到对公司员工进行的“大屠杀”描述。1994 年 5 月 9 日，《商业周刊》展示了 1991—1994 年初这段时间里发生的规模最大的 25 次裁员行动。裁员的数量是惊人的，如表 3－1 中显示的那样。很明显，大批美国公司正忙于削减它们的人力资本。

表 3－1　工作的消逝：25 次大规模的裁员行动（1991—1994 年）

公司名称	裁员数量（人）
IBM	85 000
美国电话电报公司（AT&T）	83 500

续表

公司名称	裁员数量（人）
通用汽车公司	74 000
联合包裹服务公司（UPS）	55 000
西尔斯公司	50 000
波音公司	30 000
耐乃克斯公司（Nynex）	22 000
休斯飞机公司（Hughes Aircraft）	21 000
GTE	17 000
马丁-玛丽埃塔公司（Martin-Marietta）	15 000
杜邦公司	14 800
柯达公司	14 000
菲利普莫里斯公司	14 000
宝洁公司	13 000
莫氏药房（Phar Mor）	13 000
美洲银行	12 000
通用电气飞机发动机分公司	10 250
麦道公司	10 200
南方贝尔公司（BellSouth）	10 200
福特汽车公司	10 000
施乐公司	10 000
太平洋电信公司（Pacific Telesis）	10 000
霍尼韦尔公司（Honeywell）	9 000
美国西部公司（US West）	9 000

资料来源：*Business Week* May 9，1994.

即使是这个令人恐惧的表格，也只讲述了一部分故事。1994 年 4 月 25 日，《福布斯》（*Forbes*）对美国劳工统计局（Bureau of Labor Statistics）的数据进行了一些分析。该杂志指出，1980—1993 年间，《福布斯》500 强企业（经济规模最大的企业）的雇用总人数下降了 10%，即超过 200 万人。针对一个更短的时间段进行更仔细的观察（1987—1993 年），《福布斯》指出 IBM 的雇用人数减少了 117 553 人（占 IBM 员工总数的 30%）；西尔斯百货公司减少了 110 700 名员工（占员工总数的 22%）；通用电气公司减少了 104 000 名员工（占员工总数的 31%)；通用汽车公司减少了 102 200 名员工（占总员工数的 14%）。到 1998 年 1 月，一家以芝加哥为基地的追踪美国公司裁员情况的人力资源公司 CGC（Challenger，Gray & Christmas），在《金融时报》（*Financial Times*）上报告说美国大公司的裁员总数已经超过 400 万。

从更大范围来看，美国劳工统计局 1996 年 10 月的报告中说，1993 年初到 1995 年底，共有 940 万美国员工从他们的工作岗位上被裁，其中 420 万名员工在被裁之前已经在自己的工作岗位工作了三年以上。这 420 万名雇员中，包括 120 万名管理人员和专业人员，130 万名技术人员、销售人员和行政人员。很明显，20 世纪 90 年代的公司结构重组触及了公司里所有级别的员工。

虽然表 3 - 1 中引用的绝大部分统计数字都基于美国的公司，但这种趋势能够折射出世界其他地方的情况，尤其是欧洲地区。与大多数管理运动一样，风靡美国的成本削减运动在到达大西洋彼岸时有一定的时间延迟。另外，欧洲地区的劳动法使机构精简运动有一定困难，而且执行成本也很高。但是，这并没有阻止诸如 ABB 公司、大众公司、通用汽车公司（欧洲）、英国电信、英国劳埃德 TSB 银行（Lloyds-TSB Bank）以及其他公司削减成千上万的雇员。到 1996 年，甚至连瑞士信贷集团（Credit Suisse）和诺华制药集团（Novartis）（瑞士最大的制药公司）这些著名的瑞士公司也宣布裁掉数千名员工。精简规模、流程再造以及结构重组已经成为主流现象。

在欧洲，大多数员工在历史上受到了劳动合同和能够切实保证终身雇佣的法律的保护。然而到了 1996 年，这种情况也开始改变。德国电信公司（Deutsche Telekom）渴望实施民营化，并终止给新雇员提供终身合同。实际上，这使得新加入德国电信公司的雇员转变为合同制员工。通过这样做，该公司跟上了 20 世纪 80 年代初进行民营化的英国电信的脚步。英国电信用合同制员工替代了众多永久性员工，以至于通信工人工会（Communications Workers Union）指责该公司制造了一种“强烈的不信任”。这个指责立即被该公司否认（*Business Week*，July 8，1996）。在德国、意大利，甚至法国，法律上已经允许私有化的公司解雇“文职”人员。诸如德国电信、意大利航空公司（Alitalia）、法国电信（France Telecom）这样的公司，都在争先恐后地利用这种新自由。在欧洲的其他地区，当许多公司（例如法兰西航空公司（Air France））正忙于对公司进行结构重组时，政府官员也在寻找其他办法，虽然很多欧洲国家的政府仍然是亲社会主义的。

有什么迹象表明工作岗位的削减临近尾声吗？似乎没有。1997 年下半年，通用电气的 CEO 杰克·韦尔奇宣布，这个处于领头羊位置的公司将实施下一个 20 亿美元的结构重组计划（或许也可以把它解释成高达 25 000 个工作岗位的裁减）。通用电气公司前进的方向，势必会有其他公司跟随。柯达公司还在承受来自富士公司的竞争压力，继上一次 14 000 份解雇通知书的基础上，它宣布再度裁员 16 600 名。随着富德龙公司（Fruit of the Loom）将生产转移到墨西哥，该公司决定削减 2 900 个工作岗位——占其美国分公司员工总数的 17%。波音公司，尽管它的订单记录还不错，而且最近为克服生产瓶颈进行了大规模招聘，还是公布了它将裁掉 12 000 名员工的计划。通用汽车宣布，作为 20 亿美元结构重组费用的一部分，该公司有意进一步裁掉 40 000 名工人。美国电话电报公司宣称它的目标是，在公司总部和核心长途电话业务部门裁掉另外 5 000 个工作岗位（不久后又出台了一个进一步削减 18 000 个工作岗位的计划）。第一联合银行（First Union Bancorp）最近收购了 CoreStates 银行，预期将在 18 000 名雇员当中削减 5 500 个工作岗位。

1988 年以来，美国管理协会（American Management Association，

AMA）针对自己的会员调查了有关精简规模的意图和行动。自 1991 年，对该调查作出答复的会员中，超过 50％的会员每年都进行“工作岗位削减”。美国管理协会于 1995 年进行了另外一项单独的调查，95％以上的会员指出它们正在进行企业流程再造——想必未来一段时间里还会出现更多工作岗位的削减。有一个指标能够说明这些意图是真实的：1998 年 8 月，CGC 公司报告说，1998 年上半年美国已经有321 217个工作岗位被削减，这一数字几乎等于 1993 年创下历史纪录的数字。成本削减的时代确实已经来临。不论是好是坏，未来的企业文化都不得不把这个因素考虑在内。

精简规模的诱惑力

成本削减仅仅是管理者致力于提高公司绩效的一种可行性工具，除此之外还存在其他无数可能的手段，包括发明新产品，进入新市场以及开发新的分销渠道。虽然有大量证据证明，许多公司已经在探索甚至是积极地使用这些增效措施，但毫无疑问，20 世纪 90 年代将是精简规模的十年。事实证明，这是到目前为止最主流和最时尚的管理动力。

为什么会这样？主要有两个原因。首先，作为一种增加利润的办法，在短期内削减成本比较容易，也更容易预测。开发新产品和进入新市场都非常困难也极具风险。其次，减少员工数量所导致的财务成本通常会被结构重组费用所掩盖，所以经常会被视为利好消息，而不是公司资产的损失，实际上后者才是真正的事实。当然，没有人会争论说优秀的公司应该承担额外的成本。如果公司能够在拥有更少员工的情况下继续成功运作（许多大公司显然打算这样做），那么，对工作岗位的削减无疑是非常正确的。因此，这似乎是一个人们普遍认同的道理。如果人力成本是成本削减措施的副产品，何乐而不为呢？（我们后面将会讨论，为什么这种流行的看法是目光短浅的。）

毫无疑问，有些公司需要精简规模。其中包括那些曾经因为政策规定而占据垄断地位的基础服务供应商，例如电信公司。因为缺乏竞争压力，所以毋庸置疑，它们都产生了过度成本。这些成本应该减少（也包括人力成本），以使公司在竞争更激烈的市场中做好充分准备。竞争市场经常能促使这些公司为顾客提供更好的服务，也使它们对顾客来说更有价值，这一点并非巧合。

如果公司是第一次在它们的核心市场上面对竞争，常常会表明精简规模的有效性。施乐公司也许就是一个最好的例子，该公司几十年来在专利权的保护下免受竞争。但是，一旦这些专利到期，竞争便出现了，施乐公司再不采取行动就将是不负责任的表现。它对此的回应不可避免地意味着规模上的重大精简，无论这种做法是多么痛苦。

如果在所有这些行动当中，我们发现有什么漏洞，那么，这个漏洞就是公司选择“容易”的解决办法——通过企业瘦身以增加它们的短期利润。它们是否可以采用其他方式解决问题？也许可以。但是，一旦流行的时尚掌握着主宰权，公司除了加入这一行列，几乎别无选择。

成本削减之所以在 20 世纪 90 年代变成一股如此猖獗的力量，第二个主要原因是公司的管理者和公司股东从这样的行为中获得了回报。在成本削减规模最大的公司中（见表 3－1），有 17 家公司进入了主要股票交易市场的名单。1991—1994 年，当它们进行大规模的成本削减时，其股票价值平均提高了 57%。毫无疑问，它们认为自己做对了。对于那些将自己的股票期权兑现的公司 CEO 来说，这件事更是锦上添花。1994 年以来，这些进行成本削减运动的领头羊，其股票价格进一步提高了 127%（如果从成本削减开始算起，它们总共提高了 257%）。当有如此回报时，谁还能对成本削减无动于衷呢？

1995 年，大型公司裁掉了 440 000 名雇员，而这些公司 CEO 的平均薪水却增长了 18%，超过 160 万美元。如果包括诸如股票期权之类的长期激励，CEO 的全部收入平均增长了 30%，达到 370 万美元。不过，这些平均收入数字带有一定欺骗性，因为它掩盖了 20 世纪 90 年代以来 CEO 收入中的一些真实情况。

罗伯特·丹尼尔（Robert Daniel）是联合技术公司的总裁，在 20 世纪 90 年代领导了一次裁掉 30 000 名员工的精简行动。仅 1995 年这一年他就获得了 1 120 万美元的报酬。该公司的 CEO，乔治·戴维（George David），同一年获得价值 670 万美元的股票期权。《商业周刊》（1996 年 4 月 22 日）引用了联合技术公司一名年薪 6.4 万美元的中层管理者的说法："我以前一向热情饱满地去上班，现在我上班只是去做那些我不得不做的事情。我感觉到自己的工作负荷太重，几近崩溃。我的大多数同事都在积极寻找其他工作，或者尽可能少地去做分派的工作。而与此同时，CEO 却获得了数百万美元的报酬，他的报酬增长速度比其他任何人都快得多，这使我非常愤怒和恼火。"对于这番话，你是否会感到惊讶？

当然，在获得这些管理回报方面，丹尼尔和戴维并不是仅有的两位。美国电话电报公司总裁罗伯特·艾伦（Robert Allen），虽然因该公司存在的困难而接受了一次"收入削减"，但仍然在 1995 年获得了总计 1 590 万美元的报酬，他的贡献就是让 85 000 名员工走人。1993 年，波音公司的 CEO 弗兰克·施伦茨（Frank Shrontz）宣布裁员 25 000 人，他获得的回报是价值 590 万美元的年收入。美国家用产品公司（American Home Products）总裁约翰·斯塔福德（John Stafford）获得了 970 万美元的巨额报酬，但是为了得到这笔报酬不得不裁掉 4 000 名员工。通用电气公司 CEO 杰克·韦尔奇当然不逊于任何人，在担任 CEO 期间，他成为削减超过 10 万名员工的缔造者，仅 1997 年一年他就获得

2 200万美元的报酬。对那些被裁掉的员工和那些幸存下来的员工来说，精简规模带来的破坏性十分巨大。但是，对大多数大公司的CEO来说，它仅仅是医生开出的处方而已。

这种狂热的成本削减行为所导致的人力成本和企业的长期绩效成本是否被考虑在内了？也许是被考虑在内了。管理者也是人，而且经常是悲天悯人的。但是，当所有管理者都在进行成本削减，而且能够从这种行为中获得回报时，它的诱惑力将是难以抵挡的。你真的能够谴责他们吗？

企业再造：闹剧还是拯救？

几乎没有什么管理潮流像20世纪90年代的企业再造革命这样彻底地席卷了整个公司世界。《企业再造管理》（*Reengineering Management*），是继那本发动了结构重组运动一书之后的另一本书，1995年出版。作者詹姆斯·钱皮在书中说，69%的美国公司和75%的欧洲公司，对CSC索引咨询公司（CSC Index）进行的一次全面调查作出答复，说它们实施了一次或者多次的结构重组努力。这些项目丰富了全球咨询公司的工作，导致大量的工作岗位削减，并以这样或那样的方式影响了数百万员工的生活。这些企业再造努力是拯救之道，能使公司在不断全球化的市场上取得竞争优势，如同它们的倡议者所主张的那样吗？还是说，这些努力不过是复杂的游戏，其设计目的是在损害普通员工利益的基础上增加公司的短期利润，如同它们的批评者所主张的那样？抑或是两者的综合，它为了公司的管理而包装到一起，作为解决数十年不当管理的万灵药？这三个问题的答案分别是：是的，是的，是的。请看下面的详细论述。

为什么进行企业再造？

公司出于各种各样的原因实施企业再造计划。其中一个原因肯定是为了维持它们的运营，帮助它们抵挡来自“公司掠夺者”不必要的进攻。然而，最重要的原因是为了使它们能够在提供服务的市场上更有竞争力。许多公司的竞争力已经被等级森严的管理阶层和白领职员的增长所侵蚀。设计这些职能本来是为了监督真正从事生产产品、销售产品的工人，但近年来后者的数量不断减少。以泰勒主义为历史根源，公司对这种流行的管理哲学的直接反应就是增加监管的层级和人数。这种管理哲学要求工人禁锢自己的头脑和思想，成为生产机器的螺丝钉。等到公司逐渐发展壮大时，这些监管层级已经确立了自己的地位。当新的竞争对手进入它们的市场时，经常是来自世界上另一个角落，由于新对手没有与这些历史传统相关的成本的累赘，因此，它们能比那些更早建立的公司生产出更高质量和更低成本的产品。针对这种威胁作出的应对是，公司对自己进行企业再造，直接向工人授权，通过使用信息技术作出及时的决策，并消除那些不必要的监管层级。总之，理论上如此。那么，结果如何呢？

对一项企业再造计划的剖析

无论从财务方面，还是从涉及的人员数量来看，企业再造计划都是非常重大的事件。它们通常都会有外部管理顾问组成的大型团队，雇用这些管理顾问是因为他们的专业经验和他们的客观性（无论真假）。许多被大型咨询公司聘来实施企业再造计划的管理顾问只不过比他们的客户早几天读完哈默和钱皮的著作。企业再造计划也包括由内部人员组成的大型团队，使用这些内部员工是为了利用他们的内部知识，而且他们的存在可能会带来可信度（不管结果如何）。由于这些再造计划的规模和显著程度，它们通常都需要最高管理层的认可。绝大多数的最高管理层都热切地支持这类计划，因为他们知道其他方法都无法实现他们所承诺的20%～40%的成本削减。

通常来说，结构重组计划开始实施时会伴随大量的宣传和赞美之词。通过发起“巡回演讲”，向公司员工传达这项企业再造计划对公司的未来何等重要。员工们被劝诫放弃他们的任何偏见，并全神贯注地将自己投入到这项旨在塑造公司未来的计划当中。

他们通常是基于生产线来组织团队，因为结构重组将生产线评估吹捧为明确行动的革命性方法的关键。随着项目组与现有的和传统的组织链条面对面交锋，它们可能会发现经营的不同途径，理论上如此。但是项目组安排中进行的最后一分钟的讨价还价，经常会导致理论和实践之间产生明显差距。政治联盟和行动纲领能够支配团队运作的理性和职能标准。

企业再造计划的早期是令人兴奋的。工作量非常大，人们的热情通常也处于顶点。最高管理层不断地关注和劝告能够激励那些甚至持最怀疑态度的团队成员。他们会做哪些工作？绘制流程图。企业再造计划的第一步是详细记录每一天的工作活动，对数据进行收集和分析，向管理高层呈送和传递陈述。最高管理层完全意识到了如果企业再造在这个早期阶段失败将导致的危险，因此总是不遗余力地给予有力支持。在流程图绘制完之后，会采用头脑风暴法针对执行的核心程序进行干预。公司会成立各种团队，来评估重新设计工作流程的每一项提议。于是，新一轮高强度的数据收集和分析又开始了。

大约6个月之后，管理顾问开始急于量化工作流程重组可能带来的潜在的规模精简。我们可以预测到这个时机：在支付了6个月的高昂费用之后，即使是对咨询公司最信任的客户通常也会要求见到成果。

有职业野心的团队成员，通常最先跳进企业再造这一流行时尚中，并开始认识到这次计划的改变将导致在公司员工中分出获胜者和失败者。变革的这些发动者用不了多久就会决定把自己列在获胜者行列，因为他们可以声称自己是流程重新设计中的关键选手，他们可以把自己的名字放在那些使新工作流程顺利运行的美差上。那些缺乏职业野心的员工（有些人可能说他们无能或非常满足于现状）则努力使现有的组织和文化的损失最小化。最终结果是不可避免的：团队成员中的政治家们在新组织里获得了最好的工作岗位；那些在堑壕战中缺乏技巧的员工发现他们在淘汰名单上。即使最高管理层意识到了幸存者所经历的残酷竞争，他们也会忽视或者忽略这一点，因为到了这个阶段，最高管理层已下定决心要看到结果。他们需要从这次耗资巨大的企业再造方案中大获全胜，以使自己能够面对股东或媒体。

企业再造：成功还是失败？

詹姆斯·钱皮在 1995 年的书中写道，在他的公司（CSC 索引咨询公司）研究的企业再造方案中，“高达 30％的计划达不到那些基准（在计划开始时设定的目标）”。他进而补充说：“这种局部的变革并非我想要的那种。”其他许多研究企业再造现象的学生在他们对重组结果的评价中甚至更悲观。来自各种研究报告的评估认为，高达 50％～70％的企业再造计划无法实现它们的目标，甚至无法获得经营业绩的改善。

精简规模可以是有效的，如果它们在范围上足够广，而且在公司的运营业绩经历了一次下降之后采取行动。相反，仅仅局限于在特定区域中减少人员数量的精简规模努力，经常无法实现目标。另外有证据显示，反复的精简规模努力是自残行为，即建立在失败之上的失败，惨遭蹂躏的公司员工会竭力应付反复出现的对工作保障的威胁。

因此，对精简规模和企业再造计划进行评价的报告总是结果不统一：有些计划取得了极大成功；其他一些（甚至可能是大部分）则没有达到它们开始时打算要实现的利益。作为在企业再造方面的冒险性结果，一些公司获得了新生。有些人甚至认为，美国和欧洲公司提高的全球竞争力，是重新界定它们的经营做法和消除那些难以承受的成本的努力所导致的直接结果。然而，没有人会争论说人力成本并不高昂。

精简规模的人力成本

从单纯的统计数据看，精简规模已经伤害到了许多人。在欧洲，绝大多数欧盟国家出现了创纪录的高失业率。在美国，整个 20 世纪 90 年代享受了空前的经济膨胀，创造了足够多的新工作岗位来吸纳被裁掉的工人，并因而实现了历史上最低的失业率。然而，好消息到此为止。

企业重组和精简规模为美国经济添加了助力，然而与其错位的一个结果是，美国中等家庭的收入在 1989—1995 年间下降了 1 400 美元（3.4%）。这一点的确发生了，尽管美国工人平均工作了更长的时间（从 1979—1994 年，男性工作时间增加了 3%，女性增加了 35%），而且双收入的家庭比例也在显著增长（从 1967 年 31%的家庭增长到 1995 年 47%的家庭）。

在公司的企业再造中失去工作岗位的那些人付出了惨痛代价。根据经济政策学会（Economic Policy Institute）的《1996—1997 年美国工人状况的报告》（The State of Working America，1996 - 1997），失去工作的工人收入平均比在岗时少 15%（如果他们确实被雇用的话）。作为失去工作岗位的一个后果，这些工人中大约 25%的人失去了医疗保险待遇，这一点并不令人惊奇。在仍被雇用的工人之中，工作的不安全程度也在上升。雇员对雇主的忠诚度已经降到有史以来的最低点。

在劳动力水平上，公司的这种长期调整所造成的震荡，又进一步被绝大多数公司为实现规模精简而采用的方式所加重。通常说来，受到当时某种流行时尚（“结构重组”就是一个经典例子）影响的公司管理层，雇用外部的管理顾问团队来实施规模精简。而建设一个更加高产的未来、消除浪费和合理规划组织之类的口号，无疑是在雇员的伤口上撒盐。实际上，这是用公司的低劣绩效来谴责员工，它忽视了这样的事实，即绝大多数雇员工作非常努力而且完成了公司分派给他们的工作。而管理顾问，绝大部分是年轻人，却过着舒服的日子。他们用不着担心自己赚取的报酬水平，这些管理顾问制作图表、曲线图和报告，用来表明公司员工所做的工作有多大一部分不仅是无效的，而且实际上还对公司的竞争力有破坏作用。公司最高管理层却完全吃这一套，因为它提供了一种相对容易的快速方法来解决他们面临的各种问题。普通员工感到自己被牺牲了，因为从来没有人询问过他们有关应该做些什么的意见，以及对伴随咨询项目的正式宣言而出现的那些花言巧语的意见。

下一步是草拟每个部门的裁员名单。虽然声称每件事情的处理都将根据分析结果和基于理性，但从某种程度上看，裁员名单上的名字似乎没什么意义。太多的老员工被淘汰出局，太多的老板亲信在重组后的组织中获得工作。这加深了一种感觉，即亲疏关系是作出决定的首要决定因素。不久之后，人们就会形成这样的思维：精简规模非常武断。至于你是被留下来还是被要求走人，主要是看抽签时的运气。

最终结果：精简规模的第一个受害者是信任。随着精简规模的浪潮持续席卷公司（而且在绝大多数公司中确实如此），信任的缺乏变成了对这个过程以及对高级管理层诚实性的冷嘲热讽。高级管理人员是导致公司剧变的“建筑师”，当他们创纪录的报酬计划被公布时，这种冷嘲热讽变成了完全的敌意。管理层赞成的每一件事情都被腐蚀。当然，这种消极的观点人们只能放在心里，因为只有这样才仍然能够得到工作岗位（当你要养家时，有工作总比没有工作要好）。但是，冷嘲热讽和敌意变成了许多公司的核心意识形态。对管理层的未来行动缺乏信任，很快就会变成令人恐惧的事情。

许多（如果不是绝大多数）精简规模行为的真相是，它们破坏了工人的组织生活。即使随便浏览一下当地的新闻报纸和最近的书籍，也会发现数以千计的记录这种痛苦的故事。我们许多人都在阅读这些关于人类利益的故事，但很快就跳到描述疯狂上涨的华尔街市场的故事或当地人喜爱的体育比赛的胜利。这里有我们并未注意到的东西。

1993 年秋，星期日的《波士顿环球报》（*Boston Globe*）刊登了一系列有关公司重组对波士顿地区的家庭生活所造成的影响的故事。这些故事当中，有一个故事描述了丹尼斯·科斯塔（Dennis Costa）的家庭，他相对来说属于精简规模战役中的获胜者。科斯塔在美国电话电报公司位于马萨诸塞州安多弗市的一家名声显赫的大型制造厂工作了许多年。该公司在获得全国认可成为全美最高效和最进步的工厂之一的 7 个月后，宣布裁员 1 000 人。丹尼斯在这次裁员行动中幸存下来——但也付出了代价。为了继续他的工作，他有两个选择：第一个选择，做一名维修技术人员，收入减少 50%；第二个选择，他可以只削减 10%的收入，但要求他每周巡查 500 英里，以继续他的工作。

丹尼斯·科斯塔选择了后者，因为这是他和家庭能够承受的唯一选择（他试图在当地找到另一份工作，但是经过大约 200 次的申请被拒绝之后，他接受了美国电话电报公司提供的巡查任务）。文章引用了他所说的话："这就是生存。我已经 46 岁了，而且在这家工厂之外也没什么适合我的选择了。"

同一篇文章中报道了美国电话电报公司安多弗工厂裁员行为的另一位幸存者，布伦达·布兹（Brenda Booze）。她接受了将每小时 11.53

美元的工资水平（在安多弗工厂中作为一名电缆巡视员）降到 9.50 美元（是美国电话电报公司在佛罗里达州一家工厂从事一份初级文书工作的工资水平）的要求，从而在这次裁员中幸存下来。《波士顿环球报》的文章引用了布伦达的话："这就像是退步。我保住了我的工作，但我们的状况一直在变坏。"而且请记住，丹尼斯·科斯塔和布伦达·布兹两个人都是裁员行动中的幸存者。

没这两位那么幸运的是弗兰克·吉拉米塔（Frank Giaramita），他大学毕业后就直接进入数字设备公司。在数次连续不断的工作岗位削减行动中得以幸存之后，1993 年，他在 44 岁的时候被发现流落街头。《波士顿环球报》引用了吉拉米塔，这位一直对公司忠心耿耿的员工的话："我永远永远不会再把盲目的奉献和忠诚给予任何一家公司。"而且，他也不会再期待从某家公司那里获得这些东西。

这些是否仅仅是从地方新闻报纸上摘录下来的一些零星例子？当然不是。1992 年，《商业周刊》报道了艾伦·斯滕豪斯（Allen Stenhouse）的故事，他是在锡格纳保险公司（Cigna Insurance）的卫生保健部门工作的一位 48 岁的业务经理，年薪 50 000 美元。在帮助由麦肯锡公司的管理顾问组成的一个团队削减了他所在部门 20%的成本之后，在圣诞节的前两天，他被告知，自己是 2 000 名将要走人的员工中的一个。直到《商业周刊》刊登他的故事时，斯滕豪斯仍然处于失业状态，而且已经离婚，失去了他的房子和所有积蓄，已经被迫卖掉财产，包括一台传真机和一台影印机，他还欠着国税局（IRS）的退缴税（back tax），仅仅依靠一份政府提供的残疾人养老金维持生计。用斯滕豪斯自己的话说："我已经失去了在当今经济环境中力争上游的斗志。我下定决心要找到一份工作，但是几个月以及几年慢慢过去之后，我沮丧了。你只能够被拒绝这么多次，然后你会怀疑你自己的自我价值。"

随着 20 世纪 90 年代这十年逐渐过去，这样的故事在整个美国和全世界上演。实际上，几乎没有人不认识某一位由于公司精简规模而成为长期的、令人痛苦的失业状态的对象。这对中年工人造成了尤其巨大的影响，他们中的许多人已经为先前的雇主工作了数十年。还有中年管理人员，他们中的许多人从来没想到这样的事会发生在自己身上。前面提到的美国管理协会的调查报告指出，美国管理协会的会员公司在1990—1996年之间削减的40%～60%的员工属于白领工人和管理工作范畴的员工。

当削减成本的时代到来时，公司管理层并不需要多长时间就会意识到通过"鼓励"年老的和高级别的工人离开公司，成本削减会变得更有效率。薪水已经因为定期的价值（merit）增长而变得膨胀的那些员工经常被最先打发走。有时候，打发员工走人的动机可以通过提前退休计划的形式实现，该计划允许雇员在50岁时可以在得到削减了一部分的退休金的情况下退休。其他的补偿仅仅涉及解雇费——通常来说，为公司服务的每个年头只能折合几周到一个月的收入。这种计划所带来的公司成本被企业重组费用所掩盖，而重组费用属于精简规模努力的一部分。相反，人力成本则通过个体来吸收——不管是这些还没有做好准备就被迫进入就业市场的员工，还是那些正在担忧自己将成为下一个削减对象的幸存者。

1987年，在精简规模的浪潮达到顶峰的前几年，朱丽叶·布鲁德尼（Juliet Brudney），《波士顿环球报》的一位长期专栏作家，与作家希尔达·斯科特（Hilda Scott）合作，创作了描述结构重组导致的一些中年受害者的经历的《被迫走人》（*Forced Out*）一书。这本书包含了许多关于公司员工被迫走人的经历的生动例子。我们引用其中一句来总结这些经历："没有工作与有工作之间的差别，就是一无是处和有点名气之间的差别。"一位在成功地返回就业市场之前苦苦煎熬了18个月的人士这样描述："对你来说，生命停止了。刚开始时每个人都轻轻地拍拍你的后背，然后他们开始躲避你；他们不希望听见不幸的故事。”

故事还在增多。芭芭拉·鲁多尔夫（Barbara Rudolph）的《隔绝》（*Disconnected*）一书描述了一位美国电话电报公司精简规模中的受害者，文森特·史密斯（Vincent Smith），她生动地表达了一种当前美国公司中越来越占统治地位的态度：“从这一点来说，我并不期望在我的工作中找到个人的价值。在公司世界里，我是否经常是一条离开水的小鱼？也许是。我会负责任地从事我的工作，但是我不会指望任何公司能够保证我实现我的个人价值，能够告诉我‘我是谁’。”玛吉·斯坦利（Maggie Stanley），另一位受害者，也表达了类似的情感：“我知道，如果明天美国电话电报公司改变了它的商业计划，我就是一只它将要抖落的跳蚤，每个人都是可以牺牲的，而且每个被裁掉的员工都将开始成为苦力。”将自己的感情和灵魂全心全意地投入到所从事的工作之中的那些忠诚和奉献的员工的未来前景，也就只能够如此。

被迫离开工作岗位的人并不是唯一受到伤害的群体。幸存者的工作生活与他们以前熟悉的生活不一样了。不管他们是否承认这一点，自己幸存下来但同时朋友和同事却没有留下来的人，绝大部分会产生负罪感。实际上，所有的幸存者都有一种不断增长的担心和不安的感觉：自己是否会在下一轮的削减中成为扫地出门的对象？绝大多数人认为，他们与雇主之间的关系变得更不信任了，有时候甚至变得失礼。

美国管理协会正在进行的调查证实了员工态度方面出现的这种变化。在 1995—1996 年的调查中，72％的会员公司报告说，公司经历了一次精简之后，雇员的士气将出现一次短期的下降。随着时间的推移，36％的公司员工仍然说他们士气低落。这一点简直没有什么值得庆祝的了。另外，在 1993 年的调查中，美国管理协会发现，经历了 3 次或更多次精简规模的公司，员工士气下降得更加严重（下降了 87％）。

不断下降的员工士气和对管理层不断上升的不信任并不是公司通过

裁员进行成本削减的唯一后果。美国管理协会报告说，在人员精简的公司中，宣称公司无法维持下去的声明显著增长，而且由于错误地解雇员工而导致的法律诉讼案件的数量大幅度上升。超过半数的精简行动最后导致了不利于公司的调整结果。在绝大多数进行了人员精简的公司中，缺勤现象不断上升，这在一定程度上是因为雇员们担心目前的工作岗位将会被取消，而在上班时间外出面试其他的工作岗位。

1996 年，哈佛商学院的尼丁·诺日阿和杰弗里·拉夫（Nitin Nohria and Geoffrey Love）共同撰写了一篇题为《适应还是破裂：大型产业公司的精简规模何时会付出代价?》（Adaptive or Disruptive：When Does Downsizing Pay in Large Industrial Corporations?）的工作论文。这篇文章引用了一些研究，详细阐明了精简规模计划之后出现的忠诚度和认同感的降低。两位研究者提到了一些具体的影响，例如员工的士气更低，工作满意度更低，压力更大，被出卖的感觉，愤怒、惊恐和迷惑的感觉，管理者和雇员之间的信任关系的崩溃，以及组织功能的一种瓦解。哈佛商学院的这两位学者引用的另一些研究报告中，描述了精简规模如何导致更低的质量和生产力；如何刺激更多的拖沓、缺勤和辞职；如何降低管理者和雇员之间的合作。这些研究报告表明，精简规模会破坏组织和管理层双方的合理性，这在极端的情况下可能会导致绩效水平的螺旋式下降。这两位学者断定，大部分精简人员行动并没有发挥作用，这一结论与其他研究者对此问题作出的研究结果相一致。

20 世纪 90 年代的精简规模浪潮，不仅使员工个体遭受伤害，而且整个社区也遭到了严重破坏。纽约哈得逊峡谷的波基普西小镇多年来一直是与电脑巨人 IBM 的一个公司生活区毗邻的最佳社区。1993 年 3 月，IBM 宣布了一次大规模的裁员，从小镇附近的一家制造厂裁掉 2 700 个工作岗位。结果，波基普西镇的经济遭受了一次严重倒退。在 6 个月之内，这个曾经非常繁荣的小镇失业率飙升到 11%，店铺关门和倒闭的现象显著增加。房地产市场实际上已经崩溃：房屋的价值一夜之间下降了 40%。波基普西镇的状况是美国成千上万市镇和城市的一个缩影。同样，这种状况也开始影响欧洲的社区。当然，市镇，也像人一样，能够恢复过来——甚至是从这样一次强烈冲击中恢复元气。但是，它们永远回不到从前。

精简规模的文化影响

先前已经描述过，一个组织的文化是由能为员工创造意义的各种信仰、价值观、人格、性格和神话构成的一种相互交织的有机系统。当文化发挥作用时，它能够在成员中创造不同凡响的忠诚，而且在追求共同目标时能够形成不同凡响的努力。而这又会导致长期的卓越绩效。文化对公司的财务成功非常关键。

精简规模，尤其是大范围的和反反复复的精简规模，通过威胁或者毁坏核心文化要素而破坏了一个组织的文化。它攻击核心的信仰结构，而这种结构对绝大多数雇员来说具有经典意义，即“被这家公司的气质所吸引，工作努力，保持忠诚，拥有一份终身工作”。但是精简规模却向雇员表明，这里不存在“终身工作”这等好事，甚至保证不了你明天还拥有一份工作。在这些情况下，让雇员们全身心地投入简直就是一个笑话。曾经将文化凝聚到一起的基本信仰现在已经分崩离析了。如果没有足够的时间和长期的工作稳定，这种基本信仰难以缝合和痊愈。

雇主和雇员之间基本承诺的破坏，还仅仅是精简规模打碎了公司基本构架的一部分。除了这种基本信念之外，雇员们在历史上还接受了公司价值观体系中的其他方面，例如著名的“IBM 意味着服务”的口号。在 IBM 工作的员工相信，不管在人的方面会付出多大代价，为顾客提供优质服务将导致成功——不仅是员工自己的成功，也是整个公司的成功。当IBM削减大量的员工，而且绝大部分被裁员工已经接受了上述道德伦理时，谁还能保持他对公司核心价值观的信仰？很难保持，而且在绝大多数情况下根本不会保持。当公司的CEO因为成本削减而获得空前丰厚的报酬时——毫无疑问，比公司创始人托马斯·沃森或者他的同僚曾经获得的报酬要高得多——该公司所谓的价值观和雇员之间的连接被切断了。

公司和员工之间的连接遭毁坏虽然是严重的事情，却并不是精简规模中最严重的文化影响。对文化基础的一个至关紧要的威胁来自那些最终不可避免要离开但却是未经深思熟虑而让其离开的那些员工。我们前面已经讨论了英雄人物、牧师、传教士和说书人在保持公司文化方面所扮演的角色。他们是使公司文化变得真实和赋予它人性化面孔的非正式选手。他们的名字并没有在组织结构图中显现出来，他们的角色也没有在任何公司政策手册中获得确认，但是，他们的存在和努力将整个公司凝聚到一起，他们就是这样的人。

当精简规模的时刻到来时，通常很少有人注意到这些非正式的角色。实际上，对此予以的关注经常是负面的："这家伙把全部时间用于和年轻雇员们聊天，他到底有什么用？我们怎么能保留一个似乎总是在饮水机旁讲故事或者在公司活动中以其他雇员取乐的家伙？"在搜寻将要被裁的员工时，年老的员工通常被最先提名，而公司丝毫没有考虑到他们广泛的文化影响。

当关键的非正式选手被裁员时，将会发生什么？这家公司的历史以及使该公司变得伟大的那些因素将随之而去。而且，许多员工在情感上依恋这些员工，因为他们对新加入公司的人的生存通常起到关键作用。这些幸存者感到难受，并且下决心不让自己陷入同样的圈套。

詹姆斯·查林杰（James Challenger）是公司的主席，多年来一直跟踪公司裁员的行为。他在 1996 年 4 月的《银行人事新闻》（*Bank Personnel News*）上对“公司记忆”的遗失进行了评论。他将公司记忆描述为“集体的商业经历、戏剧和景象，以及公司里工作的员工的集体成功和失败”。他进而说道：

> 它是我们在制定日常决策时的知识、辨别力和直觉。每当一位员工被裁员时，这种无价的公司记忆就有一些内容消失了。从最终分析来看，消除一家公司的记忆对该公司的利润造成的损害可能会超过带来的好处。如果裁员之后，公司的绩效再也达不到曾经的水平，那么顾客将会把他们的生意拿到其他公司去，而且该公司的状况将会比裁员前更差。

詹姆斯·查林杰的观点当然是正确的。但是，当他试图与他的那些属于高层管理者的利益共同体进行沟通时，他将自己的信息省略了太多。在任何大规模的人员精简中，与工作相关的具体知识通常都会遭受损失——绝大多数管理者必须意识到这一点。更严重的是，公司的灵魂经常被全盘破坏。随之一同消失的还有关于该公司如何能够成功和繁荣的历史认识。这个地方是一片文化真空，被不信任和怨恨所充斥。

卡伦·斯蒂芬森（Karen Stephenson）是加州大学洛杉矶分校安德森商学院（Anderson School of Business）人力资源领域的助理教授，他将“缄默知识”（tacit knowledge）描述为：

> 一种难以表述的、不言而喻的、来自经验的知识。当我们体验生活时，我们将学到的东西存储为记忆和直觉中的缄默知识。我们自己没有体验过或者学习到的东西，可以从其他人那里得到。因此，其他人成了知识储藏室，我们可以从那里“间接地”学习，把它作为我们的直接经验的替代物。
>
> ……这种形式的知识成为创新的一个关键的（组织）资源。在

> 缄默知识的创造中，信任是一种催化剂。在与其他人的共同讨论中，经验获得分享，而难以表述的缄默知识也能够在这些共同讨论中找到表达的渠道。这种知识的传递非常微妙，而且以同事之间的信任为媒介。因此，信任是媒介，而知识是传递的信息。通过这种方法，经验从拥有经验的人那里传递到那些没有经验的人。

当精简规模将公司员工从工作岗位上驱逐出去时，关系和信任都被出卖了。随着这种被出卖的感觉，公司员工通过他们共享的经验而创造的组织知识也随风而去了。如此脆弱的公司是装备极差的组织，难以在今天的世界里竞争。因此，许多精简规模行为无法实现它们表面上能够获得的利益，这一点也就不足为奇了。

精简规模的未来影响

对一些公司来说，精简规模可能已成为它们在全球市场上展开竞争所必需的拯救之道。然而，对绝大部分公司来说，精简规模已经被证明是一次文化灾难。如果维持一种强有力的企业文化是产生长期的卓越绩效的一把钥匙，那么未来将依靠什么？那些抵制了精简规模运动的公司将获得胜利？或者，从那些进行了规模精简的公司中出现一种新的文化，一种能够重新包装这些碎片并且能够迈向一个勇敢的新未来的文化？或者，继续通过精简规模来大肆破坏人们的社会生活和人们的意义、忠诚与希望？

从我们的观点出发，作为高级管理层非常青睐的一种工具，精简规模是不太可能消失的，除非发生一次明显的本可以避免的灾难。精简规模真是太容易实施了。世界上存在着太多的管理顾问，他们以极其高昂的价格向甚至持怀疑态度的管理者提供服务。但是，与他们承诺将带来的节约比较起来，他们的收费就显得微不足道了。股票市场对公司宣布的精简规模行为的积极反应对绝大多数管理者来说实在太有诱惑力了，因而难以忽视。而且对那些“勇敢地”承担这种成本削减计划的管理者来说，个人回报是如此的丰厚，只有傻子才不会被诱惑。由于它藏在厚厚的坚果壳里面，因此，精简规模还将长期存在，而企业文化将不得不适应这种情况。

这种适应将采取什么样的形式？有一个方面是非常明显的：传统的对公司忠诚的观念已成为明日黄花。作为替代，利己主义将占据统治地位。如果员工不再相信雇主会考虑雇员的福利（而今天，几乎没有雇主能够作出这样的承诺），那么，任何有自尊心的雇员都将竭力追求自身利益的最大化。如果这意味着寻找其他工作和职业机会，那么，雇员个体就会这么做。自己先跳槽总要好于成为未预料到的裁员之中的受害者。

人是社会性动物，利己主义本身并不足以使某个人从事工作。人们很自然地需要在群体中识别自己。如果这个群体不是自己工作中的同事，那么，人们将寻找参加某个更可控的群体——他们自己的工作单元，他们的专业群体，或者他们的社区。但是，他们经常渴望有归属感。这种雇员们在传统的工作圈子之外建立归属关系的趋势，将导致绝大多数公司的文化被逐渐割裂。

这种文化割裂的可能后果是什么？在造好“床”后，管理者现在必须学会躺在这些“床”上。雇员和雇主之间的传统纽带，是对强文化的发展具有最重要作用的一种联系，也在 20 世纪 90 年代产生了巨大作用。管理者要想重新点燃雇员们心中的热情之火（现在已经遭到严重破坏），他们需要在自己所限定的条件内开展工作。他们必须鼓励组织内部强有力的亚文化的发展，并且允许雇员和雇员群体寻找自己的、有意义的工作生活的方式。而且，在雇员们允许的范围之内，他们必须努力用集体的力量来追求更高的企业价值理念和目标。但是，管理者们永远都不要忘记，在这一代劳动者退出之前，他们也许不会再次获得雇员们的信任。

精简规模和结构重组是 20 世纪 90 年代公司生活的最显著特征。它们产生的影响是，企业文化已经被撕裂，在雇员们仍然能够信任的地方正在重新组合。恐怕需要数年的一致努力和劳动力稳定才能够重新建立已经失去的信任。而且，在高凝聚力的强文化能够再次成为长期成功背后的驱动力之前，可能需要花费数十年的时间。

第4章

合同外包截断企业文化

现代经济体制青睐专业化的产品或服务供应商。由于这些供应商是专业化的，因而能够比其他企业做得更有效率。20世纪下半叶，当全球范围内的企业都在出租或者“外包”以前自己在公司内从事的活动时，专业化的供应商蓬勃发展起来了。“外包”浪潮的涌现，导致在全球范围内诞生了一种新行业，这种行业利用的是合同工和临时工。这些人中，有不少人过去习惯于公司里的全职工作，现在却是基于合同提供服务。他们新的就业地位是合同工，这种新兴的工人阶层通常只能获得较低的工资以及极少的福利待遇（即使有的话）。他们通常对组织不满意，并且疏远曾经将他们列入名册、现在让他们受雇于其他企业却仍旧使用他们的公司，这一点并不令人诧异。

公司为什么进行合同外包

18世纪末，亚当·斯密的《国富论》（*Wealth of Nations*）就指

出，通过给工人分配更加专门化的任务，有可能提高大头针制造业的生产率。从那时起，管理者就一直在探索各种专业化的方式以使工作更有效率。许多现代工业的发展就来自对这个基本原理的应用。合同外包仅仅是最近流行的一种追求该目标的方式而已。《纽约时报》专栏作家、幽默作家拉塞尔·贝克（Russell Baker）说："如果你要独自在房间里坐上 40 个日日夜夜，绞尽脑汁去揣测合同外包可能是什么，那为何不出去看看？那些超级企业大亨正在解雇当地的劳动力，并利用其他国家和地区的廉价劳动力。"贝克和我们开的玩笑可能是为了证明他自己的观点，但是，他尚未触及更深层的问题。这个问题就是，为什么合同外包能够实现效益？

对某些情况来说，其基本原理非常简单：专业化的公司在生产产品时能够实现一种其他个体公司无法实现的关键的规模效应。这方面的一个最好的例子是薪酬服务（payroll service），这是由外部合同工人从事的最早也是迄今最普遍的专业化服务之一。表面上看，为自己公司的员工准备一张支票或者一个工资袋似乎是件很容易的事情。但由于有关税收和福利的政策规定不断变化，这件事就不那么简单了。为了应对这一挑战，一家名为 ADP 的公司在 20 世纪 40 年代开始向纽约大都会的中小型企业提供处理工资业务的帮助。虽然有关税收和福利的政策规定非常复杂，而且经常发生变化，但它们适用于所有的企业，不管这些企业从事什么样的业务。因此，ADP 公司在这些税收和福利政策的规定及程序方面形成了一种专门技术，并把它作为核心技能，为这些企业提供服务。它的费用能够比企业自己从事这些工作更低。对这种工资服务的需求是如此之大，以至于 ADP 公司很快就成长为一家大公司，它也许还是在合同外包潮流浮出水面时第一家获得成功的公司。

ADP 公司的成功真实反映了众多其他公司的创业神话，这些公司多处于一些不太引人注意的行业。货车运输就是其中一例。任何公司都可以购买货车并且雇用司机，把本公司的产品运送到市场。但是在预定的运输日程间隙，公司的货车和司机通常都无所事事。一家独立的货车公司可以为几家公司提供服务，因而更容易使货车满负荷运转并使司机有事可做。由于拥有更高的生产率，独立的货车公司能够以较低的成本配送货物。毫无疑问，独立的货车运输公司倚仗自己的特色成为一个重要行业。

适用于货车运输业的模式同样也适用于专门的零部件和设备制造业。虽然钢材被用于制造轿车和货车，但是并没有汽车制造商认为必须涉足钢铁行业。实际上，轿车制造商依赖于专门的制造商提供钢材，它自己则专注于轿车的设计、组装和营销。汽车行业使用专门供应商的做法很快就扩展到诸如汽车座椅、刹车、消声器之类的零部件行业。克莱斯勒汽车公司如今在单位利润方面比它的两个规模更大的美国竞争对手表现出更大的优势，因为该公司几乎 70%的零部件和其他供应产品都是从合同承包商那里获得的。整个合同承包行业被建立起来，并在这种经济合理性的基础上繁荣发展。

在其他行业（个人电脑业就是一个明显的例子），品牌公司甚至不打算在内部制造的基础上进行竞争。它们实际上通过合同让制造商包揽了它们所有的特殊需求。在这种特殊环境下，早在 1994 年，供应商的销售收入加起来已经超过 50 亿美元。苹果电脑产品 70%的零部件由公司外部的合同承包商供应。耐克公司，这家在全球处于领导地位的运动鞋供应商，这一比率甚至更高：它的运动鞋 100%是通过合同由外部制造商生产的。

合同外包的基本原理及其经济学在其他一些情况下更有用，如果其依然能够合理地用于证明这种行为的正确性。食品服务行业给我们提供了一个值得关注的例子。烹饪和供应食品是一个劳动密集和原料密集的行业。可食用的食品需要在靠近消费者的地理位置进行加工，所以，食品行业的机动性很差。实际上，提供大众饮食服务的专门公司能够从食品的大宗采购中获得一些经济效益。另外，由于是专业化的公司，它们拥有关于食品处理方法的专业知识（例如，它们知道购买最有效的设备）。这样的知识能够提高公司雇员的综合生产率，至少是边际生产率。最后，作为食品服务行业的专家，它们有可能在设计菜单方面更有经验。因此，很可能它们提供的食品质量高于公司内部员工加工的食品质量。虽然这些因素与独立的货车运输公司获得的经济效益相比很难同日而语，但仍然非常重要。

所有人都会说，这些微小的经济优势并不足以解释目前食品服务外包的普遍性。例如，92%的美国医院将食品服务外包出去。另一个因素肯定发挥了作用，而且实际上也确实如此：许多公司将诸如食品服务之类的职能外包出去，是因为它们对这些事情完全不感兴趣。因此，即使是稍许的效率提高所带来的微薄吸引力，也足以使它们从其他地方寻找产品和服务。合同外包增长的一部分原因，也可以恰当地归结于企业的天性，即受到边际经济效益驱使。

直到20世纪90年代初，通过合同将公司职能外包出去的理念还主要集中在提高经济效益和避免烦琐的外围任务。1990年春，随着两篇有影响力的文章发表在《哈佛商业评论》上，这种状况发生了改变。第一篇是由詹姆斯·B. 奎因、托马斯·L. 多林和佩尼·C. 帕奎特（James B. Quinn、Thomas L. Doorley and Penny C. Paquette）三位作者撰写的《产品背后：基于服务的战略》（Beyond Products：Services-Based Strategy）。这篇文章摘要中的第二句话是："持久的优势更可能来自以下两个方面：在一些核心服务技能方面形成胜人一筹的能力，以及通过合同尽可能多地将其余职能外包出去。"关于合同外包的一个更广义的理念浮出了水面。

这个新出现的理念在由C. 普拉哈拉德和加里·K. 哈默尔

（C. Prahalad and Gary K. Hamel）两位作者撰写的里程碑式的文章《企业核心竞争力》（The Core Competence of the Corporation）中得到了进一步强调。通过对 NEC（一家日本公司）和 GTE（一家美国公司）这两家公司进行比较的案例分析，两位作者主张，从长远角度看，了解并且把自己的精力专注于提高核心竞争力的公司，将取得成功并且繁荣发展。该文也对一些危险的做法提出了警告，例如为了暂时的经济利益，以失去形成核心竞争力所必需的技能为代价，进行合同外包。但是，该文最大的影响力是，在把核心职能之外的任何外围业务外包出去方面，创造了一个强有力的新理念。

新浪潮出现了。全球范围的公司雇用管理顾问成立工作团队，以定义核心竞争力。当结构重组神话逐渐风平浪静时，又涌现出核心竞争力原则来刺激精简规模的运动。银行如今能够证明解雇大量信息技术雇员的合理性了。毕竟，银行的核心竞争力是银行业务，而不是操作水平。"外包其他的职能，让我们继续我们的银行业务"成为现实的战斗口号。同样，以营销为导向的公司也最终证明了抛弃制造工人的合理性。虽然在这一过程中，那些新接受过培训、并不热衷于在公司基层花费时间的工商管理硕士大军可能起到了推波助澜的作用，但是"让我们关注于营销，这是我们的核心竞争力"已成为一种带有普遍性的判断。如果一家公司确认自己的核心技能是销售一种已经成型的产品，那么，即使是诸如产品设计等重要职能，也可以被抛弃。

有关这种新哲学的例子非常多。1997 年 9 月，《经济学人》（*Economist*）报道了位于芝加哥的跨国公司莎莉集团（Sara Lee）计划出售它的纺织和纱线制造厂。迄今为止，这些业务部门制造了"冠军"（Champion）牌运动装和"恒适"（Hanes）牌服装。该公司重新聚焦于它最擅长的业务：管理和营销这些品牌。为了使自己重获自由（同时也为了获得数额巨大的现金），该公司决定，通过合同方式将制造品牌产品所需的关键原材料的生产外包出去。

这篇文章也提到了亨氏公司，这家番茄酱生产公司正在关闭位于加州的番茄酱工厂。该公司倾向于在公共市场上购买番茄酱。同时，金宝汤公司（Campbell），一家汤品公司，正在出售它的养鸡场。皮尔斯博瑞食品公司（Pillsbury），一家加工食品供应商，正在摆脱其蔬菜罐头业务。这三家大公司都计划继续它们各自的业务：番茄酱、汤品和蔬菜的销售。表面上看，摆脱加工业务可以使它们专注于品牌管理，这是它们最擅长的业务。

制造业并不是进行合同外包的唯一行业。其他的公司和行业也在加入这一潮流。《商业周刊》的一篇文章报道了一家为制药业提供服务的小型咨询公司通过外包其基本会计业务而实现繁荣的故事。1995 年 7 月的一期，该杂志报道了美洲航空公司如何将一些机场的售票代理业务外包出去。其理由是：更低的成本。美洲航空公司向自己公司的售票代理支付每小时 19 美元的工资，另外还需要提供福利待遇。而承包商向自己员工支付的小时工资在 7～9 美元之间，而且不需要提供或者很少提供福利待遇。

面对这样明显的节省，各公司积极寻求将越来越多的职能外包出去也就不足为奇了。到 1995 年 9 月，《商业周刊》显著强调了在诸如 IBM、Rubbermaid、美国电话电报公司和 Steelcase 之类的制造业公司中，这种将产品设计职能外包的不断增长的趋势。由此带来的回报包括更低廉的成本，更快捷的新产品设计，以及对高成本的电脑辅助设计系统和技术的更少投资。在这一年之前，《金融时报》就已经对像英国石油和 Courtaulds 这样的公司将自己的基础研发工作外包出去的趋势进行了评论。《金融时报》补充说，这种理念已经俘获了管理顾问的想象力，他们正在更加努力地说服企业转向“虚拟的研发”运营，一个利用这种新趋势而出现的新名词。

如果产品设计或者研发都能成为公司核心竞争力之外的外围职能，那么请想一想倒霉的瓦卢杰航空公司（Valujet）将飞机维修业务外包出去的决策。《商业周刊》在 1996 年 6 月报道，成本削减战略可能是导致飞往亚特兰大的 592 航班坠毁的原因之一。但瓦卢杰航空公司并不是唯一，许多大航空公司都将自己的维修业务外包出去。它们只不过没告诉顾客，其他人正在检修它们的飞机而已。英国航空公司（British Airways）的 CEO 鲍勃·艾林（Bob Ayling），甚至还谈到 2000 年时将这条“世界上最受欢迎的航线”转变成一条“虚拟航线”。这也许有助于该公司获得必需的经济利益，保持全球最盈利的航空公司的地位。

合同外包似乎正在从获得经济效益和避免无关紧要的外围任务的早期角色，迈向经营生活的统治地位。许多公司甚至将顾客所关心的职能也外包出去，范围从电话销售到提供直接的顾客服务。这种外包服务的使用者包括电信、银行、保险、消费品甚至零售等产业中的大公司。你从电话中听到的声音也许不再来自你认为你正在对话的那家公司的员工。《哈佛商业评论》1997 年 11 月的一篇文章提到，由于精简规模的要求以及感觉到内部规划人员的无效，许多公司正在将越来越多的战略规划工作外包给咨询公司。人们会质疑，如果连思考都外包给其他公司，这家公司还剩下什么呢？这难道不令人恐惧吗？

当代合同外包的范围

虽然合同外包如今显然遍及全球，但要精准确定它的影响范围确实很困难。1994 年的一份调查报告指出，被调查的 CEO（能够很好地代表美国工业）中有 45%外包了工资管理，38%外包了税收管理，35%外包了福利管理。1996 年 7 月的《商业日报》（*Journal of Commerce*）

报道，货车运输业的合同外包是一个规模达到每年 250 亿美元的行业。合同外包研究所（Outsourcing Institute）定期报告该行业的发展趋势，声称在信息技术方面每年预算超过 500 万美元的银行中，有 85%正在外包它们的信息技术职能或者正在计划外包。虽然没有精确的统计数据，但是我们可以发现，大部分公司都将安全服务外包给专业公司。

合同外包研究所还估计，到 1996 年中期，该行业的规模至少达到 1 000 亿美元，并且以每年 20%～30%的速度增长。咨询人员 A. T. 基尔尼（A. T. Kearney）进行的一份抽样调查（引用自 *Business Week* ，1996）表明，84%的美国公司至少外包某些服务项目（1992 年的估计百分比是 52%）。我们猜测这两个数字都偏低。

当我们阅读新闻报道时，会被近年来外包的职能范围和规模所震惊。《商业周刊》1997 年 3 月的一篇文章报道，杜邦公司与电脑科学公司（Computer Sciences Corporation）签订了一份为期 10 年、价值 30 亿美元的合同，让电脑科学公司来管理自己的电脑业务，这份合同是这类的 35 个“超级合同”之一。将信息技术业务外包出去的其他大公司还包括 JP 摩根、朗讯科技（Lucent Technology）、Mutual of New York。该文章还报道 IBM 虽然较晚进入这个行业，但到 1997 年初为止，它在向其他公司提供服务这一业务上已经达到 160 亿美元的规模。

当合同外包行业在 20 世纪 90 年代中后期获得动力时，一些批评意见出现了，它们警告说公司有失去建设一个成功未来所必需的技能的危险。轻率地转成“虚拟公司”存在着潜在成本。《商业周刊》1996 年 4 月刊载了一篇专题文章，题为《合同外包是否已经走得太远?》（Has Outsourcing Gone Too Far?）。如果未来是一个衡量标准，那么绝大多数读者似乎忽视了这篇文章，将其视为 4 月愚人节的某种玩笑。公司继续贸然将它们能够外包的任何职能转移给外部承包商。

如果你想感受一下该行业的增长规模，可以看一看劳动力统计数据，尤其是集中于合同外包安排的那些统计数据。1996 年 10 月的《劳动评论月刊》（*Monthly Labor Review*）上，美国劳工部发表了一份专门的调查报告：《灵活就业状态下的工人》（Workers in Alternative Employment Arrangements）。在报告调查涵盖的时间里，大约 1 200 万美国工人——几乎是美国劳动力总数的 10%——是合同工人。虽然并非所有的合同工都是合同外包的结果，但很大一部分是。

独立的合同承包商（实际上是自雇劳动者），占 1 200 万劳动者之中的 830 万。虽然其中一些可能是从永久的工作岗位上分流出去的（例如，这种情况在电脑编程和系统分析领域非常普遍），但绝大多数还是自愿成为独立的合同承包商的。他们看重非传统的工作安排所带来的自由。当然，这种情况不适用于为临时服务中介机构工作的 220 万劳动者或者另外的 65 万合同雇员。这些劳动者中，大部分（根据这份调查报告的数据，超过 70%）更愿意拥有传统的全职工作所提供的工作保障。他们为某家客户公司工作，在它们的工作场所提供服务，并且被客户公司的管理人员监管，然而，他们却没有被列在该公司的薪水名册上，也无法享受该公司的福利计划。

此外，200 万其他劳动力被划为“应召”工人。其中一些人，例如替补教师，从事这样的工作并非自愿。另一些人，例如建筑工人，是因为季节原因和该行业的项目特性而被迫遵循这种工作安排。还有一些人，例如食品服务工人（主要是服务员和厨师），以这样的方式工作是因为这是他们唯一可以获得的工作。数量可观的这种劳动力已经获得了外包合同。虽然合同外包不是导致所有灵活就业（通常也是对这种状态感到不满意的）劳动力产生的原因，但的确许多公司将它们的工作外包给合同公司。

为合同外包的增长添加助力的是成本削减所带来的经济效益。化学银行（Chemical Bank）首席行政官约瑟夫・G. 斯珀霍尔兹（Joseph

G. Sponholz）说："一旦我们相信自己已经尽最大可能降低了购买产品和服务的成本，就会考虑公司是否还存在能够被外包的项目。"如果以成本提高为前提，外包合同将不会存在。因此，斯珀霍尔兹是正确的：如果你不能进一步削减成本，那么，就进行合同外包。

毕马威（KPMG Peat Marwick），一家会计和咨询公司，预测说合同外包行业在 1996 年时规模达到 1 000 亿美元，到 2000 年时将成长为一个规模达 2 820 亿美元的行业。这项预测的资料来源于一份关于 CEO 意向的调查报告，可见，合同外包的火爆前景是毋庸置疑的。

在合同外包游戏中鹿死谁手？

由于涉及实质性的成本节省，企业认为它们在合同外包中获得了胜利。虽然每个外包合同各不相同，但是典型的合同能够承诺每年15％～30％的节省。它们所承诺的收益很难受到质疑。许多合同都是数额巨大的长期合同，因此，谁都不可能估计出这些合同终止时对利润的影响。同时，公司也将最初外包合同所产生的短期节余储存起来，继续寻找能够从其他地方削减的成本。

管理者们也因为执行大胆的合同外包计划而获得了回报。如同《经济学人》1997 年 9 月所指出的那样，"华尔街热衷于'附加值'的谈论以及伴随着……结构重组的'聚焦效应'……当莎莉公司宣布自己摆脱服装和针织部门的纺织和纱线制造厂时，当天该公司的股票价格上涨了14％。"由于这类反馈——股票期权与管理者的"钱袋子"直接相连，因而，立即摆脱合同外包是不可能的。

某些雇员也从合同外包中获益，或者相信自己能够获益。这种情况尤其适用于这样一些雇员：他们拥有一套专业技能，或能使他们被一家新的专业化供应商所雇用的资质。例如，和受雇于 ADP 这类公司的个体相比，为一家独立公司工作的薪酬专员可能拥有更少的职业发展机会。如果其他方面相同的话，这些薪酬专员会欣然接受被 ADP“外包”的机会。信息技术专员也往往持相似的观点。受雇于 IBM 或者电脑科学公司的信息技术专员，得到的职业生涯机会很可能比为一家中小规模的银行工作多得多。由于自己的技术知识的价值，这种个体雇员可能会向他们的新雇主要求奖励工资。被合同外包之后，他们失去了什么？相对来说很少。

令人惊讶的是，一些雇员似乎是因为合同外包所提供的独立性而偏好这种合同状态。我们有一些朋友就是利用了这个因素而建立起不错的业务。当一家大公司根据总部命令对自己的信息技术职能进行规模精简时，该业务开始了。该公司相信，如果把这些有经验的员工踢走，又找不到路子继续拥有他们，后果可能相当危险，于是他们求助于我们的朋友：“为什么你们不雇用我们这些先前的雇员，然后签合同再将他们卖给我们?”我们的朋友很快作出了答复。他们雇用了这些先前的雇员，向他们提供与前雇主提供的待遇具有可比性的工资和福利，然后再涨价 35％将他们卖给公司，这是一笔双赢的买卖。我们的朋友因为他们发现的金矿而感到开心。该公司因为在一定程度上重新获得了这些有价值的雇员而感到高兴。这些雇员也非常高兴：他们现在为一家电脑公司工作，如果他们喜欢，可以对前雇主毫不客气地说“你去死吧”（虽然绝大多数人并没这么做，因为他们事实上喜欢在这家公司工作）。如果你对这种安排并不认同，那还是好好想想吧。今天，类似的外包交易要多得多。所有这些外包交易都涉及那些拥有一套紧缺技能、能有效对自己如何工作以及为谁工作作出自己的决定的雇员。

缺乏这种紧缺技能的工人就不这么幸运了。他们往往是合同外包游戏中的大输家。这种员工包括食品服务工人、安全警卫、文职雇员、清洁工、维修工人、电话接线员、招待员，诸如此类——他们都处于工作世界食物链之中的最底端。这些工人发现他们的薪水减少了20%～40%，这取决于他们所在地区的工作市场。在新合同的框架下，他们通常会失去所有或者绝大部分的非工资性福利待遇。通常，他们被要求从全职就业状态变为兼职状态，而且经常被要求适应新雇主提出的工作要求。这些雇员真正从事的工作变成了“麦当劳工作”① ——这个经济学家用来刻画新型服务经济的术语。

1982—1995年，美国经济中的临时工人从40万名增长到大约220万名，几乎是美国劳动力总数的2%。这些临时工人中，白领工人和蓝领工人各占一半。当临时工人的新雇主强调通过更加灵活的工作时间以获得外包交易所承诺的节省时，更多的人被列入临时工人的名单。

绝大多数临时工人没有资格享受常规的福利待遇。一份评估报告认为不到10%的临时工人获得了健康福利。他们获得的工资平均要比处于类似工作范畴内的全职雇员低29%。例如，从事精密仪器生产的临时工人每小时只能获得8.33美元的收入，而从事相同工作的全职工人获得13.21美元。临时的文职工人平均每小时获得7.83美元的收入，而专职的文职工人可以获得10.25美元。通常来说，处于外包合同框架下的临时工人的处境并不好。

然而，并非所有公司都能从合同外包安排中获益。其中一些，像上面所描述的那家公司，在要求减少永久成本的政治压力下实施了不利的计划安排。如果该公司能够不再为了重新雇用那些相同的员工而支付更高的成本，就值得这样做。

还有一些公司因为无知以及重要的内部技能的丧失，导致合同外包的安排产生了更高的成本。加拿大的一家大型造纸厂几年前决定将相关

---

① 原文为McJobs，意为低收入、没有前途的工作。——译者

的许多技术操作业务外包出去，其中包括操作手册的制定以及工厂附加设备的安装。虽然这个外包决策可能使该工厂在运营预算方面省了钱，但我们知道，任何预算都无法挽回已经产生的潜在损失，工厂里失去了一位长期操作员的警觉性。

当时，该制造厂正在对自己的设备进行一次重要的升级。项目安装工作被外包给一家过去从没有现场安装经验的承包商。一天，工程师团队到现场检查 4 台巨大的热交换器的安装。这些热交换器的功能是吸收废弃的热能并转化成干净的、用于纸张制造的生产用蒸汽。来自工厂的一位初级蒸汽操作员询问他们在做什么。在耐心地听取了颇长一段关于热交换器将如何工作的解释后，该蒸汽操作员问一位工程师，“那为什么不用这个东西?”他指的是一根 8 英尺长、从旧厂房通过工厂的中部一直抵达他们当时正站立的地方的管子。这些工程师凝视着这根管子问：“这是什么东西?”当被告知这是一根从未被使用、用来将多余蒸汽从旧厂房运送到一个外部排气孔的蒸汽管时，这些工程师傻眼了。这些热交换器被放到了储藏库里，他们把新机器直接连到现有的这根管子上。

雪上加霜的是，就在作出这次节省开支的决策后不久，在外包合同基础上被工厂雇来为新工厂制定操作手册的技术人员团队交付了他们的第一稿。这些手册详尽地解释了如何操作这些新的但已是多余的热交换器。这些昂贵的累赘现在仍占据着储藏库的空间，就放在那些同样不必要的热交换器的旁边。在大型工厂的建设和运行过程中出现这样的大失误实在太明显了。我们不知道还有多少合同承包商因为缺乏相关知识而导致了类似成本的产生。

公司进行合同外包，是为了从它们所需要但可以从别处更廉价地获得的那些职能中节省金钱。有时候所获得的节省是真实的，通常这是因为向合同工人支付了更低的工资和福利。有时候这种节省也是虚幻的，它们被管理层所隐瞒，或者被合同外包安排中出现的无效率所吞噬。通常，合同外包中的人力成本几乎都是真实的。它们是合同外包游戏中真正的损失。

一个案例研究：英国的民事服务

迄今为止，所有例子都来自企业这一块。但合同外包同样已经成为公共部门管理人员的一个当务之急。据我们所知，公共部门中一项规模最大的计划，出现在前些年英国保守党掌权时（即 1995—1997 年）该国的民事服务领域中。它使用了一种不同的术语：不是把自己的计划贴上“合同外包”的标签，而是将其称为“为质量而竞争”（competing for quality，CfQ）。这是公共部门的典型做法。“为质量而竞争”成了 20 世纪 90 年代英国民事服务领域中统一的战斗口号。

1991 年 11 月，官方正式宣布要“为质量而竞争”。财政大臣诺曼·拉蒙特（Norman Lamont）向议会提交了一份白皮书，介绍在整个公共部门开展竞争的这项政策。该政策确定了一系列具体行动和措施以实现它的目标。早在 1991 年之前的几年里，英国政府已经通过一项被称为“市场测试”（market testing）的措施来试验“合同外包”。该措施已经在小范围内表现出良好前景，如表 4-1 所示。

表 4-1　英国“市场测试”的历史

财政年度	所试验活动的价值（百万英镑）	产生的节省（百万英镑）	节省占所试验活动的价值的百分比（%）
1986—1987	39.6	9.4	23.7
1987—1988	32.3	8.1	25.1
1988—1989	47.0	13.0	27.6
1989—1990	29.0	7.4	25.5

续表

财政年度	所试验活动的价值（百万英镑）	产生的节省（百万英镑）	节省占所试验活动的价值的百分比（%）
1990—1991	43.4	12.5	28.8

资料来源：*Competing for Quality Policy Review*（HMSO，1996）.

不出意料，由于有超过 25%的节省率，财政大臣非常积极地扩展这项计划。

新的“为质量而竞争”计划实现了它的目标，即“在竞争的深度和广度两个方面继续扩展，以提高金钱的价值”（当然，这是说给英国的纳税人听的）。“为质量而竞争”计划的高层级目标是：（1）通过竞争提高在提供公共服务时使用的金钱的价值；（2）在公共服务的竞争水平上产生一种阶段性变化。为了实现这些广泛的目标，提出了一些不同的方法，包括摆脱那些有问题的服务、民营化、内部的结构重组。该计划最重要的建议涉及各种投标程序：“市场测试”。这种方法允许已经从事这种服务工作的公务员为他们自己的工作进行一次内部投标，而且也允许进行“战略性的合同外包”，即简单地将服务拍卖给外部的合同承包商。各种精密的程序被制定出来，以保证投标过程公正和透明。这些程序包括，当各个内部团队在准备自己的竞争性投标时，向他们提供咨询服务。

如同英国内阁办公室政策小组（Cabinet Office Policy Unit）评论所提及的那样（我们在撰写这个案例时大量使用了该评论），“为质量而竞争”计划是在这样一个时代被发起的：极端的活动家托尼·布莱尔掌权的政府正实施一些计划以提高行政事务的效力。例如，该政府的财政管理计划将预算任务和责任下放给更低级别的公务员，试图提高关于计划和管理决策产生了多少成本的意识。“下一步”计划通过制定所谓的“优先选择”评估，试图判断现有的民事服务是否为必需。另一个计划鼓励私人公司评估为公共部门的工程项目提供投资的风险。最后，“效率计划”（一个全面计划）的概念促进了公共服务部门效率的提高。在所有这些竞争性的而且通常相互重叠的计划当中，“为质量而竞争”计划将会产生迄今为止最显著的影响。

向“为质量而竞争”调查所开放的职能范围非常广泛，包括：

● 对向英国政府提供的各种办公室服务进行的 299 次评估；

● 对财产管理（例如，在英国国内和海外的武装部队所使用的各种设备的管理）进行的 94 次评估；

● 对与金钱打交道的各种职能人员（例如税收人员，以及诸如此类的工作人员）进行的 43 次评估；

● 对工程和维修活动（包括诸如对军用飞机上的电气设备所进行的维修之类的机密）进行的 100 次评估；

● 对会计和司法部门的 103 次评估；

● 对信息技术部门的 70 次评估；

● 对科学和研发部门的 60 次评估；

● 对培训和人事部门的 62 次评估；

● 对通用信息服务工作的 48 次评估；

● 对印刷和复印工作的 56 次评估。

据我们所知，虽然针对立法程序本身的效率没有进行任何评估，但的确，其他任何一件有关“为质量而竞争”的过程似乎都是公正的游戏。

“为质量而竞争”计划的影响究竟有多么显著？从该计划 1991 年 11 月的发起之日，到 1997 年内阁办公室政策小组对该计划的功效进行评估为止，每年在行政活动上的花费达到将近 20 亿英镑，这可以成为某种形式的“市场试验”的对象。其结果导致每年产生的总节省超过 3.3 亿英镑，占被评估的这些职能的年度成本的 18%，考虑了计划成本和咨询费用之后的净节省则在 2.4 亿～2.8 亿英镑之间。从 1992 年 4 月到 1995 年 3 月（可以获得精确数据的最后日期），作为“为质量而竞争”计划所导致的一个结果是，20 186 位公务员退出了行政系统。

许多职能部门成为“为质量而竞争”程序的评估对象，那么为这些职能部门工作的公务员又如何呢？总共有 69 283 位公务员成了评估对象，有 95%的雇员说他们的士气受到这一程序的消极影响。到 1997 年中期，34 518 位雇员仍旧拥有他们在该程序开始之前的工作岗位；14 579 位雇员在行政部门的其他工作岗位上工作；11 924位雇员成了外包合同公司的雇员，提供与他们先前的工作几乎完全相同的服务（通常在同样的地点工作，但不再作为公务员而受到“保护”）；2 572 位雇员提前退休；2 917 位雇员在不知不觉间被认为是多余的；还有 2 773 位雇员离开了行政系统（政府报告使用了“自然消耗”这一短语，这似乎对这些雇员颇不公平）。再重复一遍，所有这些雇员都是曾经拥有世界上最有保障的工作岗位的公务员。

随着“为质量而竞争”计划的推进，英国的行政事务究竟变成了什么状况？答案是非常复杂的。英国的公务员受到了《职业转换（就业保护）规定》（Transfer of Undertakings（Protection of Employment）Regulations）的法律保护，该法因为其首字母组合“TUPE”而被广泛了解。这是一部复杂的法律。它在实质上试图保护员工们在变化时期的权利。根据该法的规定，受到保护的雇员可以“自愿地”同意就业条款和就业条件之中的某个改变，也可以要求转换到另外一个行政工作岗位。被转移到私人公司的雇员中，大约 10%的人同意减少他们的收入。而相当多的雇员从自己的新雇主那里接受了不同的工作时间和工作轮班的要求。通常，这种劳动合同之所以能够达成，是因为雇员们在该地区几乎没有其他的工作选择（尤其是许多军事设施都位于该国的偏远地区）。转换到行政系统其他部门的这 14 579 位雇员中，很大一部分可能是通过自己的 TUPE 权利而转换工作的。

TUPE 的法律规定要求企业尽最大努力为雇员提供工作调换。但如果工作调换并不可能，而该雇员仍不愿意为新的合同外包公司工作，那么，可以认为该雇员是自愿辞职，从而失去了该法律的保护。如果雇员是在已成为“为质量而竞争”计划的市场试验对象的某个职能部门工作，那么，获得外包合同的公司没有义务为他们提供就业（否则，还怎么通过其他方式获得大约占年度运营成本 20%的节省?）。总之，这些雇员几乎别无选择——虽然 TUPE 提供了保护。前面已经说了，英国的公务员在“为质量而竞争”过程中受到了非常公正的对待。许多人对自己在民营化部门的新工作岗位和更多的职业选择机会表示出更高的满意度。

很明显，对雌鹅（企业）有利的同样也对雄鹅（公共部门）有利。英国的“为质量而竞争”计划——这个有史以来规模最大的将服务职能外包的组织化努力——已经被广泛地视为一次巨大的成功。

合同外包的影响：文化疏离

许多人可能认为精简规模——强制性地使雇员离开他们的工作以及生计——是 20 世纪 70 年代末以来造成最严重文化破坏的一种管理潮流。我们的观点不同：合同外包才是。精简规模切断了个体雇员与自己先前认同的企业文化的联系。那些仍然留在公司工作的雇员正紧张地查看自己的周围，以判断自己是否也可能成为某次精简规模行为的受害者，精简规模给这些雇员留下了永久的伤疤。还有什么比这更糟糕的?

想象一下下面的情形。你避免了被裁员。现在你被外包出去了。你仍然拥有一份工作，只不过是为一家新公司工作。你仍然拥有一间办公室，而且还是你前几年拥有的那间办公室。你仍然拥有那些原来的同事。不过现在，这些办公室同事中的一部分人仍然为这家把你外包出去的公司工作。他们现在还拥有那些你已不再拥有的待遇：福利计划和任期（不管它们如今是否还有价值）。因为你现在是一只刚被出售的山羊，刚开始新工作，你无法获得上述两种待遇中的任何一种。你以前的同事们拥有在绝大多数工作状况中都有的正常工作压力。你也面临同样的压力，但你还是会很愤怒，因为自己在新公司获得的薪水可能明显低得多。你获得的薪水减少了，而工作量却增加了。你知道这是为什么：你的新雇主承诺将你以前从事的工作所带来的成本节省 20%。你不快乐，但至少你还拥有一份工作。你对此心存感激，但是你憎恨老雇主所获得的节省是从你的钱包里掏出来的。

这种状况很奇怪吗？并不如此。大量被外包出去的雇员正在面临类似的情况。某些具体细节可能不一样，但大致的情形却很典型。这种情况对于人们的投入、忠诚和认同有什么影响呢？从表面上看，可能根本没什么影响，至少在初期是这样的。因为你出现在同一间办公室并和同样的那些人接触，所以你的日常行为不太可能在短期内改变。不过，你所思考和感觉的东西将会变得非常不同。你可以工作努力，却无法避免一种被你先前雇主出卖的感觉。而且，每当你将自己与过去的同事进行比较时，这种被出卖的感觉都会更加强烈。当过去的同事评论这家公司的事情时，很可能在无意之中引起你的误会。

如果你过去的雇主在财务方面盈利了，那么这种被出卖的感觉将会加强。过去的同事在谈论公司的股票表现得如何好以及他们当中的许多人境遇非常好时，如果下面的问题没有在你的脑海中出现过——“既然他们的境遇都这么好，而且他们仍然需要我来从事我一直以来的这份工作，那么他们为什么非得将我外包出去?”那么，你将不属于人类。这是一个合情合理的问题。

如果新工作安排的条款要求你从全职雇员转成某种形式的临时雇员

或合同雇员，又会怎样？为了控制外包出去的职能所花费的成本，许多公司对自己已经雇用的员工采取了类似的安排。一家临时雇员中介机构的 CEO 在 1997 年 1 月的一篇文章中向《华尔街日报》解释道："业务的真正增长是，被裁员的工人通过我们又被公司重新雇用。"

1995 年 5 月，杰基·K. 罗杰斯（Jackie K. Rogers）在《人力资源管理杂志》（*Human Resource Management Journal*）上发表了一篇文章。该文的依据是对不同部门的临时工进行的深入访问。她研究的主要目的是，了解临时工作的性质以及各种条件如何影响到相关的个体雇员。她发现了一群高度疏离的雇员，他们对工作本身极不关心，与同事的关系也非常疏远。她还发现，由于成为临时雇员而丧失了相应的自尊，导致了这种自我疏离。她的受访者们讲述了一个个戏剧性的故事：

● 因为你是一名临时雇员，他们……将你视为一种可以任意使用的元素。

● 这真的是很难的事情：绝大多数人并不真想认识这些临时雇员……因为他们认为你不值得他们投资……这也许是最大的挫折之一。

● 我认为，他们并未将你视为一个永久雇员，他们在一定程度上把你视为可以牺牲的物品，好像你一文不值。

● 这就像一个小型社区，每个人都有自己的朋友……就在你做好准备加入这个团体时，他们实际上也已经邀请你周五晚上出去和大家喝几杯……你却离开了。

● 你不像公司里的其他员工那样可以获得礼物，圣诞树上没有为你准备的圣诞礼物。

● 你感觉自己就像一个低能儿。

罗杰斯评论道："疏离是一个复杂的概念，它体现了控制的缺乏和雇员个体所感觉到的、从各种社会联系构成的结构中释放出来的某种无能为力……（在一种临时的工作状况下，临时雇员往往使自己与同事们隔离开来，因为）同事们并不认为临时雇员值得他们去认识。”

如果被外包的雇员重新回到工作场所时只能工作较短的时间，那么同事们不再想与他们打交道。同事们害怕自己会被传染到这种“疾病”进而失去自己的工作岗位。合同外包导致那些被外包的雇员以及那些仍然留在公司的雇员相互疏远。它对企业文化产生了破坏性作用。

考虑一下文化的含义。过去的同事们尽最大努力使你感觉到你仍然是团队中的一分子。但是逐渐地，他们开始将你视为一个外人，而且他们自己也开始彼此疏远。他们不再向你提供关于该公司的消息，因为担心信息会泄露。他们甚至将你从团队中排除出去。你无法了解谁在对谁做些什么，因为你不再是他们中的一员。他们中的一些人甚至滋生憎恨——尤其是如果你的新雇主正在从合同外包浪潮中获益并以一种难以置信的速度增加外包数量。他们会这样想，“为什么我不能如此幸运?”从而非常容易忘记你所带来的但流进你的新雇主口袋里的工资和福利节余。

将你的忠诚转移到新雇主身上会怎样？如今向你支付薪水的这家公司甚至可能鼓励你融入公司，做一些像邀请你参加公司组织的旅行之类的事情。但要融入新公司是极其困难的，因为你仍身处旧工作环境。当你与新雇主之间的唯一真正接触，是日复一日地派你去从事工作或者你只能获得较低薪水时，融入新公司就更加困难。罗杰斯讲述了一位 60 岁的白人女性决定参加新公司组织的圣诞晚会的故事。在这次晚会上，她认识的只有将她送去从事临时工作任务的那个人；其他人都是生面孔。

实际上，被外包的雇员陷入了一种两难境地。他们对自己曾经工作过的旧企业文化感到忧伤，而且，在他们融入其他新工作岗位之前这种忧伤可能不会结束。精简规模可能是残忍的，但是它能快刀斩乱麻、干净利落地结束工作。随着时间的推移，人们可以适应而且确实适应了这种变化。当雇员被公司外包出去，并且不得不仍在原来的文化环境中工作时，这种情况使人们在公司精简规模时所承受的痛苦折磨变得黯然失色。

第5章

兼并狂潮淹没企业文化

公司兼并已不是什么新闻了。多年来，这已经是经营世界中一种发展的主流。像通用汽车这样家喻户晓的品牌都是通过一系列的收购行动形成的。自 20 世纪 70 年代股东价值观念萌芽，兼并在数量和规模上都有了显著增长。在企业界内部，它还有一幅令人恐惧的面孔。从文化的角度来看，合并通常是把差异巨大的公司捆绑到一起——还没有人发现这是个好差事。从某种意义上讲，最终结果是合并并未实现人们预期的整合优势。尽管这样，由于全世界的企业都相信通过扩大规模经营可以保持企业的竞争力，因此，兼并仍在不断地进行。但是这样做，对企业文化来讲显然是毁灭性的打击。

兼并案例的增长

股东价值观的出现点燃了至今仍未停止的兼并的导火线，这种兼并至今仍以爆炸性的速度增长。图 5 - 1 显示了 1981 年以来欧洲和美国每年的兼并交易量增长情况。

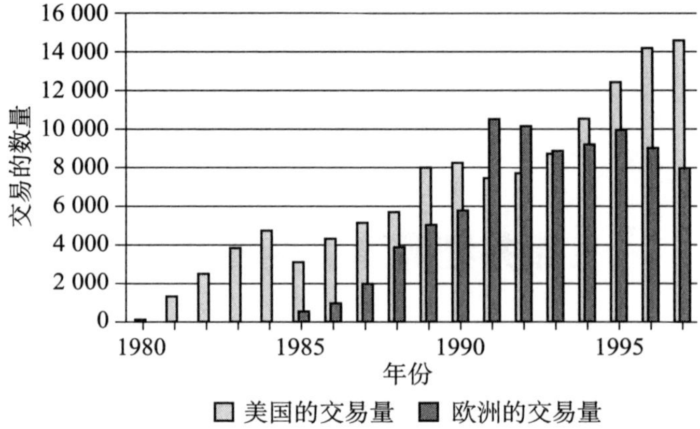

图 5-1　兼并案数量的增长

注：图中数字只是每年宣布要进行兼并交易的数量，实际发生的数量和宣布的数量非常接近。即便是已经宣布的交易最终被取消，但宣布这件事本身就足以把公司搞得一团糟了。

资料来源：Authors' analysis，based on IFR Securities data.

兼并交易量的增长令人窒息，然而跟交易规模相比，它就不算什么了。早在 1981 年，所有交易的价值就超过了 1 000 亿美元。到 1995 年，交易价值更是达到了天文数字，超过 1 万亿美元。仅仅两年之后的 1997 年，这个数字几乎翻了一番，达到 2 万亿美元（如图 5-2 所示）。20 世纪 80 年代末 90 年代初，由于 1987 年 10 月股市的短暂崩溃以及过度的杠杆收购，兼并交易不管在数量上还是在规模上都有所下滑。但到 90 年代初，一切限制条件重归消失，兼并交易的价值又开始一个劲儿往上蹿。

随着交易总体价值的增长，单笔交易的规模也在扩大。表 5-1 说明了 1980 年以来交易规模的增长，当然 1988 年雷诺兹（RJR）和纳贝斯克（Nabisco）合并案可以忽略不计。在 20 世纪 80 年代初，每一笔大规模并购都与能源产业有关，包括了油田或矿山等矿产资源的收购。到 20 世纪 80 年代末期，收购艺术家们登台亮相，合并规模开始增长，并从能源领域扩展到了其他领域。

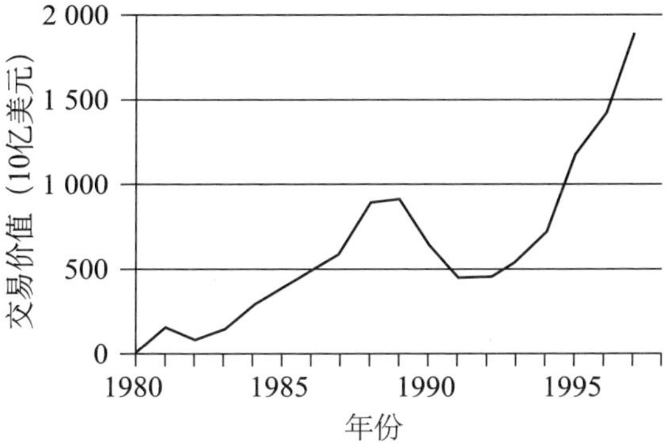

图 5－2　兼并交易价值的增长

资料来源：Authors' analysis，based on IFR Securities data.

表 5－1　兼并交易规模的增长

年份	行业	收购方	被收购方	交易价值（10 亿美元）
1980	矿产	麦克摩根勘探（McMoran Exploration）	自由港矿业（Freeport Minerals）	2.5
1981	石油	杜邦公司	科诺科公司（Conoco）	9.5
1984	石油	加州标准石油（Standard Oil of California）	海湾石油（Gulf Oil）	13.4
1988	消费产品	KKR 公司	雷诺兹-纳贝斯克（RJR Nabisco）	30.6
1989	传媒	时代（Time）	华纳通讯（Warner Communications）	15.1
1993	电信	美国电话电报公司	麦考通信（McCaw Communications）	16.7
1995	传媒	迪士尼公司	首都城市（Cap Cities）和美国广播公司（ABC）	18.8
1996	电信	大西洋贝尔公司（Bell Atlantic）	耐乃克斯公司	20.8
1997	电信	世通公司（WorldCom）	MCI 通信（MCI Communications）	35.3
1998	银行业	旅行者保险公司	花旗公司	70.0

资料来源：Authors' analysis，based on IFR Securities data.

随着在迅速增长的股市面前掠夺者行动（raider activity）的减少，20 世纪 90 年代成了公司间相互吞并的时代。在整个商业界——制药业、通信业、传媒界、银行业以及其他行业——大量的经理人开始加入收购行列，以此作为实现股东价值的一个主要手段。仅从公司会计平衡表的尺寸和规模（以及大多数交易是很“友好的”）来看，交易价值在飞速上涨。很多 CEO 因此变得非常有钱。比如麦考通信的奠基人克雷格·麦考（Craig McCaw）这样的先驱者，就从中赚了一大笔。成百上千的人紧随其后跳上了收购的大车，并获利颇丰。世纪之交即将来临，但并购狂潮并没有任何衰减的迹象。

为什么兼并交易如此之多？

所有的交易都是不同的，至少它们的操作者是这么宣称的。如果看一下位列前 25 名的公司合并案（如表 5－2 所示），我们会发现他们所说的不无道理。

表 5－2　截至 1998 年年中历史上规模最大的 25 宗合并案

排序	年份	交易价值（10 亿美元）	收购方	被收购方	原理
1	1998	70	旅行者保险公司	花旗公司	“组建大超市”
2	1998	62	国民银行	美洲银行	规模
3	1998	39	第一银行（BankOne）	第一芝加哥国民银行（First Chicago）	规模
4	1997	35	世通公司	MCI 通信	规模
5	1988	31	KKR 公司	雷诺兹-纳贝斯克	杠杆收购
6	1996	30	桑多斯（Sandoz）	汽巴－嘉基（Ciba-Geigy）	规模
7	1996	21	大西洋贝尔公司	耐乃克斯公司	规模

续表

排序	年份	交易价值（10亿美元）	收购方	被收购方	原理
8	1995	19	迪士尼公司	首都城市和美国广播公司	分销
9	1996	16	SBC	太平洋电信	规模
10	1997	16	大都会人寿（Grand Metropolitan）	健力士公司（Guinness）	多元化；规模
11	1993	16	美国电话电报公司	麦考通信	多元化
12	1995	15	劳埃德银行	TSB	规模
13	1997	15	国民银行	巴纳特银行（Barnett Bank）	规模
14	1995	14	葛兰素（Glaxo）	维康（Wellcome）	规模
15	1989	14	时代	华纳通讯	多元化；规模
16	1996	14	世通公司	MFS通信	多元化；规模
17	1997	14	喜达屋酒店集团	ITT	金融工程
18	1988	13	菲利普莫里斯	卡夫	多元化
19	1996	13	波音公司	麦道公司	多元化；规模
20	1997	12	CUC国际集团（CUC International）	HFS	分销
21	1997	12	摩根士丹利	添惠（Dean Witter Discover）	分销
22	1996	11	美国西部（US West）	大陆有线（Continental Cablevision）	多元化
23	1995	11	富国银行	第一州际银行（First Interstate）	规模
24	1996	11	安盛集团（Axa）	UAP	规模；多元化
25	1995	10	化学银行	大通曼哈顿银行（Chase Manhattan）	规模

资料来源：Authors' analysis，based on IFR Securities data.

请注意，这25宗兼并交易的价值都超过100亿美元。其中只有3宗交易发生在20世纪80年代，它们是：雷诺兹-纳贝斯克收购案、时代华纳合并案和菲利普莫里斯与卡夫收购案。剩下的22宗交易都是20世纪90年代合并狂潮的产物，其中好多公司在这个表里出现了两次。

例如世通公司就是一个主要通过收购形成的暴发户，它进行的收购规模一次比一次大。国民银行最初只是美国东南部一家小规模的地区银行，由于它坚信银行合并是大势所趋而且银行业格局会因此而改变，因而开始不断地收购越来越大的目标。表 5－2 内列出的其他许多公司也都频繁进行收购（有的可以称为食肉动物），比如说旅行者保险公司和大都会人寿保险公司，但它们早期的收购都没有超过 100 亿美元。

兼并交易通常基于以下六大原理：

1. 杠杆收购。雷诺兹-纳贝斯克收购是这 25 宗交易里唯一采用杠杆收购进行的。它的主要目的，跟其他所有的杠杆收购一样，就是为了让交易方赚钱。人们怀疑它到底有没有赚到钱（除了 KKR 公司内部的人），因为至少在这个案例中交易双方相互越权。但它们宣称的目的是明确的：赚钱。（其言外之意，似乎指的是进行这种特殊交易的真实目的是为了安抚交易主角的自尊，但由于自尊在大多数大宗交易中都扮演了重要角色，这样的观点似乎没有什么实际意义。）

2. “组建大超市”。旅行者保险公司与花旗公司的合并方式同样特别：把公司拼凑在一起以组建一个为客户提供各种服务的金融超市。两位 CEO 在论证合并可行性时把注意力放在跨区域销售可能产生的潜在的整合优势上。在此之前有许多失败的案例表明整合优势未能发挥实际的作用，但这并未影响它们的积极性。

3. 金融工程。喜达屋酒店集团的“白衣骑士”对 ITT（通过它的喜来登酒店连锁（Sheraton chain）而成为一家大型的酒店运营商）的收购就纯粹受到金融工程的推动。作为一家房地产信托投资公司（REIT）——一种专门管理房地产的公司，喜达屋可以利用美国税务条款的规定，而有意收购 ITT 的其他公司则做不到这一点。赢下一局，再赢下一局，最后赢得比赛，对喜达屋来说就这么简单，至少在这个特殊案例中是这样。

4. 分销。不少公司都将合并看作为各自的产品增加销路的一个办法。迪士尼与首都城市集团的合并可能就是最好的例子。这样做能多大程度上改善它们各自的经济状况还不得而知，但这并未阻止华尔街给它们带去祝福。

5. 多元化。与分销相近的一个原理就是多元化。大都会人寿通过它的销售渠道来推动健力士的发展，于是啤酒（更确切地说是烈性啤酒）给它们提供了新的产品。类似的是，波音公司把麦道公司的军用飞机增加到了它以民用飞机为主的销售清单上，并从那些交错的业务中取得了经济利益。几乎所有涉及多元化的交易都指向公司间重叠的那部分功能。

6. 规模。20 世纪 90 年代末的大多数兼并交易被认为是出于获得业内规模效应的需要，其中电信和银行业尤为突出。不管整合能否达到公司的预期，一旦合并发生，潜在的人员裁减通常会改善公司的经济状况。例如国民银行和美洲银行打算一旦交易成功就裁掉 8 000 名职员。对华尔街的观察家来说，每年因此而节省的 20 亿美元运营成本的意义超过了兼并是否合理的判断。

这些（还有其他的）原理能在多大程度上支持兼并的进行？我们是否有足够的先例来表明，整体的经济形势或合并方的经济状况足以平息随之产生的混乱？答案真是五花八门。著名的哈佛商业战略家迈克尔·波特（Michael Porter）研究了 36 年来大公司的收购案例。他发现超过一半的“不相关”收购最后都被处置掉了——这是一个明显的失败信号。财经杂志《巴隆氏》（*Barron's*）1998 年 4 月指出，旅行者保险公司从加入花旗集团的投资中，每年仅取得 5%的收益。同样，世通公司从收购 MCI 的投资中仅获得 2.1%的收益。所谓丰厚的回报真是少得可怜。《巴隆氏》还引用了麦肯锡公司的研究，结果表明 116 个收购项目中有 61%的收益都未能超过收购所必需的成本。看来成功的收购真的很难实现。

除了这些困难外，有些收购是公司维持业内竞争力所必需的。随着经济全球化步伐的加快（详见第7章），一些公司仅仅是为了跟上形势而不得不加入收购行列。因为它们的业务遍布全球，大公司厌倦了不得不与成千上万的小型电信运营商打交道的方式，于是电信公司合并起来形成全球规模经营的能力就说得通了。但实际上，这样的事情并没有发生（尽管1998年由美国电话电报和英国电信组成的合资公司宣称，将坚定不移地针对这块新兴的市场）。大多数电信公司的合并都在尝试打破市话和长话的割裂服务状态，并能够提供语音和数据业务。以市话和长话之争为例，我们发现篱笆那边的草总是更绿。这种现象能否转化成给顾客的服务便利还不得而知。

相比之下，语音通信向数据通信的转移则是真的。由于人们越来越依赖于互联网来获取信息和进行沟通，网络服务提供商（这里也意味着电话公司）就不得不进行调整了，比如说，要安装新的转换器来解决数据传输的“数据包长度”问题，还需要比古老的铜丝容量更大的介质来满足顾客对于速度的需要。一些公司把它们最近的收购解释成买进所必需的容量增长的方法。如果它们能像管理资本投资项目那样成功地管理收购，它们的目标可能会实现。

至于银行业，近来大量的收购都集中在了托管收购方的业务范围。就某些银行业务来讲，追求规模经营是有道理的。信用卡的处理就需要具备极大的规模，以至于在最近的银行收购狂潮之前的很长一段时间，有几个大玩家（比如花旗银行和通用电气资本公司（GE Capital））涌现出来主导着信用卡市场。同样，在诸如全球托管之类的证券服务中，对规模的要求已经使得业内进行了大规模的合并。由于涉及面相当广的对于电脑系统和运营管理的投资需要分期偿付，这种合并已经从经济的角度证明了它的合理性。参与最近几次合并的银行家们打赌说，其他产品也会形成对规模的需求。抵押业务成了下一个主要考虑的对象。个人客户是否会选择这些新的“低成本服务商”还不得而知——特别是那些通常只在本地购买的服务。合并的大玩家们则在打赌：客户将会这样选择。

总而言之，对合并而言形势还不太明朗。根据最近的研究，大多数合并失败了。仅仅使用非常个人化的或经过挑选的数据（从第一手观察得出），我们不难发现，失败往往发生在当公司跨越典型的文化框架进行合并时，正如我们在引言中总结的那样。例如，多年前我们见证了两起合并：第一起是 Wheelabrator-Frye 公司和普尔曼公司（Pullman）的合并，前者是 20 世纪 80 年代初由迈克·丁曼（Mike Dingman）和一些同事组成的男性集体，后者是美国中西部一家经典的赌注型文化的资本货物公司。你会看到两家公司的总裁会谈就像是参加联合国大会：他们的语言几乎不通。不用说，两家公司的融合很不顺畅，而且它们双方都已经从人们当前的经济视野中消失了（尽管那是另一个故事）。

第二起是密理博公司（Millipore Corporation）和沃特斯公司（Waters Associate）的合并。尽管它们都是在相关市场上运营的高科技公司，合并却并未带来预期效益。密理博公司的发展是浓厚的销售文化，它有着浓缩的努力工作/尽情娱乐的氛围，却一直没能把它的销售价值和实践技巧灌输到沃特斯公司那节奏缓慢的世界中。这既有文化的原因也有其他的因素：沃特斯是靠发明起家的（高压流体色谱仪和相应的外围设备是该公司的主打产品）。所以沃特斯公司的运营更像是赌注型文化的资本货物公司，与以销售为导向的快节奏的收购方相去甚远。密理博执行官们作出的快速决策，在沃特斯公司往往得不到良好的贯彻和执行。而沃特斯的执行官们精心考虑后作出的决策又往往不够及时，使得他们总是错过机会——这当然让他们的新主人很恼火。很快，密理博公司剥离了它新购进的那部分业务，因为无法使两个公司的文化很好地融合。文化被当作多大的问题来看待仍存有争议。

当然，也有其他一些收购取得了成功。一些最近的合并背后拥有强有力的理论支持，但我们仍需要时间来检验这样的推测是否准确。对于合并狂潮的解释如此错综复杂，说明必定还有因素在推动着合并运动。

华尔街垂青合并

在旅行者保险公司和花旗公司宣布创纪录的合并的那个星期，两家公司的股票价值增加了 300 亿美元（旅行者增加了 200 亿美元，花旗增加了 100 亿美元）。同一星期，据 CNBC 报道，旅行者总裁桑迪·韦尔（Sandy Weill）的股票和期权的价值增长了 1.24 亿美元。花旗总裁约翰·里德（John Reed）手中的股票也至少增值了 2 400 万美元。对两位绅士来说这真是个不错的星期，难怪总裁们喜爱兼并。但自兼并被宣布和执行以来，合并集团的股票被大量廉价抛售，华尔街对于合并后的管理团队能否实现他们所承诺的整合优势一直持怀疑态度。（尽管这次廉价卖空股票的确沉重打击了韦尔和里德的钱包，但我们仍然相信，他们会很快找到新的动力来驱使他们为实现承诺而继续努力。）

从长远角度，我们分析了 1995—1996 年间十大合并案股票价格的变化情况。我们刻意与大型交易（正如旅行者和花旗公司的合并那样）宣布后的欢乐情绪保持一定距离。因此，我们跟踪了交易宣布的那年到次年年底公司股票的变化。我们选定的两只样本股票在那段期间并没怎么变化。一家是在其民航业务上碰到困难的波音公司。另一家是美国电话电报公司，尽管它与麦考通信的合作规模堪称巨大，但仍然没有大到可以从实质上改善公司局面的程度。其他八家公司的研究结果如图5-3所示。

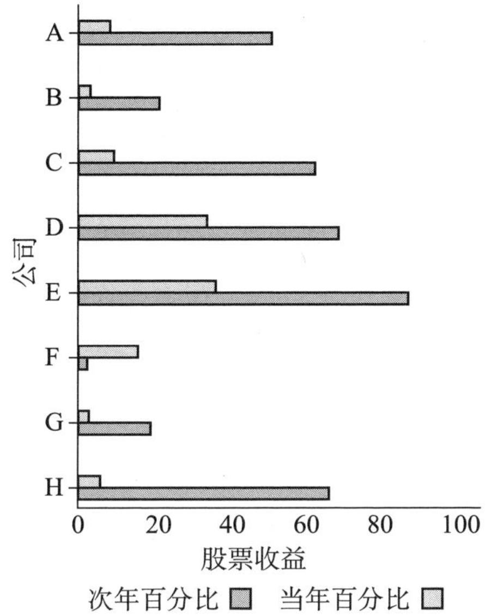

图 5-3　合并后股票收益

资料来源：Authors' analysis，based on IFR Securities data；stock prices from Dow Jones.

其余的八家公司在合并宣布当年的股价增幅达到了 14%。到次年年底，它们的平均收益达到了更加令人吃惊的 46%。一般说来，公司一定是售出了大量商品或者是进行了大量优质放贷才会取得如此高的收益。

我们的感觉是：合并游戏并不是靠“实际价值”的增长来驱动的，它更多的是靠以短期盈利为目的的机构资金经理人来驱动的，他们致力于去寻找任何能支持公司买卖股票的新闻。交易量巨大的合并总是报纸的头条新闻，因为它能吸引每个人的眼球。一宗交易最后会产生什么样的结果，这有待时间来检验。所以，为什么不从一开始就看到其积极的一面，然后再转移到别的东西上呢？追逐短期回报的资金经理人总是在合并宣布后就马上买进股票，然后等着看会发生什么。这就是华尔街对待合并的积极态度。

这逃不过公司管理层的眼睛，他们利用合并这一手段吸引华尔街的注意力，然后使他们的股价上涨。如果交易迟迟未能完成，比如国民银行 1997 年收购巴纳特银行，就会有更大的合并来阻止股票的下跌（比如 1998 年年初国民银行提议与美洲银行合并）。于是交易又开始继续。

华尔街的分析家们也不是对合并潜在的价值一无所知。他们通常会仔细分析公布的交易，然后不断调整他们对交易产出的计算结果。

例如 1998 年 4 月 6 日，花旗公司和旅行者保险公司发表了一份联合声明："花旗公司和旅行者保险公司将会合并形成花旗集团：全球金融服务的领袖……交易价值将超过 1 400 亿美元。"但是，这条谦虚地宣布全球最大的商业合并案的标题，似乎被声明里面的花言巧语掩盖了。在联合声明中，花旗总裁约翰·里德说："随着合并的进行，我们两家公司同时将服务推向了我们在全球的客户……现在我们拥有了服务客户的能力……使他们能方便快捷地获得我们的专业知识、全方位的增值产品和客户需要的服务。这是一种任何地方任何人都无法比拟的能力。"而合并发起人旅行者保险总裁桑迪·韦尔的话也毫不逊色，他补充说："世界经济正在以不可预测的速度飞速发展，地区、市场、大陆和商业越来越相互依赖，全球的客户、公司、组织和政府越来越需要一个能提供金融咨询服务和产品的强大而可靠的来源……联合起来，我们就是那个公司。"

里德和韦尔联合起来宣称公司有望从合并产生的交叉销售机会中获取大量的收入增长——而且伴随着潜在的成本节约。他们强调合并是得到法律允许的。但他们掩盖了一个重要的事实，在交易被宣布的时候，他们提议的合并与《格拉斯-斯蒂格尔法案》（Glass-Steagall Act）是直接抵触的。这个法案禁止美国商业银行开展投资银行业务或保险业务。他们计划在 1998 年第三季度完成这项交易（届时这一不利于他们的法律壁垒有望被打破）。

除了各种相关的登记申请之外，华尔街给了两家公司股票增值 300

亿美元的回报。考虑到两家公司当时都是以收益的20倍进行股票买卖，它们合起来的税后收益增长应该是15亿美元（税前20亿美元），这一点完全证明了合并的价值。不久之后，部分由交易带来的增值从两家合作伙伴的股价中剔除了，因为最初对于交叉销售收益和成本削减成效的预期似乎过高。

花旗—旅行者合并案之所以突出，是因为它是目前为止规模最大的兼并交易案。另一个有趣之处是，作为交易可行性理论基础上的整合优势，大多基于对潜在的交叉销售的预测和判断。在韦尔的职业生涯早期，他就因未能兑现他所承诺的产品交叉销售的整合优势而丢掉了美国运通公司总裁的职位。尽管交叉销售的优点被广泛传颂，但金融服务的顾客们还是习惯于在多家比较之后再选择产品，而不会把所有鸡蛋都放到一个篮子里。只有时间才会证明里德和韦尔到底是具有前瞻性的、靠一个概念而成功的时代先驱，还是为了追逐个人利益和荣誉而愚蠢到底的CEO。

由于看到了花旗集团合并案的缺陷，国民银行和美洲银行（历史上第二大合并案）为如何实现合并后的整合优势制定了详细方案。在宣布合并的新闻发布会现场，被任命为新公司主席和CEO的国民银行总裁休·麦科尔（Hugh McColl）说："这次合并并不全是为了削减成本，我们将从以下三个重要方面获得效率：有限的特许经营权交叉；国内共同的商业路线的组合；公司的管理费用。"国民银行财务总监詹姆斯·汉斯（James Hance）补充了第四点：他预测两年内成本削减带来的税前收益是20亿美元。成本控制将通过裁减占公司总人数10%的约8 000名员工来实现。人员裁减计划完全处于公司管理层的控制之下，而这个数目几乎是你可以存入银行的存款数量。华尔街对此举表示了赞赏，在合并宣布后的一周内给两家公司的市值带来了共约100亿美元的增幅——尽管比花旗公司和旅行者保险公司少了一些，但这个数目仍然很大。

这两个例子，尽管都来自银行业，却把合并展现得透彻无比。如果华尔街把收益增长看作结果，合并就能带来股市上的收益。收益增加之后就是裁员和削减成本。实际上，几乎所有交易都是走了这个路子。除了极少特例之外，华尔街对其他不那么容易得到银行认可的整合极为挑剔，大多数经理人也知道这一点。可见，是公司管理层对华尔街反应的关注，而不是对实际经营收入的关注，在推动 20 世纪 90 年代的合并浪潮。

合并与文化

尽管降低成本是合并行为的一个主要理由，但这并不是合并造成的最重要影响。合并会影响到企业的文化模式，它主要通过合并行为宣布后的三个不同阶段的三种方式来实现。首先是“小心提防”效应。人事部门试着找出从哪些地方缩减成本。接着是“胜者为王败者寇”效应。重组后的公司进行职位的重新分配时，参与合并的一方总是获胜，而另一方，通常是被收购的一方，几乎总是非常被动。最后也最重要的是“文化孤立”效应。当继续留在公司的幸存者发现他们现在效力的公司已经和他们所熟悉的以前的公司大相径庭时，这种效应就体现出来了。下面我们来进一步分析这三种效应。

小心提防

合并的消息一旦宣布（而且为了实现股市效益的最大化，合并行为通常会被大肆宣扬），不管是收购方还是被收购方的员工都开始紧张地揣测斧子会最先落到谁的头上。《美国的裁员》（*The Downsizing of America*）一书收录了此前曾在《纽约时报》上发表的一篇精彩的连载文章，路易斯·乌奇特勒和 N. R. 克伦菲尔德（Louis Uchitelle and N. R. Kleinfield）在文中叙述了一家被收购的大型制药公司的一位中层经理人的经历。在合并宣布后的几周内，由于害怕丢掉工作，这位经理只同意让两位作者查看她在日记中的记录。这些记录深刻反映了合并宣布后员工带有的可以预料到的种种思想包袱：

● 在每个雇员的头顶都笼罩着一团不确定性的阴云。我们只是从报纸上听说了收购的消息，而未得到任何官方的证实，于是不眠之夜开始了。

● 每天与我共进午餐的朋友 G 是个幽默的棒小伙儿，而且他所具备的牢固价值观在业内也是少有的。他很可能会被派到国外去工作，这真是太具讽刺意味了，因为他一年半之前刚从老远的地方调过来。我们很可能再也见不到面了。

● 公司被卖掉了。如果有人认为公司老板是为了员工着想才出此下策，那他一定有病，因为这会导致成千上万的人失业。

● 我的朋友 M 被告知这里有两份名单：一份是得到工作的人员名单，另一份是丢掉饭碗的人员名单，而她的名字在后一份名单上。这样做的人是不是疯了？

● 我的老板上个月走人了，现在我们不知该向谁报告了。

● 我今天碰见了 B，他失业了而且十分颓废。他害怕因此付不起孩子的大学学费而不得不让他们转到本地学校。虽然我侥幸成为公司合并后被留用的“辛德勒名单”上的一员，但这种快乐感觉由于他今天的遭遇而荡然无存。

● 在这里干了四个月后我坚信我永远融入不了这家冰冷的外企的文化中。这不由得让我想起了一句老话：“小心你渴望得到的东西。”就在几个月之前，我还在祈祷让他们给我这份工作。

小心提防和“谁会留下谁会走人”的流言蜚语，已经成了合并公司中很常见的一幕。它比常规裁员更能挫伤员工的士气（当然常规裁员本身也是很打击员工士气的）。人人都明白合并只不过是个数字游戏，必须要有足够的人作出“牺牲”，才能使合并合情合理。大多数人都认为，在决定谁将被抛弃时很少（甚至根本没有）考虑员工个人的优点和技能。欢迎进入并购时代的混乱生活。

胜者为王败者寇

不久前，我们参与了对于两个杂志发行集团合并之后的整合行动进行的筹备和实施。如果说有什么样的合并是在天堂中设计的，那一定就是这个了。两家公司都以纽约为基地，都在世界上享有“聪明非凡的纽约客”的美誉；两家公司都在自己的杂志上对对方大加褒扬；两家公司的人员不论等级高低都非常优秀，而且这正是它们各自取得成功的关键。尽管收购方的出价被认为是偏高了，但由于合并后的人力资源优势，每个人都坚定地期待一个美妙的结局。

公司文化的整合也被设计得非常周全——从个人办公室的选址（以便不管哪一边都不会觉得受到冷落），到新公司增大了的责任范围的分配（以便不管从哪边来的最优秀人员都能得到平等的管理机会）。还会在哪里出问题呢？结果表明，问题实在太多了。不到一年时间，被收购的那家公司的高层管理人员全部走人。到底出了什么事？

原因在于，合并后产生了两派员工之间的文化冲突。并购方员工主要由天主教徒构成，而被收购方员工主要由同性恋和犹太教徒的混合体组成，所以这种文化分裂被加剧了。尽管都是纽约本地人，他们之间的差异却大得不能再大了。几周之内，两个阵营就兵戎相见了。收购方的大男子主义使得他们不愿意与跟他们不一样的新同事会面。被收购方的员工则觉得他们受到了歧视，进而把自己封锁在自己的小圈子里。很快，决策就成了收购方管理层的单方面行动，之后不久，被收购方的管理者开始出走。当然，你也可以争辩说，在筹备整合行动时出了差错，但事情绝非这么简单。

每一次并购行动都会有赢家和输家。通常，赢家都来自收购方的管理层，而输家往往来自被收购方的管理层。让部落文化听其自己而为吧！赢家还是跟以前一样聚在一起；他们还是跟以前一样不征求大家的意见就拿主意；他们还是跟以前一样把自己的意愿强加给别人。结果输家就退缩了，被隔离在权力圈之外，他们联合起来反抗每一件他们认为不公正的待遇。不久之后，这些遭到排斥的输家就开始带着各自的手下另投他门。赢家却并不在意，说"谁会稀罕他们"。曾报道过大通—化学银行（Chase-Chemical Bank）合并案的《时代》杂志的著名记者 N. R. 克伦菲尔德，发现公司中对于老"大通人"的一个笑话：被裁掉的大通公司前雇员被认为是"化学垃圾"。

这些合并案是特例还是典型呢？显然是后者。大西洋贝尔公司收购了耐乃克斯公司，最后还是耐乃克斯公司改变了自己的风格从而成为以市场为导向的大西洋贝尔的一部分。葛兰素公司收购了研究型的维康公司后，高智商的研究人员不得不改变风格以适应更具侵略性的伦敦人。并购完成后的第一年或之后的一段时间里，正是输家去发现他们输掉了什么的时期：裁员的比例对被收购的一方来讲极不合理；关键的管理职位给了收购方；被收购方的制度被收购方的制度代替。大多数情况下，收购行动中的花言巧语跟实际大相径庭：如果你被收购了，你就是输家。在过渡时期，赢家的地位得到巩固，输家开始意识到他们真的输了。更糟糕的还没来呢：被收购方的公司文化完全湮没在收购方的文化当中。由于文化的改变需要时间，因此通常要好几年才会达到这种地步。但它的确会如此，而且这一结果是任何收购行动最持久的文化影响。

文化孤立

1998年4月7日的《旧金山商业时报》（*San Francisco Business Times*）头条赫然写着："SBC通信公司对太平洋电信的收购改变了太平洋电信的公司文化。"这次号称"平等的合并"到底是怎样造成了这种值得新闻报道的企业文化的转变呢？当你读完该报专职作家斯蒂夫·金斯博格（Steve Ginsberg）和罗纳·费尔南德斯（Lorna Fernandes）的系列报道后，就不难理解这个问题了。他们提到，合并产生了显著的赢-输效应：被收购前公司的35名高层领导在一年之后只剩下13名；太平洋电信执行委员会的全部7名委员都被辞退了，1 000个管理职位中有250个也被清空了。而这些空缺的职位被SBC通信以惊人的速度补进了自家的老员工，这些老员工熟悉并且适应SBC的公司文化。

那么，SBC的文化又是什么呢，为什么与太平洋电信的文化有如此巨大的差异呢？SBC基本上是一种得克萨斯式的商业文化，在诸如衣着习惯等方面非常保守，但又在商业操作和决策上异常富有侵略性。这对习惯了随意穿着（文中提到了一位执行官通常每两周才打一次领带的习惯）和自由散漫的太平洋电信员工来说无疑是难以接受的，很快，刻板的得克萨斯新老板就被惹火了。公司的女性高层管理人员被口头警告，要求在出席圣安东尼奥的公司会议时只能穿裙装不能穿长裤。一位高层管理者说在老太平洋电信的办公室里，人们开玩笑说为了适应当前局面，女人们应该"头发蓬松，还要涂上红指甲"。

着装规定当然只是表面现象（SBC实际上并没有着装的正式规定）。那到底发生了什么样的文化变故呢？转型期最主要的一项政策就是：作为整合文化的一种方式，SBC 习惯将员工派到国内其他地区。高级管理人员的升迁途径至少包括 5 次工作调动。相比之下，太平洋电信则倾向于鼓励员工留在原地。SBC 收购之后便开始将太平洋电信的员工派遣到国内其他地方去从事一些实际上更低层级的工作。这是他们测试员工对新公司忠诚度的方法。所以，很多人选择离开就不会让人惊奇了。这种做法对 SBC 来讲是有好处的，因为它的很多忠诚的雇员得到了更多派出工作的机会。而对太平洋电信来讲，它的传统文化受到了严重冲击。

更重要的是，SBC 的中央集权动摇了太平洋电信提倡民主的雇员和管理层。“太平洋电信拥有温和、周到、关怀、协商、民主以及善于沟通的文化。”该公司被留用的一名高级管理者说。太平洋电信的一位前高级管理者则认为：“新的联合阵营给我们带来一种紧迫感——要把事情赶紧做完的压力。如果说这里还有心灵的沟通，留给它的时间也很有限。怀念这种沟通的管理者总是不够幸运。”还有一位前高级管理者补充道：“虽然我对关于公司结构的决定有所关注……我不知道该去跟谁说。”显然，太平洋电信的时间观念和文化已经改变了，如果有谁坚持传统则不得不学会适应，或者是离开。

这是一个典型的文化收购的案例。这种场景在很多并购案例中都可以看到。当世通公司收购 MCI 时，从密西西比赶来的不速之客接管了这个以秩序为导向的长话服务商。MCI 曾是一个暴发户，它花了好些年才转变为一家强调技术和服务的公司。在此过程中，MCI 也逐渐接受了电信业的秩序。世通公司那种对低成本和利润的追逐以保持高昂的股票价格的做法会改变 MCI 吗？我们不敢打赌说不。但耐乃克斯对价格和质量的强调已经消失在大西洋贝尔对管理者和顾客极尽谄媚而又咄咄逼人的手段中了。

毫无例外，文化冲突导致了被收购方幸存下来的员工的文化孤立。1997 年 2 月在《华盛顿邮报》（*Washington Post*）上的一篇文章中，摩根士丹利集团和添惠公司的合并被描述成“白鞋子和白袜子”的合并，因为两个公司的文化差异实在太大。《新闻周刊》（*Newsweek*）华尔街编辑艾伦·斯隆（Allan Sloan）预测说：“因为‘公司文化的冲突’，前方道路困难重重，礼貌地说，摩根士丹利高收入的投资银行家们不可能成为添惠公司低收入的雇员们可以投靠的伙伴。”只有时间能证明他的判断，但是《时代》杂志上一篇关于裁员的文章有力地揭示了一个道理：我们有理由相信“幸存者综合征”和“文化孤立”会成为大多数联合公司的破坏力量。

虽然并非每次收购都会导致被收购方文化的消失，但大量案例都证明实际上确实这样。例如，当美国电话电报公司 1994 年收购麦考通信时，它有意识地保留了麦考通信进取、博爱和自由的公司文化。1994 年 9 月 20 日《山谷日报》（*Valley Daily News*）的文章引用美国电话电报公司无线业务部总裁詹姆斯·巴克斯代尔（James Barksdale）的话说：“美国电话电报对于告诉我们（麦考通信）如何工作毫无兴趣，如果有，也是我们渴望去改变美国电话电报的一些做法。”我们不应该太相信他说的一切，因为无线业务对美国电话电报公司来讲是块新业务，它的袖手旁观似乎就可以理解了。但是，它肯定不会在收购了 NCR 公司后还这样袖手旁观，它紧接着就处理掉了这家不走运的公司。

同样，尽管 IBM 一向爱管闲事，在 1995 年收购莲花发展公司（Lotus Development Corporation）之后，却并未干涉其公司文化。这并未留住莲花公司的一些有才干的雇员，比如说当时的总裁吉姆·曼奇（Jim Manzi）。不过，莲花公司的文化传统基本上得到保留，这是莲花公司所有人意料之外的事情。1998 年 3 月 26 日，《今日美国》（*USA Today*）报道的一则故事描述了 IBM 副总裁约翰·汤普森（John Thompson）和一群莲花高层在莲花公司进行的一次早期会议。在准备会谈的时候，莲花的员工们纷纷穿西装打领带，因为他们认为这是以保守出名的 IBM 所期望的。但当汤普森身着 T 恤衫牛仔裤出现的时候，他们都惊呆了。在一个更低的层面上，很多莲花员工要求降低莲花系列软件的价格来占领更多市场份额，为销售新产品作铺垫。几周后 IBM 总裁郭士纳的回应让所有的人震惊："你们的地盘你们做主。"

在收购完成后的三年里，为了发挥合并后的联合优势，两家公司仍然为一些开展有效合作所必需的"细节"争论不休，比如准时出席会议（这对 IBM 来讲极为重要，在莲花则不然），记得回电话（在 IBM 这是必要的，在莲花却会被忽略）。到这个磨合期结束时，这些文化争执将毫无疑问被妥善处理。当然，也难免会有人提出，在保留被收购公司文化的同时，我们失去了什么机会。

不管怎么说，麦考通信和莲花发展公司的例子（当然还有别的）并不具有代表性。在这两个案例中，被收购的都是新型业务或者是新型技术——这样的资产只有通过保留其现存的文化特征才能得到保护。

前面的道路上还有什么

对华尔街的投资银行家和投资经理人来讲，并购都是大生意。今天的商业气氛都集中在了股票价格的分析和经理人的日程表上。目前，这种状况还没有改变的迹象。很多产业仍然被划分得很细，不管是国内还是国际。甚至是像银行业和电信业这样的新兴产业，也处于高度分割状态。近十年内，这些产业中还会继续大型收购。其他像保险和建筑这样的行业，也才刚刚兴起并购的浪潮，不久后会越来越多。只有像国防、航空和消费品这样的少数行业才不存在这种问题。远东地区的公司近来快速增长，它们受到了保护而没有进行合并，这是出于不同的文化和区域的原因。但是，我们在第 7 章里会讨论，全球市场持续增长的压力会使外国公司也加入并购的浪潮。并购是现代商业的一部分，而且将存在很长时间。

这是否意味着全世界的公司会纷纷进行并购以至于最后只剩那么一两家公司呢？公司文化的多样性是否会随着被收购公司文化的消失而消失呢？我们认为这几乎不可能。恰恰相反，如果说有什么能阻止高速增长的合并行为，那一定是为保持合并公司的文化多样性而带来的压力。文化只是在进行不情愿的改变。甚至在那些被收购的公司中，文化虽然湮灭在收购方富有侵略性的文化当中，但老公司的文化仍然留在幸存员工的心中。需要花几十年的时间才能让这些文化完全消失——也许要等到对传统文化及其根源一无所知的新一代员工登台亮相之时。

此外，受到禁锢的文化也会反击：它会通过大量被留用的老员工进行反击；在压力时刻，当以前的工作方式更能解决问题时，它会进行反击；它还会通过纯粹的反抗进行反击，这种反抗是无声的，但会给员工的生计带来很大风险。

这种为了保留文化或复兴文化而进行的抗争意味着，通过收购拼凑起来的公司，其生产效率将会受到影响。生产效率和经营业绩会一直很糟糕，直到管理层意识到需要解决合并后文化的整合问题，而不是简单吞并的方式。管理者需要投入大量时间和精力来识别合并伙伴的优秀表现，并培养一个有生命力的、得到共同认可的新文化。

这里可能还有另外一面。值得收购的公司通常早已形成了历经考验的公司文化。如果收购方意识到这一点，并试图建立一个融合了双方精华的新文化，就可能出现一批因为文化多样性而更加强大的新文化。管理层在考虑合并时通常鼓吹整合优势以及收购所获得的新技术和专业力量，但是很多人忽略了一点，有一部分整合优势和新技术源于文化。遗憾的是，股票市场追求短期利益的压力，以及人们对于工作回报的渴望加在一起，常常使这些目标被忽略。然而，对任何一个有足够胆量去这样尝试的人，奖励就摆在前面。

第6章

电脑隔绝企业文化

自20世纪50年代起，电脑已经成为公司生活中的一个重要元素。最初这些原始机器对庞大的劳动力大军几乎没有什么影响，因此它们实际上对企业文化也没有什么作用。在某些特定的行业中，例如保险业，大量的数据和记录需要被保存。因此，20世纪50年代末，工人们开始习惯于把大量的打印输出材料作为自己日常工作的一个组成部分。但是，这些机器本身在很大程度上受到忽视，这些机器由拥有电脑知识的先驱者们组成的小团队进行管理和维护。

20世纪60年代初，所有这些发生了改变。IBM推出了革命性的360系列电脑产品。这些产品的性价比是老一代产品的许多倍，所以不断有工作场所要求购买这种新机器。人与电脑之间的频繁接触成为工作生活中的一个稳定特征。当1965年IBM推出它的360型65电脑之后，这种状况就尤其真实了。它是第一台提出时间分享这一离奇概念的电脑，它的出现有着重要意义：通过键盘与自己的“哑巴”终端相连，处在遥远位置的雇员现在可以与中央电脑直接互动。

通过时间分享，电脑设施逐渐成为负责处理保险索赔或者负责升级银行账户记录的雇员。大量其他运用几乎在所有行业中传播开来。到 20 世纪 70 年代初，电脑设施已经无处不在，并成为公司生活的一个重要组成部分。巧合的是，几乎就在同一时间，劳动力当中白领员工的数量首次超过了蓝领员工。当时又有谁会因此而预测到工作领域发生的这次革命才刚刚开始？

1971 年，一家斗志昂扬的、年轻的半导体公司首次推出了家用微处理器——Intel 4004。最初，只有电子领域的狂热爱好者注意到了它。当英特尔公司 1974 年推出它的 Intel 8080 时，电子领域的几位狂热爱好者，在新墨西哥州阿尔伯克基的一家购物商场里取得了重大突破，他们组装了第一台真正的微电脑——MITS Altair 8800。这台新设备激发了另外两位狂热爱好者的兴趣，史蒂夫·沃兹尼亚克（Steve Wozniak）和史蒂夫·乔布斯（Steve Jobs），他们抛开当时手头的事情，开始研制他们自己的微电脑。经过一番曲折之后，于 1977 年成功地推出了苹果Ⅱ，这是第一台面向广大普通使用者而不仅仅是狂热爱好者和专业人士的微电脑。

在软件方面，两位年轻的程序员保罗·艾伦（Paul Allen）和比尔·盖茨（Bill Gates）受到 Altair 的激发，开发了 Basic 编程语言以在 Altair 上运行。他们两位建立的用来销售这个程序的公司至今仍然被称作微软公司。该公司持有的股票已经使比尔·盖茨成为世界首富。

如果不是 IBM——这一后来电脑行业中毫无争议的领袖——决定进入这一领域，那么，在这一新兴行业中出现的这些激动人心的发展可能会是毫无意义的。1981 年，该公司推出了由微软公司提供操作系统的 IBM 个人电脑，微电脑革命突然之间爆发了。

今天谁用以及谁不用电脑？

1993 年 10 月，美国人口调查局的《当前人口调查》（Current Population Survey）抽取了上千美国家庭作为样本，以测定谁在工作时依赖电脑。该调查发现美国全部劳动力中至少 45.8%的人在工作中使用电脑。考虑到有近 4 500 万劳动力（占总数的 35%）从事诸如食品制作和销售（600 万人），清洁服务（超过 300 万人），个人服务（例如理发和美发，约 300 万人），建筑（超过 500 万人），耕作、渔业以及采矿（约 400 万人），货车运输和出租车服务（超过 500 万人），建筑部门之外的体力劳动（超过 500 万人），以及不同类型的机械操作（约 800 万人）之类的工作，那么结论就不一样了。可以说早在 1993 年，事实上每位劳动者都可以在工作中使用电脑了。

我们还预期，那些无法主动使用电脑的人是现代社会的弱势群体。微电脑革命提出了一套新的工作要求：熟悉和灵活使用现代电脑科技。那些贫穷、没有受过教育或者不够幸运的人，无法获得竞争中所必需的东西。例如，考虑一下这种情况，在工作中因为年龄的缘故而导致电脑使用情况不同，如图 6－1 所示。

年龄在 30～49 岁之间的雇员在工作中使用电脑的情况最突出，这一点并不令人惊奇，这些雇员是随着电脑科技成长起来的。在这次调查时仍然在工作的 60 岁以上的雇员中，仅有一半的人在工作中使用电脑。考虑到老年雇员的失业情况，他们缺乏工作岗位是不是因为他们无法掌握新的电脑技能？如果我们根据种族特征划分电脑使用者，如图 6－2 所示，可以发现白人和亚洲人（属于“其他”范畴）是电脑时代工作竞赛中的胜利者。黑人和棕色人种要差一些。观察一下教育水平，我们发现受过更多的教育会使人成为当今电脑化社会中更强有力的参与者（如图 6－3 所示）。

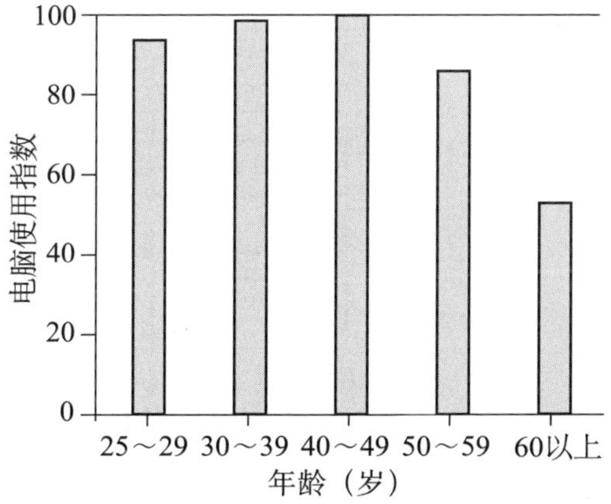

图 6-1　不同年龄段的电脑使用情况

资料来源：*Digest of Education Statistics*，1994.

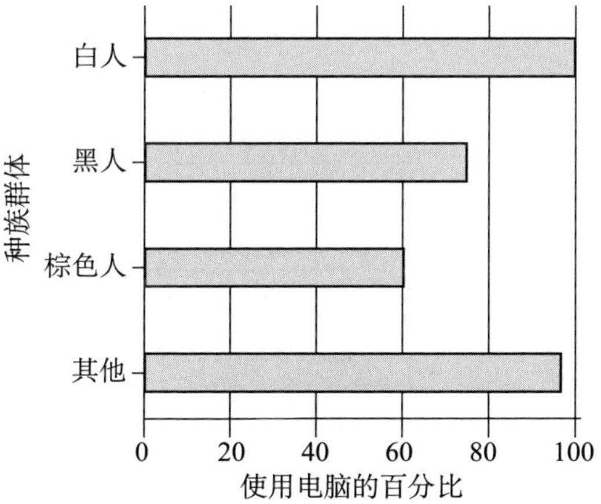

图 6-2　不同种族的电脑使用情况

资料来源：*Digest of Education Statistics*，1994.

这些模式是否能延续到未来？如果家庭拥有电脑是一个指标（如图 6-4 所示），那么答案毫无疑问，“能”。对绝大多数家庭来说，电脑仍然是一项昂贵的投资；越富裕的家庭就越可能拥有电脑。家庭电脑的使用将毋庸置疑地导致较为富裕的家庭成员拥有较高水平的电脑知识。更低价格的电脑的出现，在 20 世纪 90 年代末逐渐变成现实，这可能有

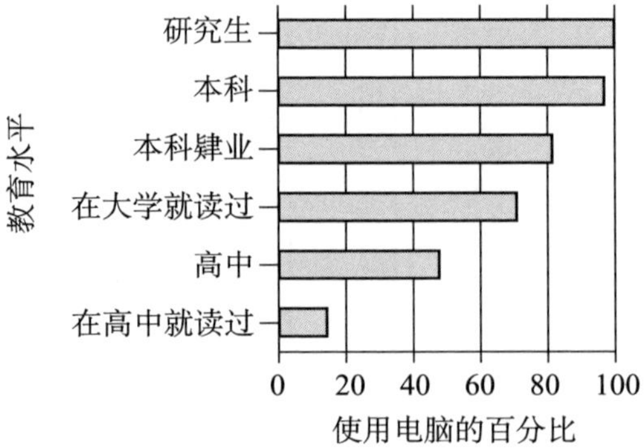

图 6-3 不同教育水平的群体的电脑使用情况

资料来源：*Digest of Education Statistics*，1994.

助于缩小在接触电脑的途径方面存在的差距。到那时，电脑将会为经济灵活性制造另外一个障碍。

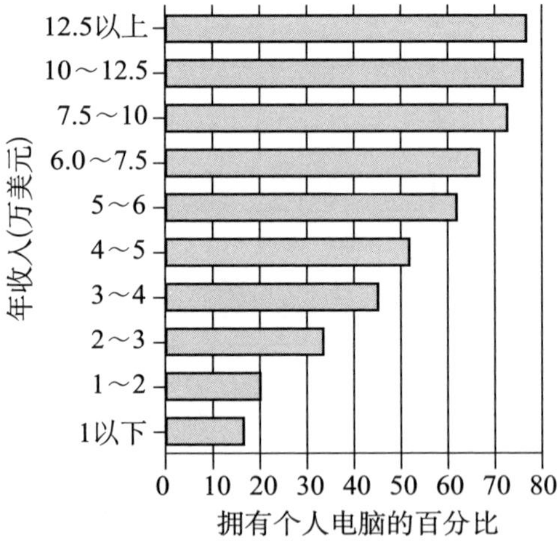

图 6-4 不同收入水平家庭的个人电脑拥有情况

资料来源：Computer Intelligence 1998 survey of PCs.

消除电脑时代所带来的不必要的和不经意的社会障碍，是决策者未来几年面临的主要挑战之一。除非他们能够成功，否则电脑将进一步破坏整个社会的社会经济伦理构成要素。电脑将如何影响工作中的人们？

电脑对蓝领工作的影响

从事非农耕工作的蓝领工人在中世纪就已经存在了，这些手工业者承担了向人们提供那些难以自给自足的物资的任务。他们包括铁匠、织工、制鞋者以及木匠。学徒资格（通常需要 5～10 年的时间来完成），提供了加入一个手工业行业的途径。年轻的手工业者从他们的师傅那里学习手工业技术。这是一个残酷的制度：很多情况下，年轻的学徒在学习手工业技术期间的境遇比奴隶好不了多少。一旦他们倚仗自己的能力成了手工业师傅，他们的未来就会非常有保障。这种行会体制对自我规范和行业的质量控制提出了要求。

18 世纪七八十年代，所有这些开始改变。詹姆斯·瓦特（James Watt）在他人成果基础上完善了蒸汽机，引发了工业革命。蒸汽机使新兴的产业家能够将大批工人聚集在一起进行工作，从而建立了这个时代最初的工厂。由蒸汽机的力量所驱动的滑轮和皮带带动机器运转。这种机器戏剧性地改变了工人们的工作：人类历史上第一次，人变成了机器的附庸。不像早期的手工业商店，工厂工人并不需要熟悉一种工艺的每个方面就可以进行生产。一段长时间的学徒资格不再必要了。经过几个星期、几天甚至几个小时的培训，工人们就可以了解具体的、专门化的操作机器的任务。任何人都可以迅速地成为工厂中的一名生产工人。由于在生产力方面的巨大收益，工厂的产量直线上升，工业企业家也创造了巨大的财富。不断增加的资本为工业革命的进一步扩展提供了动力。

世界经济的工业化增加了工作岗位的数量，并刺激了蓝领工人数量的巨大增长。蓝领工人不断提高的专业化程度，是这种增长的原因，也是这种增长的结果。通过建立新的甚至规模更大的工厂，也把新的纪律引到劳动力当中。

这些早期的工业企业的运行方式实际上与现代工业企业并不相同。它们在运作中仍然保留了旧行会制度的痕迹。例如，直到 19 世纪末，企业主还在从事总工头的工作，并为自己招聘工人（通常是只需支付少量工资的童工），以执行企业主已经承包给工头的任务，这仍然是一种非常普遍的行为，即使在像采煤和钢铁这样的重工业也是如此。这种工头在自己负责的领域仍然保留了某种控制，类似于手工业师傅身份的地位。

随着弗雷德里克·泰勒最坚决地支持“科学管理”原则，所有这些现象从 19 世纪开始发生改变。如同前面提到的，多年之前，令人敬重的亚当·斯密分析了通过工作专业化能够提高大头针的生产潜力。但是斯密的观察属于一位经济学家和思想大师的观察，而不是像实践家和狂热者泰勒那样寻求使工作简单化的方法。

作为一名律师的儿子，泰勒被他位于费城的富裕家庭送到埃克塞特（英国德文郡首府），准备追随他父亲的足迹进入哈佛大学。实际上，他辍学了，在一家小工厂找到了一份手工业学徒的职业。在完成了学徒身份后，成为米德维尔钢铁公司（Midvale Steel Works）的一名普通工人，并在这里成就了他作为科学管理的最主要代表的地位。

如同哈里·布雷弗曼（Harry Braverman）在其经典著作《劳工和垄断资本》（*Labor and Monopoly Capital*）中所详细阐述的，泰勒在进入米德维尔钢铁公司之后不久，开始了一系列的实验。在接下来的 26 年，这种实验总共进行了30 000～50 000 次。从实验中，他发现了在一个给定的加工程序中可以采取的最优步骤组合。几年之后，他在一本书中记录下了这些规则，并将这本书命名为《科学管理原理》（*Principles of Scientific Management*）。哈里·布雷弗曼在书中描述说，这两条最基本的原理是：

1. 管理者承担……这样一种职责，即收集所有传统的、在过去已经由工人们拥有的知识，然后对这种知识进行分类、列表和简化，使之成为规则、定律和公式。

2. 所有可能的脑力工作应该从车间中转移出去，并且集中到规划或者设计部门。

在20世纪的黎明来临时，企业家们几乎都毫无保留地采取了泰勒的科学管理原理，蓝领工人的未来的演化因此也已注定。当亨利·福特发明汽车制造的流水生产线时，他将这些原理发挥到了极致。蓝领工人几乎变成了制造过程中执行简单职能的齿轮或工具。

在电脑时代，蓝领工人又面临了相似的情形。当20世纪50年代末期到60年代初期电脑科技出现在现代工厂时，电脑是以数字控制设备的名义进入的。电脑被用于完成一系列的任务，而这些任务过去是由机器操作员完成的。在电脑出现在工厂之前，机械师们在工作中使用车间的图纸，作出一系列关于如何执行某个特定程序的决定。为了熟悉这一程序，机械师需要接受几个月的培训（比成为一位手工业师傅所需要的训练时间短得多，但仍然需要比较长的时间）。随着数控设备的引入，关于生产和加工程序的决定是在工程部门作出的。机器操作员的角色被缩小到开动和停止机器或者将材料放到正确位置。对这种新型蓝领工作的培训也明显减少了。

可见，电脑对蓝领工作的影响就是，继续减少从事蓝领工作所需的工作技能，这种情况是由泰勒和他的信徒们开始倡导的。近年来，电脑辅助设计（CAD）系统和电脑辅助制造（CAM）系统的广泛采用，正在使得工作技能的退化扩展到更高级别的劳动力，扩展到了先前已经承担了蓝领工人很大一部分工作内容的工程师的级别。这种严重依赖电脑辅助设计系统和电脑辅助制造系统的工程师，几乎就成了终端操作员。

许多重要的工程决定是由这些系统自己作出的。因此，越来越多的劳动者正在变成蓝领工人。那么，白领工作现在情况如何呢?

电脑对白领工作的影响

白领工作是20世纪的产物。如同哈里·布雷弗曼的著作所记录的，办公室职员在19世纪就已经存在，但人数非常少，而且绝大多数是男性。他们主要从事的工作就是作为出钱雇用他们的企业家的管理助理。例如，美国1870年的人口普查仅仅发现82 000名声称自己从事办公室职员工作的劳动者（占劳动力的0.6%）。同样，英国1851年的人口普查仅仅发现了70 000～80 000名办公室职员（占当时英国全部劳动力的0.8%）。1900年，在这两个国家进行的人口普查显示，办公室职员占全部劳动力的比例在英国上升到了4%，在美国上升到了3%。此后办公室职员占全部劳动力的百分比稳步上升，如今已经达到了15%。在我们的现代经济中，白领工作（包括管理人员、专业技术人员等）占全部工作岗位的50%以上。

虽然从事白领工作的劳动者的总体数量大大增加，但是白领工作的性别构成也同样发生了戏剧性的变化。我们还是仅仅集中于办公室职员上，英国1851年的人口普查只发现了19位女性办公室职员。1900年的美国人口普查发现3/4的办公室职员仍然是男性。与此相反，美国劳工统计局在1996年估计，美国76%的办公室职员是女性。

白领工作的性质在这些年也发生了改变，白领工作的报酬也因此发生了变化。哈里·布雷弗曼提到，1900年，一位办公室职员的工资是每年1 011美元，相当于制造业工人平均工资的3倍多。到1971年，美国劳工统计局报告说美国办公室职员的平均周薪是115美元——相当于一位蓝领工人所获得的周薪的 2/3，而且在劳动力市场上属于除服务工人之外收入最低的群体。面对更低的收入、不同的性别构成以及更低的地位，办公室工作也经历了泰勒主义对蓝领职业提倡过的要求提高生产率的巨大压力。简而言之，白领工人是电脑化的首要对象。

因此，白领工人被电脑化了。我们来看看银行业的一个例子。理查德·弗兰克（Richard Franke），一位管理学教授，使用美国生产力中心（American Productivity Center）的数据来追踪 1948—1983 年间银行业资本投资将近 14 倍的增长。这种投资中绝大部分是投资于电脑设备，以使白领工人承担的办公室职能实现自动化。虽然对电脑科技进行了如此庞大的投资，但是在银行业的生产率方面几乎一无所获——至少古典经济学是如此衡量的（见图 6－5）。这对管理层来说当然面临巨大的失望。不过随着微电脑技术的出现，这种期望也将发生改变。

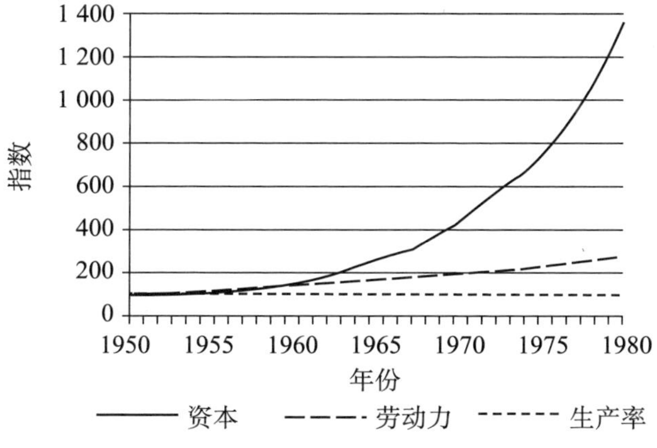

图 6－5　银行业的投资与生产率的发展趋势

资料来源：Analysis based on data contained in Richard H. Franke, "Technological Revolution and Productivity Decline" (*Technological Forecasting and Social Change* 31 [1987]).

自 20 世纪 80 年代起，电脑科技领域出现的令人眼花缭乱的进展已经使得绝大多数工作环境被电缆化和网络化了。员工们彼此之间通过局域网相互联系，通过互联网加入到外面的世界，并且习惯于通过使用电脑屏幕和由软件驱动的电脑来做每一件事情。管理层不再对员工们如何打发自己的时间拥有最主要的决定权。这个任务已经交给了微软公司的软件工程师和信息技术行业中的其他一些人。但是，在电脑科技持续不断地超出了许多管理者的理解能力这样一个时代，工作设计由于太重要而不能交给电脑科技。

作为这些进展所导致的一个结果，电脑在今天的银行业获得了普遍而深入的使用，如同在绝大多数其他的白领行业一样。电脑科技是以自动柜员机（ATM）的名义而最为顾客们所熟知的。20 世纪 80 年代初中期，自动柜员机获得了普及，从而赢得了真实的生产率以及柜台雇员的显著减少（如图 6－6 所示）。20 世纪 90 年代，银行业的就业人数几乎减少了 70 000 人，减少的人员几乎都是办公室职员，尤其是柜台出纳员。

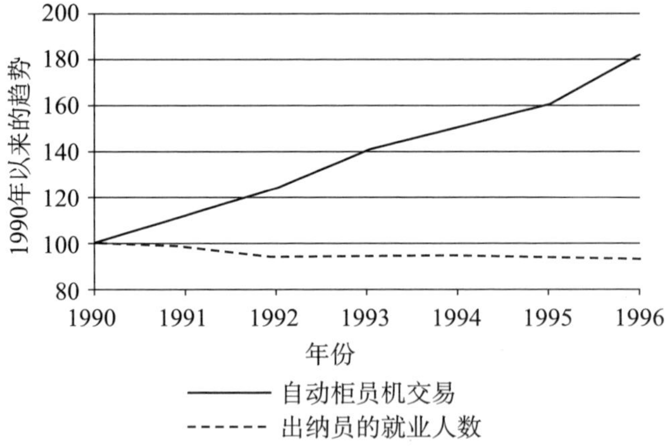

图 6－6　自动柜员机的使用和出纳员就业人数的趋势

资料来源：Sheila McConnell，“The Role Computers Play in Reshaping the Workforce”(*Monthly Labor Review*，August 1996).

但是白领行业在就业水平方面出现的变化仅仅是故事的一部分。电脑科技的采用已经导致工作性质、工作环境以及员工之间的关系发生了显著变化。电脑并没有从摧毁智力的厌倦和无聊中解放人性，反而带来了另一种危险，即把员工束缚到一种新型的高科技监狱之中。如果没有抓住这一点，将会使试图提升工作生活的所有其他努力变得毫无意义。

白领工作性质的改变

1984 年，哈佛商学院肖莎娜·朱伯芙（Shoshana Zuboff）教授出版了一本值得引起注意的新书：《聪明机器的时代：工作和权力的未来》（*In the Age of the Smart Machine*：*The Future of Work and Power*）。她试图谨慎地详细记录自动控制如何改变了蓝领工作和白领工作。她将自己的分析建立在三个详细的案例研究之上：一家纸浆厂、一家保险公司的内勤办公室以及一家银行。虽然她的工作招致了一些争议，但这是对自动控制已经带来的影响的一种权威观点。

在这本书的开篇，朱伯芙描述了白领工作的性质：

> 传统上与办公室工作相关的知识并不仅仅局限于完成一件任务可以使用的各种方法的直接知识。这种直接的知识已经嵌入到一种更加广泛、更加丰富、更加具体而且在很大程度上不确定的人际关系当中。一般来说，通过与同事以及上司们“非正式”进行的适当的互动过程，接触是非常必要的。办公室工作将会出现大量的聊天行为，但是这些聊天行为不仅仅是这种工作的一种社会补贴。当员工们互相帮助以对手上的工作形成判断和作出选择时，聊天是传播集体智慧的媒介。

当电脑科技被引进之后，这种非正式的系统变得怎么样了？

电脑系统以一种使员工与自己的同事隔离开来的方式被设计和安装。这种方式使得员工们整天面对着电脑屏幕。电脑重新定义了白领雇员所从事的工作的性质。因为电脑通常来说是非常缺乏灵活性的，所以员工们的工作环境也发生了改变。员工被要求坐在自己的电脑前，固守自己的工作岗位。这种情况消除了社会互动——这种行为曾经占工作的很大一部分。让我们重新回到朱伯芙的观察：

> 当一个组织的工作——目标、事件以及程序——被转化成直接的数据并且在一个电子文本中显示出来时，口头文化以及相应的以行动为中心的技能就被腐蚀了。这并不是科技第一次代替了口头文化以及与以行动为中心的技能相关的技术秘诀。工作的机械化使得手工业工人的技能没有了用武之地，并且改变了集体生活的传统。在这种集体生活中，手工业知识一度繁荣。工作变得更加清楚明确，但这并不是一种使得员工生活更加丰富的方式。在办公室里，机械化为一种新型的日常办公室任务的产生提供了条件。办公室工作，至少在它的最低级别中，将最终可能成为科学管理的严格分析对象。办公室工作再一次成为理性控制和分析的目标，但并不是以一种使得办公室职员的生活更加丰富的方式。

20 世纪末的白领世界已经又回到了原地。我们现在陷入了一种危险之中，即重新创造 20 世纪初的泰勒主义世界。员工们最终被改造成由电脑驱动的机器上的齿轮。根据老板的最新幻想，他们被重新改造和重新组织。在短期之内，对白领职能的低回报投资的困境能够解决。

朱伯芙的著作是提醒人们对现代电脑科技的潜在不利趋势保持谨慎态度的一个主要声音，但她并不是唯一一位。希瑟·孟席斯（Heather Menzies），一位受人敬重的加拿大作家，在《谁的勇敢新世界？》（*Whose Brave New World?*）一书中，提出了类似的考虑。她引用了加拿大一些关注电脑化所造成的影响的研究：

> 随着系统软件自动地发出催询通知、保留相关记录以及发送关于解决方案的声明，这 4 家被研究的公司里，办公室职员占员工总数的百分比从 43%降到了 26%。1987 年进行的一次数据升级表明了办公室职员人数的持续减少，而且，随着整合使得专业技术人员和半专业技术人员的自我管理成为新“企业家”文化或者后官僚主义企业文化的一部分，中层管理者也被“挖空”了。
>
> 员工们抱怨将（基于电脑的）监控作为测量绩效的一种方式，认为这是不正确的。“这个地方依靠的是数据，”一位受访者说道，“键盘成了事实上的衡量工作的场所。”这形成了一种密不透风的、令人压抑的工作环境。
>
> 据报道，一位办公室职员说：“每件事情都是电脑程序化的。你不得不去做机器想要你做的事情。”在同一研究中，另一位雇员说：“我习惯于非常迅速地做事情，因为我认为他们将注意到我，这样我可能得到晋升。然后，某一天我被淘汰了——他们为什么要淘汰我？我是一位拥有顶级绩效的雇员。将我淘汰的是第 22 条军规。”
>
> 1985 年 6 月，管理层设定了最低绩效指标，即每小时输入 11 400个字母，并且警告说任何低于这一水平的雇员将接受咨询服务和培训，3 个月之后仍然低于这一水平的任何雇员都将被降职，还可能会被“解职”。那些收到了备忘录的职业女性说她们“受到了侮辱，感到羞耻，丧失了体面”，这一点并不令人惊奇。

许多评论家对朱伯芙的著作以及像孟席斯这样赞同该著作的人士提出了批评，但是这些评论家并没有太偏离朱伯芙的基本观点。实际上，他们认为这些变化可能并不全都那么糟糕。在 1990 年的一篇文章中，罗布·克林、苏珊娜·艾科诺和乔伊·乔治（Rob Kling，Suzanne Iacono，and Joey George）提供了对桌面电脑进行的一项为期三年的调查的前期结果。这三位作者测量了大量的因素，包括使用电脑的模式、接触电脑设备的途径以及工作生活的质量。他们的研究不仅包括办公室职员，也包括专业人员。

他们发现办公室职员和专业人员每周使用电脑的时间几乎是一样的——17.1个小时。办公室职员一般来说需要和另一位职员共用电脑；相反，专业人员往往拥有自己的电脑。令人惊奇的是，办公室职员和专业人员都报告说他们的工作更加丰富了，在工作绩效方面也承受了更大的压力。这些发现与布雷弗曼和朱伯芙所声称的“退化了的工作”思想明显不同。克林、艾科诺和乔治认为，电脑化是由主体社会系统的特征所塑造的，而不是作为一种自治的力量。这可能是一种令人关注的观点，但是由于电脑使用模式已经被很好地确定，工作已经被重组，而且社会习惯也因此而发生了改变，因此它极有可能是一件亡羊补牢的事情。

其他人还指出，现代电脑网络已经带来了劳动者过去从来没有过的能力。这些能力提高了每一位劳动者的工作生活质量。值得表扬的最佳候选人是电子邮件，它是20世纪末沟通的必要条件。电子邮件是如何提升工作场所的能力的？

罗纳德·E. 莱斯与道格拉斯·E. 苏克（Ronald E. Rice and Douglas E. Shook）在1990年3月的《管理研究杂志》（*Journal of Management Studies*）上指出，电子邮件已经产生了一种显著的影响。他们惊奇地发现，电子邮件对组织的管理阶层的影响要大于它对办公室职员阶层的影响（见图6-7）。

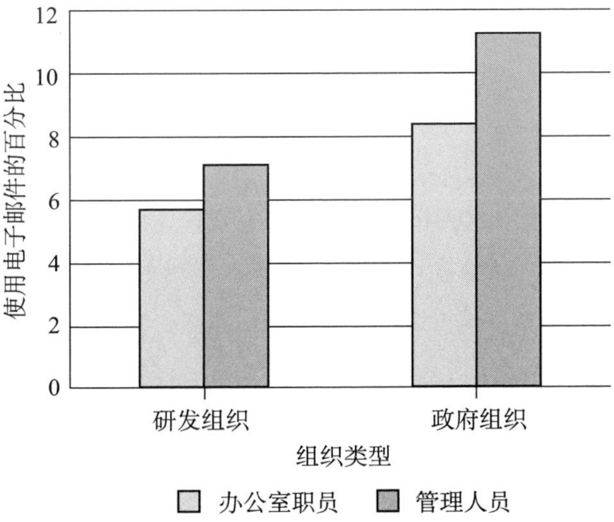

图6-7　电子邮件的使用

资料来源：Ronald E. Rice and Donald E. Shook，"Relationship of Job Categories and Organization Le-vels to Use of Communications Channels，Including Electronic Mail"（*Journal of Management Studies* 27，2 [March 1990]），data adjusted by authors.

电脑化还存在一个被广泛感知且非常消极的方面：管理层严密地监控雇员的能力。甚至连罗布·克林——作为现代电脑的一位辩护者——也承认对电脑实施的严密监控往往会增加错误率，而不是提高生产率。雇员们产生了对监控的恐惧，尤其是较低级别的雇员。

我们怀疑，可能需要花费数十年时间才能编制出一份关于电脑科技功效的精确的资产负债表。但是直接得多的某件事情打动了我们，现代电脑改变了在劳动场所发生的行为，而且彻底改变了传统的沟通模式。由于行为和沟通对企业文化的维持具有至关重要的作用，因此，电脑改变文化模式的程度远远超过了前面几章所描述的那些管理行为。那么，在电脑革命的浪潮中，文化是如何改变的?

电脑的文化影响

我们之中谁没有这种记忆：步入一家现代工厂，发现无数员工坐在电脑屏幕前，他们的瞳孔中满是电脑屏幕反射的光线？谁没有这种经历：试图与这些员工中的某一位进行一次谈话，得到的却是漫不经心的答复或者建议你给他们发封电子邮件？谁没有这种经历：在他们重新面对自己的电脑屏幕并且继续快速地敲击电脑键盘时，我们只能站在他们旁边等待，他们实质上却对我们的存在视而不见？

白领工作的大规模电脑化已经改变了社会行为的基本结构。以前的社交礼节现在成了机器计时的、独裁的礼仪。面对面的沟通现在时常被“去个性化”的电子交流所代替。在工作场所出现的这种新白领文化不同于历史上曾经出现过的任何类型。

在传统的企业文化中，先前的几章（以及我们过去写的那本书）已经详细描述过了，文化是人类创造的，其目的是为花在工作上的时间带来意义。文化由日常工作行为中数以千计的礼仪组成，由人们讲述的关于谁做了什么以及该事件在整个计划中意味着什么的故事来巩固和加强。其程序由社会聚会（对文化价值观的庆祝）来定期强化。这些过程使人们确信坚持文化行为能够长期对他们有利。

所有这些现在都改变了，或者受到了极大的威胁。管理者们在20世纪80年代初期以来所采取的行动——如同我们提及的——已经破坏了公司生活中主要的信仰体系。持续了数十年的操作化假定是“辛勤工作，坚持这家企业的标准和规范，那么你将拥有一份终身的工作，或者该工作将持续你希望的那么长时间”。而新的企业规则非常清楚，“照顾好你自己，不要相信组织会为你提供除了一份临时工作之外的任何东西，除非那样做有利于企业达成目的”。这就是这 15 年的管理行为为明天的世界留下的遗产。

最近，公司生活的基本结构正在发生改变，尤其是白领工人的数量占了当今劳动力总数的一半以上。其中的许多变化是由新技术引致的，尤其是电脑科技。以前，工作生活是一种社会阅历：公司中的前辈员工将新员工置于自己的羽翼之下。发生的争议由那些不担任职务但被大家广为接受的传教士进行调解，他们解释公司的历史，讲述故事和轶事，并且提供行为举止方面的指导原则。一家组织的文化生活的很大一部分是在非正式集会中进行的——咖啡壶旁边或者当地的某家酒吧。对绝大多数人来说，这种方法确实有效，而且给他们的大部分清醒时间（即他们花在公司里的时间）带来了意义。对那些关心工作环境的社会内容的公司来说，所有这些使得公司凝聚在一起，而且带来长期的卓越绩效。

与此相反，在现代企业当中，由电脑调解的生活是这样的：一位雇员早晨来公司上班，极有可能会避免与同事们打招呼，因为担心这样会打断同事们在电脑终端上的工作。在将自己的外套挂起来并翻阅了几份报纸之后，该雇员开始从事这一天的第一项正式任务：打开自己的电脑。该职员检查和回复电子邮件，其中一些邮件来自自己的同事，而大部分来自公司其他部门或者公司以外的一些点头之交。对于从事常规工作的许多雇员来说，他们的日常议程由电脑控制和决定。该雇员进入适当的系统或文件，并且开始处理当天的事务。

即使拥有第一流的电脑科技，使用者也会变得疲惫。不可避免的是，几个小时之后，需要休息一下。该雇员退出系统或文件，舒展一下筋骨以缓解由于一直在控制台前工作而导致的背部和肩膀的过度疲劳，然后慢慢走向茶点间或者咖啡室。对于这次休息，并没有设定的时间。但他知道得做多少工作才符合被期待的要求，从而他迫使自己满足所要求的标准。很可能并没有其他人在茶点间。于是该雇员把咖啡杯端在手上，返回自己的工作场所，只是一个人。进行一次常规对话的机会并不是这次休息的一个固定组成部分。一边喝着咖啡，该雇员一边查找公司里好笑的事情以发现今天的笑料。如果这些内容尤其有趣，该雇员会将这些内容通过电子邮件发送给那些拥有相似的幽默感的人。然后就是重新登录和进行工作的时间了。

我们并不是试图描绘一幅非常普遍、几乎没有吸引力和社交机会的、令人压抑的工作场所的画面。相反，我们在努力描述一种普通的图像：在一种由电脑控制的环境中，生活到底怎么样？由于绝大多数的现代组织都完全装备了电脑科技，因此我们的描述转变成一幅关于当今许多人的工作生活画面。它有自己的精彩之处，使用电子邮件来安排生活中的事情（会议或者约会）和与处于自己的直接工作团队之外的人保持联系，当然是几乎没有人不愿意选择的事情。但是这种便利所带来的好处，被与自己同事之间的减少了的社会互动以及与一台电脑（而不是一位上司）之间的毫无结果的接触所抵消。当然，旧方法遗留的一些痕迹还会存在下去。上司仍然与下级举行会议。同事们仍然一起解决难题。但是工作场所之中的整体社会结构已经发生了显著变化。

在这种新环境里，几乎没有讲故事的时间。有关以前做事方式的参考资料只适用于那些陈腐的人，而不适用于现在的圈子。现在的长幼、强弱次序是不一样的：那些能够修理电脑软件小故障的“神童”或者电脑系统本身是企业文化中的明星。他们得到了精心培养，以保证系统的升级和运行能够满足公司的产出目标。

现代的沟通能力是非常出色的。但是这些能力是被用来巩固核心文化信息，而不仅仅是讨论最新的公司精简规模的频率有多高？与在一种现代的、电脑化的环境中工作相关的技能是有价值的和可以转换的。但是公司员工受到了关于如何做事情的培训，而不仅仅是简单地学会一套最低限度的技能的频率有多高？公司员工被鼓励突破目前工作岗位的局限以发现为集体利益增加价值的新方法的频率有多高？都不太高。

电脑科技是一把双刃剑。电脑能够被用来提高劳动者的技能并在更广的范围内拓宽电脑对公司努力的影响。但是电脑也能够被用来诱骗劳动者从事没有出路的工作。虽然对电脑使用的评判还没有得出，但是从一种文化的观点来看，结论将不太可能是有利的。

第7章

全球化扰乱企业文化

随便翻阅一份报纸或者商业杂志，你不可能看不到关于全球化经济的评论。各种头版头条的新闻描绘了亚洲金融危机以及它对美国或者欧洲经济的可能影响。这种现象绝对抓住了社会各阶层读者的注意力。当你步入任何一家超级市场，得到的是来自世界各地的产品。当你进入美国的一家电器商场，会发现绝大多数产品都是亚洲公司制造。当你观察公路上行驶的汽车，会看到许多国家生产的汽车从你身旁驶过。全球化的产品和全球化的市场正在改造这个世界。这些市场和经济趋势正在极大地改变着进行全球竞争的公司的文化。

全球化的简要历史

思考一下下面两段引文：

国际金融已经变得与贸易和产业如此互相依赖和如此交织在一起……以至于政治和军事力量实际上也做不了这样的事情……这些

> 很少被承认的事实，主要是纯粹现代条件（通信的快速发展创造了更加复杂和微妙的信用制度）所导致的结果，已经引发了与远古时期有着本质差异的现代国际政治问题。

> 全球化的新世界——在这个世界里，金融网络、信息和贸易的一体化正在将整个地球捆绑到一起，而且正在将力量从政府转移到市场……一个国家，通过与全球经济相结合，以及对外国投资开放和向自己的消费者授权，能够永久地避免自己陷入困境的可能，并不断促进民主化和不断扩展和平。

这两段引文，最值得注意的并不是它们讲述了同一个主题，而是它们的发表时间相隔87年。第一段引文来自诺曼·安杰尔（Norman Angell）的《伟大的幻想》（*The Great Illusion*），该书1910年出版，认为不断增长的世界贸易是未来世界和平的保证。该书在全球范围内销售了100万册，作者获得了诺贝尔和平奖，在很大程度上是因为这本书的影响。第二段引文引自托马斯·弗里德曼（Thomas Friedman）1996年在《纽约时报》上发表的一系列文章。两段话都出现在彼得·贝纳特（Peter Beinart）1997年10月在《新共和》（*New Republic*）上发表的一篇文章。

为什么这种聚焦贯穿了整个20世纪？虽然经历了百年的喧嚣，但直到20世纪末世界经济发展才刚刚超越了一个早得多的时代已经实现的成就水平（如图7－1所示）。图7－1中清晰显示，直到1970年之后，当代世界经济才达到了第一次世界大战之前的世界贸易水平。（现代的国际主义者可能热衷于他们的预测，即整个世界将出现一个繁荣的未来。诺曼·安杰尔早在1910年就已经和我们分享了这种世界观，也就是世界各国之间开始出现空前的、持续长达30年之久的冲突的几年前。）

这两个高度的贸易时代之间当然存在差异。绝大多数经济史学家主张，20世纪上半叶的全球贸易扩张有两个原因：一个原因是更高的通信和运输能力（电报、铁路和轮船）；另一个原因是大英帝国在全球扩张其霸权的努力不断减弱。现代经济学家还指出，更高的通信和运输能力（电信和航空旅行）是导致现代贸易爆炸式发展的关键因素。但是，他们还应该看到另一个影响因素：美国正在竭力阻止其全球经济霸权地位的下降。太阳底下并没有太多的新鲜事，只不过上场的主要选手换了。

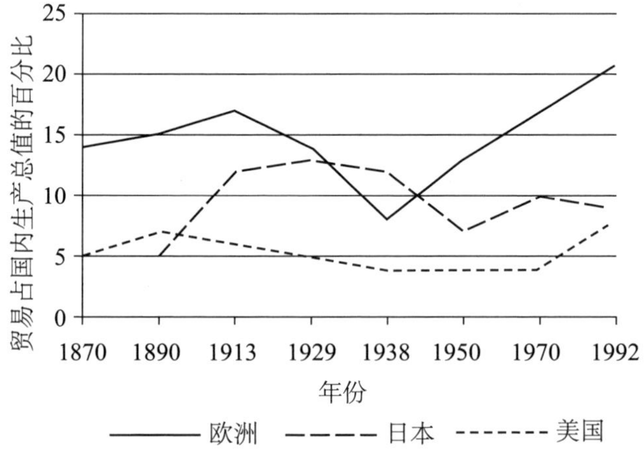

图 7-1　贸易占国内生产总值的百分比

资料来源：Dani Rodrik，*Has Globalization Gone Too Far*？（Institute for International Economics，1997）.

但是，世界贸易的增长就能等同于全球化吗？外国投资对世界经济的影响是什么样？令人惊奇的事情再次出现了。第一次世界大战之前，英国、德国、法国和荷兰50年中的净资本外流是非常巨大的，最高时大约占国内生产总值的9%。与此相反，美国20世纪80年代末的资本外流虽然数额要大得多，但最高只占国内生产总值的4%～5%。对外投资和贸易是全球化的最直接方式。19世纪和20世纪之交的事实再次成了20世纪和21世纪之交的事实。

当代的全球化水平与更早的那个时代出现的全球化水平之间有一个最主要的差异：直接被这些趋势所影响的人口数量不同。这一点来自与现代通信和运输技术相关的速度。在20世纪的黎明时期，存在着全球企业家，但是，他们是一个非常特殊的群体。一次从欧洲到新世界（New World）的旅行要花费几个月的时间；而环游整个世界可能要耗费几年的时间。因此，这些高度个人主义的、独立自主的创业家，由于这些有利的市场机会和在整个世界获得的经历而兴旺发达。这种支持全球主义的创业家模式一直持续到20世纪60年代末。此后，先进的飞机，尤其是747大型喷气式客机的出现，彻底改变了旅行。

为了对早期那些在世界各地做生意的创业家有所了解，我们可以观察一下通用电气公司（最早的全球化公司之一）出口销售部门的负责人。令他名声远扬的国外经历包括：作为一名销售人员，他向莫桑比克赞比西河的卡霍拉巴萨大坝销售了涡轮机。当时，革命浪潮席卷了后殖民时期的尼日利亚。在其中一次革命期间，他在拉各斯被俘时，曾有人问起涡轮机到底是个什么东西。他回答说："它糟透了。"过了一小会儿，他又补充说："我们第二天就出问题了。"随着大型喷气式客机的出现，这种拥有多姿多彩经历的人不再是能够俘获世界市场的唯一类型了。凡能够购买一张机票或者打电话的人，都是有资格的。

国际长途电话和海外旅行这两个领域中出现的趋势（如图7-2和图7-3所示）以曲线的形式描述了后二战时期国际商业的快速扩张。如图7-2所示，1975年之后国际长途电话量一路飙升，到1995年时达到了令人惊愕的28 000亿次。而在1950年，国际长途电话的使用还不到100万次。海外旅行（如图7-3所示）经历了类似的但是没那么爆炸式的发展。自喷气式飞机在20世纪60年代初出现以来，其增长趋势非常显著。在这之前，一年之中大约有100万美国人去海外旅行。到

1990 年，1 600 万美国人到国外旅行。同时，大约有同样数量的海外游客进入了美国。如果考虑到增长的数量，那么旅行和电信的成本在直线下降。例如，1960—1988 年之间，国际旅行的实际成本下降了 60%。这有助于海外旅行获得 3 000%的增长。

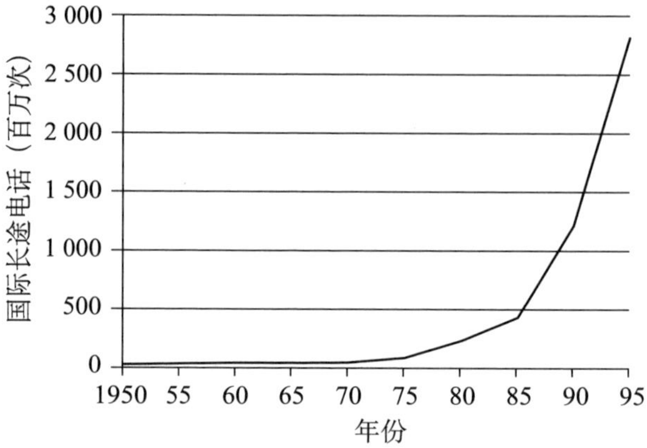

图 7-2 国际长途电话的趋势

资料来源：*Statistical Abstract of the United States*，various years.

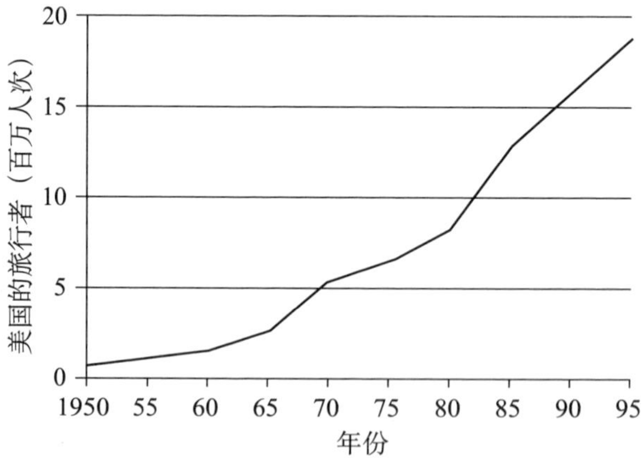

图 7-3 美国海外旅行的趋势

资料来源：*Statistical Abstract of the United States*，various years.

国际长途和海外旅行的数量在如此短的时期内出现如此显著的增

长，会导致什么后果？全世界的人开始更深地彼此了解。他们正在跨越国界做越来越多的生意。20 世纪末出现的这次全球化不同于 20 世纪初那次基于殖民主义的全球化。

全球化对劳动力市场的影响

在初期，全球化遵循了一种非常可预测的模式。某个国家的一位制造商，很可能是世界上最发达的经济实体之一，发现它自己拥有过剩的制造能力。因此，该公司将销售人员派到世界各地去招徕生意。在国外工作的销售人员将订单送回国内，这种订单便成了出口，它对该制造商母国的贸易平衡具有重要意义。随着海外需求的增长，该制造商经常会发现有必要在那些主要市场投资，兴建海外工厂。这些工厂是保护该制造商的海外市场份额战略的一个核心要素。虽然经营这些海外工厂影响了国内市场的生产量，但这种影响非常微小。在这种古典的全球化模型中，随着市场发展得更加全球化，对外投资自然而然就会随之而来。

高度依赖对外贸易来维持本国经济的那些国家，也因此承担了将国内的工作岗位转移到海外的风险。相比国际贸易不这么显著的国家，它们往往为自己的国民提供了一种程度更高的社会安全网，以补偿国内市场。像卢森堡、比利时、爱尔兰、挪威、瑞典、英国、法国和西班牙这样的高贸易国家，政府支出占国内生产总值的比例几乎是像美国和加拿大这样的贸易依赖程度相对较低的国家的两倍。这种社会安全网能够在多大程度上保护国内就业免受突然全球化的世界的影响还是一个问题，存在着许多限制。但是存在限制的这一事实表明，全球的决策者们意识到了国外投资和贸易对国内工作岗位的威胁。

进行对外投资以保护自己在不断增长的海外市场中所占据的位置，

仅仅是维多利亚时代末期画面的一个组成部分。其他类型的对外投资集中在对世界上更加发达的经济实体有利的资源开发上。“殖民主义”这一词汇一针见血地描述了关于茶树和橡胶的大面积种植的画面。这一词汇也入木三分地描述了这种情景：外国工头（绝大多数是白人）享受着殖民主义所带来的奢侈，而他们的第三世界的劳工却在田野里从事艰苦的工作。虽然情况发生了很大改变，但许多同样的情景在今天仍然存在。

第三世界国家出口的新商品与其说是热带气候的产品，还不如说是廉价劳动力生产的产品。例如，1960 年摩托罗拉公司的工人 100%都在美国。而在今天，仅有 44%的工人在美国，其他工人分布在整个第三世界。摩托罗拉公司是马来西亚最大的（也是最受尊重的）雇主之一，通用电气公司则是新加坡最大的雇主。

无数美国和欧洲的其他公司正在遵循这种模式，向第三世界国家输出大量的制造能力。第三世界国家的工资非常低，劳动力的供应几乎是无穷的，他们愿意为更少的工资而工作。靠近美国边境，位于墨西哥北部低成本的出口加工区就是这种情况的一个很好的例子。1990 年，美国电话电报公司的制造部门关闭了位于弗吉尼亚州拉福德地区的一家制造变压器和其他设备的工厂，2 100 个工作岗位因此而消失了。这些工作岗位被转移到墨西哥的工厂，这里的工人获得了大约每小时 2.35 美元的工资和福利；与此相对照的是，该公司不得不在弗吉尼亚州支付每小时 13 美元的工资。即使考虑到两个国家的工人生产率可能存在差异（随着外国工人获得更好的技能和教育水平，这种情况正在迅速改变），美国电话电报公司也毫无疑问是有利可图的。

像纺织和制鞋这类只需要较低技术的产业，提供了更多通过在海外工厂雇用工人而获利的极端例子。耐克公司，这一运动鞋领域的全球领袖，通过合同将它所有的制造业务外包给第三世界国家。在 1991 年对耐克公司的工厂进行的一次调查中，《印度尼西亚日报》（*Indonesia Today*）估计：在印度尼西亚，耐克公司一位有经验的女性雇员的平均日工资是 0.82 美元。该工资是对每天工作 11 个小时、每周工作 6 天的报酬。在发达国家里几乎没有工人愿意为获得这样的工作岗位而进行竞争。因此，对第三世界国家的劳动力资源的利用呈几何级数增长。

在很长一段时间里，经济学家们对扩展的贸易和对外投资的相对优缺点展开了辩论。古典经济学家认为，将工作岗位出口到海外以获得更低的劳动力成本对相关的每个人都有好处。它代表了不同国家的特殊性，这些国家能够利用它们各自的相对优势。根据这种观点，各个国家都全力做它们最擅长的事情，因而每个国家都能够获益。不过，近年来对海外低成本劳动力的大规模开发并不是如此的仁慈和良性。经济学家达尼·罗德里克（Dani Rodrik）在他最近的著作《全球化是否已经走得太远?》（*Has Globalization Gone Too Far*?）中指出，世界的劳动力市场是相连的。从整个世界来看，更多的贸易以及劳动力成本向海外市场的转移提高了劳动力成本的弹性。因此，美国一个高中辍学生的真实工资自 1979 年以来（这正是建立海外的低成本劳动力工厂，进行最激进投资的时期）下降了大约 20%，也就不令人特别惊奇了。

另外，在古典经济学家的感觉中，作为经济合作和发展组织（OECD）成员的公司进行庞大海外投资所导致的一个结果，是贸易和外国投资之间的界限变得非常模糊。20 世纪 90 年代初，美国与中国台湾的贸易逆差中 1/3 来自再进口了由美国公司在中国台湾利用廉价资源制造的产品。大约与此同时，美国所有跨国公司的国际销售额超过了 12 000 亿美元——占它们全球总销售额的 29%。到 1997 年，各种评估数据精确地表明，在有记录的对外贸易中，25%是跨国公司内部的货物和材料的运输。从整体上看，这些公司——尤其是带头进行海外投资的美国公司，并没有失去它们的竞争力；它们仅仅是将生产基地转移（到海外）了，这也解释了罗伯特·莱克（Robert Reich）1990 年发表在《哈佛商业评论》上的一篇文章中的评论。

当美国公司特别注重将其制造能力转移到海外从而从更低的劳动力成本中获益时，日本和欧洲的公司正在大力投资以建立它们在有利可图的美国市场中的地位。由于美元对其他货币相比较低的价值，最近几年流入美国的外国投资几乎已经等于从美国流向世界其他国家的投资（如图 7－4 所示）。这些外国投资中至少 90％来自欧洲的发达经济实体、加拿大和日本，但是美国几乎有 40％的海外投资进入了发展中国家。当美国公司正在忙于将自己的制造业转移到海外时，经济合作和发展组织的其他成员却在收购美国的公司。

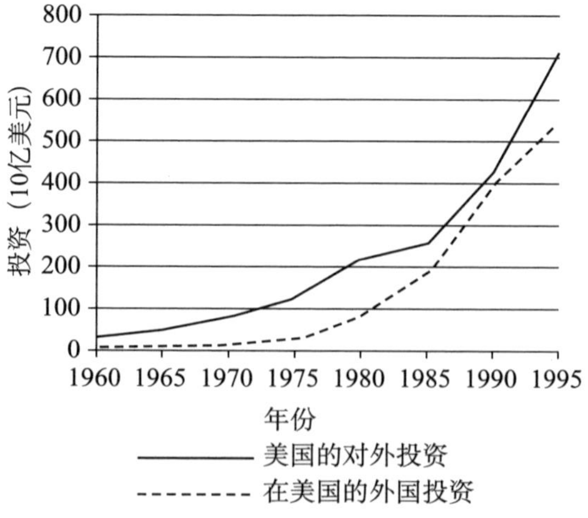

图 7－4　投资流量的趋势

资料来源：U. S. Department of Commerce，Bureau of Economic Analysis.

世界各国的对外投资模式还存在其他一些差异。美国投资者在海外工厂，尤其是位于第三世界国家的工厂，向美国出口了很大份额的货物和服务。相反，欧洲和日本公司进行投资是为了获得进入美国市场的优先途径。美国投资者进口到美国的货物和服务远远超过了它们从自己的美国生产基地出口的货物和服务。如此，在美国的外国公司仅1995年就为长期的美国贸易逆差贡献了1 200亿美元。从某些方面来说，它们极有可能是良好的公司公民，但这阻止不了它们利用在美国市场上的位置从自己母国的经济中获益。

不过，外国投资者对美国经济的影响已经非常大了。截至1991年，所有外国公司已经控制了美国一半的消费电子产业，1/3的化学工业，20%的汽车工业，70%的轮胎行业，以及将近50%的电影和唱片行业。1991年之后，这些百分比无疑已经上升了。外国投资者对美国公司的收购兴趣在持续增加。

资本和所有权方面出现的所有这些转移，正在震动世界市场。带着稍许厚颜无耻的腔调，诺曼·格利克曼和道格拉斯·伍德沃德（Norman Glickman and Douglas Woodward）在《新竞争者：外国投资者正在怎样改变着美国经济》（*The New Competitors*：*How Foreign Investors Are Changing the U. S. Economy*）一书中提到：

> 一位美国人能够从A&P（一家英国所有的商场）购买Chicken-of-the-Sea牌金枪鱼（由一家印度尼西亚公司所有），或者用一张海丰银行（Marine Midland Bank，中国香港所有）的信用卡购买邦维-特勒百货（Bonwit Teller，加拿大）的衣服。她可以驾驶一辆Plymouth Laser汽车（日本），在德士古加油站（沙特阿拉伯）加油，阅读道布尔戴（Doubleday）的书（联邦德国），喝着孤星（Lone Star）啤酒（澳大利亚），听着由哥伦比亚广播公司发行的威利·纳尔逊（Willie Nelson）的唱片（日本）。

对美国公司的这种大规模投资导致的影响通常来说是非常积极的。罗伯特·莱克发表在《哈佛商业评论》上的那篇文章提到，美国工厂的海外所有者支付的工资比美国国内的制造商支付的工资几乎高出20%。这个结论受到了像格利克曼和伍德沃德这样的作者的质疑。他们两位对这些数字进行精心分析之后提出，对外投资者在如何向自己的工人支付工资方面与美国公司相比完全一样。（我们倾向于赞同格利克曼和伍德沃德的观点）。其他一些人认为，20世纪90年代初美国绝大多数的全职工作的增长，是由对外投资者创造的工作岗位所导致的结果。格利克曼和伍德沃德再次认为这是一种夸大其词的判断：虽然对外投资者为美国经济增加了工作岗位，但是当它们对自己的新美国工厂采取合理化措施时也削减了其他一些工作岗位。因此，它们所带来的净影响仅仅是略微的正向作用。

对外投资对于工作岗位全方位的净影响——包括内在的和表面的，是关于工作博弈中的胜利者和失败者的一幅画面，这是迈向全球化所导致的一个结果。随着工资率的下降和失业率的上升，美国和欧洲的低技能工人发现，他们的工作岗位消失了，转移到低劳动力成本的国家。截至目前，发展中国家的经济一直经历着平均水平以上的增长。虽然它们的海外雇主只支付低工资，但还是导致了这些国家生活水平的改善和提高。发达国家的一些工人，尤其是美国的技术工人，已经从对外投资者所创造的工作岗位中获益。这确实是一种非常复杂的结果，它完全取决于你在全球经济中的位置。

不过，毫无疑问的是，实际上每个人都受到了世界经济快速全球化的影响。据估计，在当今的全球劳动者队伍中，大约有7 300万人为外国业主工作。其中，2 500万劳动者为美国的海外公司工作。不过，在这7 300万劳动者中，仅有1 200万左右来自发展中国家。超过500万的美国雇员为由外国人所有和管理的公司工作。在每一天的工作中，他们都面对着这种需要：适应他们的海外雇主的外国文化。其他一些美国人成为在世界各地传播美国价值观福音的雇员大军的一部分。而且，当其他国家数以百万计的劳动者为外国公司工作时，他们照搬了美国同行的经验。但要想估计直接参与跨国界工作的劳动者数量，显然困难得多，虽然很明显它每年都在不断增长。

工作中的文化差异

在1991年《哈佛商业评论》的一篇文章中，备受敬重的学者罗莎贝斯·莫思·坎特（Rosabeth Moss Kanter）报告了对全球不同国家的管理者进行的一次大型调查的结果。其结论是：来自不同国家的管理者是不一样的。例如：

● 来自德国、奥地利、法国、比利时、荷兰和斯堪的纳维亚国家的管理者更加国际化（这意味着他们往往讲一种以上的语言）。

● 来自日本的管理者拥有最强烈的工作伦理道德（而且也最关心同事的工作道德）。

● 来自澳大利亚、加拿大、英国、新西兰和美国（盎格鲁-撒克逊血统的人）的管理者，往往拥有相似的思考方式。例如，他们都认同，家庭比工作更加重要。

来自不同国家的人当然是不一样的。人们拥有不同的价值观，这是由于成长于不同的文化而导致的。他们在不同的教育体系中接受教育。他们的母语不同，而语言的结构有力地影响着人们的思考方式。他们的行为举止是自己所在的社会所规定的。人们看待世界的视角不同，这依赖于他们的历史和传统。在当今的全球化世界中，这些特殊群体被不容分辩地安置到同一个劳动场所之中，而且被期望运转良好。

在摩托罗拉公司的马来西亚半导体工厂中，当一位美国经理环视午餐桌时会有何想法？他的管理团队包括一位苏格兰工程师、一位来自马来西亚柔佛州的白皮肤印度人（其父亲曾经在殖民地工作），以及一些中国人、马来人和印度裔马来西亚人。在他们彼此打交道和解决日常问题时，可能发现什么共同点呢？他们被要求在热带气候中运营一家拥有5 000名员工的高科技工厂，他们还需要与位于美国中西部的母公司进行沟通。他们成功了，甚至胜过了其他人，这实在是对人类适应能力的一种奖励。但是，并非所有的情况都如此幸运。

在阿肯色州的福里斯特城，三洋公司（Sanyo）的一家电视机和微波炉工厂 1985 年发生了一次痛苦的罢工（在格利克曼和伍德沃德的《新竞争者：外国投资者正在怎样改变着美国经济》中提到过）。双方争论的焦点问题之一是对工作的态度。三洋公司的一位日本经理这样说："他们来到这里仅仅是为了工作 8 小时和获得 8 小时的工资。只要他们能够获得工资，他们就不关心我们的生产发生了什么事情。"如同坎特的调查中证明的，日本管理者对工人的工作习惯的关注是可以预测的，同样可以预测还有工人对工作之外的生活感兴趣。由于缺乏对文化差异的洞察，该公司将绝大多数生产转移到了墨西哥的工厂。

在美国的另一个地方，住友公司（Sumitomo，一家庞大的日本贸易公司）的一个部门与它的员工产生了纠纷。该公司试图把传统的日本智慧应用在美国子公司的女性雇员身上。在日本，职业女性占据了劳动力的很大一部分，但几乎都被分配在低级别的办公室职位，而且很少考虑晋升。日本文化假定（年轻的）职业女性仅仅是在打发时间，等到她们结婚时会生孩子并离开劳动力市场以照顾自己的家庭。住友公司对它的美国员工也作出了同样假定，从而遭遇了指控该公司存在性别歧视的一件大诉讼案。该诉讼案最终于 1987 年达成了有利于原告的解决方案。

这绝不是在挑剔日本公司，将它们作为海外管理不当的典范。相反，全世界无数的例子表明了进口的日本管理技巧的优点和价值，例如质量环和雇员参与。不过，语言和文化存在的实质性差异，使得日本管理者的任务不同寻常的艰难。它还对向日本管理者报告的工人们提出了令人畏缩的挑战。彼得·格鲁伯（Peter Gruber）曾担任索尼公司在美国的哥伦比亚电影公司的 CEO，他对自己的一位美国同事（迈克尔·舒尔霍夫（Michael Schulhof））作出评论，“我交给他三件事情：平衡——他不容易被激怒。才华——他拥有非常高的才华。而第三件就是——日语。我并不是说他机械地讲日语，在公司服务 18 年之后，他理解了那些没有说出来的事情的重要性”。

然而德国人（如同坎特提及的）往往把讲数种语言作为理所当然的事情，也同样在适应自己文化之外的其他文化上遇到了相当多的困难。在德国，管理者们在关闭的、由人数众多的秘书把守的办公室里工作。执行这种“宫廷警卫”职能的秘书的数量与管理者的资历直接相关。对于真正资深的经理，秘书队伍中必定包括一位男性行政助理，这是真正重要的标志。另外，德国人是非常正式的，即使是与长期同事之间；他们通过正式的头衔来称呼彼此，即使他们已经并肩工作了许多年。保罗·奥弗比（Paul Overby）是一位为德国超级巨舰 AEG 公司的子公司工作的美国经理，他说这种正式礼节在部分程度上是语言所强加的。德语要求精确，其意义已经从语言中溢出，渗入文化中。

当然，除语言之外，还有其他关于推测事情将如何发挥作用的假设。另一位美国经理赫伯特·戈勒（Herbert Goller）在一家德国公司工作。一年之内，他将自己小组的销售额提高了 45%。经过这一年后，他偶然遇见了自己的德国老板并向他们询问自己的表现如何。他得到的答复是，“我们对你的工作没有任何的抱怨”，刚开始时他感到十分震惊。后来他才想起这个事实，“一位美国老板通过不表扬来进行批评，而一位德国老板通过不批评来进行表扬”。这虽然看起来微不足道，但是，关于什么构成了正确的工作场所行为的假定所表现出的这些细小差异，才是经常导致不信任和愤恨的根本元素。

德国人对细节和精确的强烈倾向已经使德国的海外工厂出现了一些问题。贝塔斯曼（Bertelsmann）是一家德国公司，它拥有150年历史，现在是美国和全球规模最大的出版商。1977年，它收购了Bentam出版公司，并进入美国图书市场。9年之后，它通过从古老的道布尔戴公司的创始人后裔手中收购该公司从而获得进入文学会（Literary Guild，当时美国规模最大的图书俱乐部）的途径，贝塔斯曼公司扩展了自己在美国的业务。

如同理查德·巴尼特和约翰·卡瓦纳（Richard Barnet and John Cavanagh）的《全球梦想》（*Global Dreams*）所描述的，通过在德国发起第一个大型图书俱乐部，贝塔斯曼公司从第二次世界大战的废墟上站立起来。这个俱乐部挨家挨户地向贫穷而又渴望阅读的德国人销售二手图书。这个图书俱乐部做得如此成功以至于到1954年，距第二次世界大战结束还不到10年，它在德国就拥有100多万会员。通过收购道布尔戴公司和它附属的图书俱乐部，贝塔斯曼公司的最高管理层相信他们能够将图书俱乐部的经验出口到世界上最大的图书市场。

最初，美国业务的最高管理权交到了一个美国人手中，即阿尔伯托·维泰尔（Alberto Vitale），他是作为1977年收购Bentam出版公司的一部分进入贝塔斯曼公司的。作为一名经验丰富的图书经理，他在3年之内使道布尔戴公司的业务取得了实质提高。不过，他的德国老板却并不高兴，因为他没有将足够的精力集中于德国人在图书俱乐部领域所看到的机会。遭受挫折之后，阿尔伯托·维泰尔辞去了这份工作并在一家竞争对手公司中获得了一个类似的工作。然后，道布尔戴公司最高管理层的许多经理相继辞职。另外，伯纳德·冯·明克维茨（Bernard von Minckwitz），贝塔斯曼公司全球图书出版部门的主管，开始每个月花费一周的时间现场视察美国业务。道布尔戴公司的主席，斯蒂芬·鲁宾（Stephen Rubin），向明克维茨报告说他被束缚住了（即有太多的德国“专家”侵扰该公司的日常事务），要请德国的最高管理层来看看束缚鲁宾的问题是什么。对于明克维茨来说，大量德国专门技术不是解决办法。当然，贝塔斯曼公司的故事有了一个愉快的结局。经过多年努力之后，德国人最终或多或少地获得了如何在美国市场应对的正确公式。通过收购蓝登书屋（Random House），贝塔斯曼公司在20世纪90年代末继续扩展了它的美国业务。

与美国在全球的对外投资规模相比，德国、法国、英国和日本的对外投资规模还是很小的。因此，对不在美国居住的数百万人来说，海外美国人的形象和风格代表了资产的外国所有权的不受欢迎的面孔。有关这个主题已经出现了许多论述：其中的两个经典是尤金·伯迪克和威廉·莱德勒（Eugene Burdick and William Lederer）的《丑陋的美国人》（*Ugly American*，1958年第一版）以及琼·雅克·瑟范-施赖伯（Jean Jacques Servan-Schreiber）的《美国的挑战》（*American Challenge*，1968年出版）。因此，我们这里不再详细讨论。可以说，许多年前在这些书籍中出现的一些主题（例如，傲慢自大、自满以及炫耀财富）到今天仍然是正确的。

随着美国人在全球范围内扩张他们的财富，两种更新型的美国文化模式继续导致问题。其中第一种是非正式性的。它被视为美国人的一个缺点，最初你可能会觉得非常奇怪。当衡量全世界的价值观时，非正式性的确是一种优点。如果世界上的其他国家并不比美国惯例更加正式，那么非正式将是一个优点。例如，欧洲人和日本人在称呼彼此时都是非常正式的。在世界上的其他国家，在偶然相识的人之间，身体接触是不受欢迎的，即使它不被视为直接的粗鲁。在这种现有的文化环境之中，活泼而随意的美国人，为了把生意做成，他们走来走去，拍对方的后背，友善地大笑，并且直呼其名。对在更加保守、规矩的社会中长大的那些人来说，这就是无礼。当然，美国人现在已经在海外存在了如此长的时间，以至于绝大多数人已经逐渐接受美国人的方式。但是这并不意味着他们被美国方式冒犯的程度就减轻了。

当美国人的非正式特点再加上美国人对年轻的强调时，文化影响甚至变得更加极端。在欧洲的绝大多数国家（英国是唯一一个例外），专业人员和管理人员成为劳动者的时间相对较晚（在他们 27～30 岁时）。他们在经过数年的学习以获得职业资格或者更高学位之后才进入公司工作。在世界上的绝大多数国家，进入公司之后职位晋升是相对缓慢的：员工们被期望在攀登资历阶梯之前交纳他们的学费。当他们遇到获得快速晋升的人，年轻的（24～27 岁）美国工商管理硕士，其中许多人还被委以重任，他们通常会感到震惊。但在特定的环境之中，他们感到不能自由地表达他们的沮丧。

世界上许多国家还长期存在这样一种感觉，即美国的生活更加轻松（因为可以用于居住的空间大，便利的零售终端广泛分布）。这种感觉，再加上非正式和对年轻的强调，使得海外生活的美国人在打交道上面对着持续不断的挑战。通过电影、电视以及诸如此类的内容而深入人心的美国重商主义文化，经常会在这些跨文化的伤口上撒盐。

文化方式和传统方面存在的差异不会立即消失。而且在工作场所中，人们必须适应这些差异。在这个全球化程度不断提高的世界里运营的公司，将不得不学会适应各种完全不同的世界观、工作方式和行为模式。这个世界太分化，因而无法提供关于来自独特文化的人如何能够学会共同工作的简单答案。

工作场所中的文化

全球化如何影响了工作场所中的文化？有许多方式，而且绝大多数方式并不是有利的。首先是信任问题。在世界上的不同社会中，获得信任的方式并不一样。在某些国家，例如美国，信任是一个关于即时表现的函数："你最近为我做了些什么？"在美国本土之外的工厂或部门为美国老板工作的外国管理者可能会被对他（或者她，但是通常来说是他）的短期绩效要求所震惊。对美国经理短期取向的抱怨很是普遍。他们认为这种短期取向破坏了当地的管理者在自己的国内市场建设长期绩效的能力。不过，绝大多数雇员并不会正面遇到这一问题。他们重视自己所在的工作岗位。他们做那些要求他们做的事情，不管他们感到这是多么离谱。但是愤恨将会在员工之间制造一种障碍，如果没有这些障碍，这些员工可能已经更好地了解彼此了。

在世界上的其他国家，尤其是日本和德国，信任是通过长时间才能够获得的。（有时候它是关于家庭关系或者长期了解的一个函数。）为一位德国或者日本经理工作的有着短期取向的美国管理者可能会感到孤独。从自己干得非常漂亮的一件工作中他得不到即时奖赏，获得的只是面无表情的沉默。美国人倾向于将这种缄默理解为不赞成，即使这不是有意而为之，这经常会产生一种痛苦的反应。如果你在一家外国工厂或者办公室的某个角落停留一下，可能会发现美国雇员正在嘀咕"这些讨厌的日本人（或者德国人）"。这些事情很少当面说，但是隐含着轻视的面部表情经常会被上司发现，从而进一步助长了一种互不信任感的产生。信任主要是关于对期望的设置和满足。当文化上的误解导致信任破裂时，个体绩效和集体绩效都会受到影响。

在工作中进行跨国合作的第二个主要的文化障碍是语言。在跨文化公司中，普遍能够观察到这样一种现象：走廊上或者会议室中的两名外国员工正在用他们的母语沟通。他们这样做是因为渴望获得这种熟悉的互动提供的社会联系。他们经常无法认识到他们的这种联系对其他员工产生的排斥程度。如果不对此予以制止，它将导致对外籍员工的怨恨，而外籍员工也更加孤立。

当来自不同国家的员工组成工作团队一起解决工作问题时，会出现更加严重的语言障碍。跨国团队的典型职能将会是滑稽可笑的，如果后果不是那么可怕。首要的问题涉及口头言语，但是非言语信号的问题则可能会更加显著。团队中的日本人以一种友善但并非表示认同的方式微笑。他的姿态被永远乐观的美国人认为是默许，也被永远悲观的德国人认为是不同意。意大利工程师会同意把最后约定期限作为一次跨国电话会议的一部分，但没有答应会遵守它，他之所以同意仅仅是为了使人愉快。混淆大量存在，大家彼此指责，员工们带着挫折和对外国同事的藐视而离开。这种情况发生得太多了。随着时间的推移，如果人们努力尝试，他们将学会共同工作和克服沟通上的问题。但是同时形成的刻板印象将会对该公司现存的文化产生一种持久的消极影响。

有效的跨文化沟通的第三个主要障碍是仪式行为。例如，欧洲人的习惯是在会议桌上弹响指关节来表明对一次陈述的同意。当美国经理第一次遇到这种情况时，他们完全被搞糊涂了，而且怀疑发生了什么错误。很明显，在特定环境中，不需要太长的时间人们就可以理解这样的行为是什么意思。直接的危机过去了。但是作为一名局外人的感觉仍然存在，而且会成为建设更强有力的文化联系的一个障碍。

更加严重的是与会议有关的仪式的意思。在世界上的不同国家，会议以不同的方式进行，而且通常来说具有不同的目的。在北美举行的一次业务回顾会议通常意味着发现、讨论和解决问题。在欧洲大陆举行的一次类似会议更可能仅仅是展示和讲述。正式的讨论和决定是在一个更私人的地方进行。因为环境和所要求的内容是如此不同，以至于错误的沟通大量存在，而且挫折和怨恨也会产生。当然，绝大多数这种跨文化误解会随着时间的推移而不断减少，只要在这段时间里不会出现永久性的伤害。更为常见的情况是：企业文化的基本结构会随之破碎。

学会在一个全球化的世界里生活

对于可口可乐公司、吉列公司、朗讯科技公司（美国电话电报公司以前的制造部门）、波音公司，以及像通用电气和 ABB 这类公司的动力系统业务来说，它们的市场 40%以上在亚洲。因此，这些公司多年来一直致力于将它们的资源转移到世界上的其他国家，在那里，它们的产品拥有市场。例如，ABB 公司在 20 世纪 90 年代收缩了它的欧洲总部，减少了 40 000 名员工，而同时在亚洲增加了45 000名员工。其他公司，像吉列公司和可口可乐公司，致力于成为一家全球企业的时间是如此之长，以至于突然的人力转移根本不是一个问题。想要学会在一个全球化的世界里舒适生活的那些人，可以从这些先驱者身上学到许多东西。（他们还可以学到一些有关真正的全球业务的下降趋势的知识：由于经济问题破坏了公司在亚洲市场上占据的位置，作为应对，吉列公司最近宣布进行一次大规模的裁员。）

我们以吉列公司为例。它每年的销售额近 100 亿美元，每年的净收入接近 15 亿美元，而且总市值超过 550 亿美元，是世界上最主要的消费品公司之一。该公司自 1901 年在波士顿市中心的一个鱼市上成立之后，已经成为一支全球力量。在它的44 000名雇员中，有 3/4 在美国之外的地方工作。它的产品在世界上 200 多个国家和地区销售。它在全球

26 个国家运营 63 家制造厂。步入全球化对吉列公司来说并不是一件新鲜事。早在 1905 年，它就在伦敦开办了第一个海外销售办公室；1906 年在加拿大开办了一家刀片制造厂；在德国开办了一家欧洲分销中心（该中心的销售范围扩展到了俄国）；在墨西哥开办了一家销售公司。这家新兴公司拥有这样的一个开端，它很早就学会了如何在一种全球化的环境里运营，但是，该公司将它从中学到的东西转变成真正有特色的一套管理行为却花费了许多年。

如同戈登·麦奇本（Gordon McKibben）在《刀锋边缘》（*Cutting Edge*）中报告的，吉列公司花费了大约 25 年的时间来建设一支能够依照规定去国外填充新出现的工作岗位的员工队伍。该公司于 1967 年启动了第一个正式的外派服务计划；到 20 世纪 90 年代中期，至少 400 名经理参与了这个计划。不过，早在这个计划发起之前，吉列公司已经很重视它的关键管理者的海外工作经验。该公司目前的总裁迈克尔·霍利（Michael Hawley），在迈向公司最高管理者的道路上曾经在中国、加拿大、英国、哥伦比亚和澳大利亚工作。另外，公司充满了拥有广泛的全球工作经验的管理人员。例如，在 20 世纪 90 年代中期，一位英国公民代替了一位墨西哥人，成为该公司在土耳其的业务主管；一位在瑞典出生的英国公民掌管着俄罗斯的业务，其管理团队由英国、阿根廷和美国经理（以及本土的俄罗斯经理）组成；非洲、中东和东欧的所有业务向一位住在伦敦的西班牙人报告。

吉列公司全球招聘和晋升政策的演变也不是一夜之间发生的。麦奇本详细描述了托尼·利维（Tony Levy）的职业生涯和影响力，他是使吉列公司的思维方式变得如此全球化的众多经理之一。托尼·利维出生于埃及的一个犹太家庭，很小就随着他的家庭移民到巴西，在这里他几乎是通过偶然的机会进入了吉列公司，成为吉列公司巴西业务的销售经理。利维后来晋升到英格兰、加拿大和波士顿总部的更高职位。1973

年，他被派回巴西，成为吉列公司巴西业务的总经理。7 年之内，利维使巴西的业务转变至几乎完全由当地人管理。当他 1987 年成为吉列公司国际业务部门的主管时，他将自己的拉丁美洲业务部门从一个引进人才的“进口者”转变成一个向吉列其他部门输出管理人才的“出口者”。在巴西获得培训的管理者在印度、俄罗斯、土耳其、中国或者公司需要他们的任何地方的业务部门，扮演了非常重要的角色。吉列公司并不要求它的雇员在他们母国之外的其他国家转移：所有的转移都是自愿的。不过，直接参与这一冒险，即建设公司在全球任何角落的存在基地，已成为吉列公司文化的一部分。

在公司的基本结构中嵌入一种国际文化，是渴望在现代全球经济中取得成功的所有公司面临的挑战。C. K. 普拉哈拉德和肯尼思・利伯索尔（Kenneth Lieberthal）这样写道：

> 今天的跨国企业中有多少准备让它们的 200 名最高管理者中 30%～40%来自中国、印度和巴西？这种文化混合将如何影响决策制定、风险承担和团队建设？多元化将为最高级别的管理者带来一个沉重的负担：清楚、明白地说明高级管理者期望的价值和行为，这需要对培训和社会化进行大量投资。随着来自不同文化的人开始在一起工作，对单一企业文化的需要也将变得更加关键。提供正确的黏合剂从而将公司凝聚到一起将是一个很大的挑战。

这是对公司的基本理念和企业文化建设的一个挑战。像吉列这样的公司，拥有多年在世界市场上的经验，已经学会了如何使国际文化成为公司正常生活的一部分。而对于其他绝大多数公司来说，这个过程才刚刚开始。

第8章

劫后余生的企业文化

自 20 世纪 80 年代起，商业领域已经历了不同寻常的混乱。核心的假定被改写；员工和雇主之间长期存在的隐含合同被废除；高级管理层和普通员工之间的巨大差距形成；甚至雇员群体之间的友好关系也出现了紧张的迹象。公司兼并已改变了公司的景象：拥有不同身份和风格的公司被捆绑在一起；科技彻底改变了工作场所；电脑和通信革命改变了行为模式和传统的工作关系；从事海外贸易已经改变了我们做生意时的狭隘的本土方式。所有这些变化以这样或那样的方式破坏了关于文化模式如何形成和繁荣的传统观点，而代之以否定、恐惧、冷嘲热讽、利己主义、不信任、困惑以及不断增长的暗地里的亚文化。

尽管如此，文化还是存在于每一个工作场所。它们得以保留是因为作为社会动物的我们，渴望获得某种类型的存在支持（existential anchor）。我们需要文化来为我们的工作生活带来意义。我们需要它们来证明花费在工作上的时间的正确性，或至少使这些时间合理化。虽然许多公司的文化核心已经被环境的根本性变化或者管理行为所腐蚀，但是幸存下来的那些文化将继续造福于公司和个人的福祉。在它们最出色的状态下，企业文化能够为公司和个人的利益提供一种积极的力量。它们需要获得培养和塑造。当然，事情永远不会成为在不那么混乱的时期所表现的那样。但是，文化凝聚力如何能够再次被拯救和加强，以提高员工的生活质量？我们如何能够复兴那些要求高标准的产品、服务和顾客满意度的价值观？我们如何能够塑造使人精力充沛的、能够产生长期卓越绩效的工作环境？

悬崖边上的企业文化

前面几章已经详细描述了管理思维和商业环境方面几种革命性的变化。这些趋势中的每一个都助长了许多公司文化出现的明显的裂缝。这里我们并不是去看那些积极的、有凝聚力的公司对雇员忠诚和认同的鼓励，而是来看看它对于公司竞争和取得繁荣的能力造成威胁的消极影响。

否定的文化

公司为众多利益共同体服务的均衡形象已经转变成公司对股东的唯一重视。这种转变破坏了一种隐含的、长期存在的、对雇主和雇员之间的相互利益的信仰。这种广泛认同的信仰承载了这个承诺：如果员工们尽最大努力工作，公司应该提供积极的工作环境、足够的报酬和一份稳定的职业。

这个信仰为什么对保持一种积极的工作文化具有基础性的作用？答案看起来非常简单：人们需要信仰。信仰提供信念，以及使员工继续工作的象征性团结。信仰，其中许多内容是无法用语言来表达的，它向雇员个体提供了一个在有意义的工作环境中定位自己的机会。信仰体系的破坏将会引发一场信心危机，使得维持员工的忠诚、认同和最大努力变得非常困难，即使不是不可能。

当一种基本信仰突然之间受到损害时，将会发生什么？首先会出现怀疑："他们不会真的想这样。"然后员工会变得愤怒："他们怎么能这样对我？"而 20 世纪 90 年代，员工的愤怒在咆哮，引发了工会的战争、罢工以及怠工。愤怒衰退之后，员工们就会感到失望。一个接一个的调查记录了许多公司员工出现的高度沮丧和失望。在大规模的精简期间，自杀率在提高，空前的家庭暴力和离婚现象也会出现。虽然并非所有这些都可以归结于雇主-雇员关系的信仰的腐蚀，但是，它产生了一种决定性的影响。失望之后出现的是勉强接受新条件。在许多公司，向一套新信仰的转变进行得相对平稳和顺利一些，而且公司的经营也与平常一样。在另一些公司，在实现新秩序前还有很长一段路要走，混乱统治了这段时期。只有当新的现实被广泛接受时，公司才能够重新获得它们曾经拥有过的文化统一。而问题就是，将会采取什么形式来接受新的就业契约？是否会出现一个改善了的新工作环境？或者因为个体不再寄希望于任何更好的事情，从而对现状有一种怨恨的、愤世嫉俗的接受？工作场所的凝聚力和工作绩效的未来也许能回答这个关键问题。

恐惧的文化

持续不断的规模精简浪潮已经导致了普遍的恐惧：工作岗位经常会被取消。任何事情都不如担心失去自己的生计这样令人疲惫不堪。失去工作岗位类似于失去一种生活方式和它的附带意义。传统上，每个人都在工作生活和家庭生活之间划上一条界线。将这两种生活联系在一起的一根线就是能够保证获得一份薪水。人们为了生活而工作。当这种保证不够明确时，人们就会担心。当这种保证不再存在时，就会导致混乱。公司不再是雇员可以栖身之地，他们有时候会被扔到马路上，得不到任何的支持和帮助。

前面我们讨论过，并不仅仅是那些被裁的雇员遭受失去工作的恶果。幸存下来的雇员也生活在担惊受怕之中，担心他们会成为接下来的受害者。恐惧代替了从前的安全承诺，统治着工作场所。不管你工作如何刻苦，不管你在公司已经服务多长时间，不管你一直以来多么忠诚，这都没有任何区别：你是一件可以牺牲的消费品。如果公司需要在利润方面获得更多，雇员们的未来就处在危险中。股东，而不是雇员，统治着这里。

冷嘲热讽的文化

基于股票期权的报酬保证了高级管理层的利益与股东利益息息相关，这是最近非常流行的商业模式。再加上最近股票市场价值的爆炸式增长，导致最高管理层的报酬直线上升。它为最高管理层和普通雇员之间一直不断扩大的收入差距添加了燃料，破坏了管理层和劳动者之间形成共同计划或者共同目标的潜在可能性。工人，尤其是那些依靠极低的或者是降低了的个人收入维持生计的工人，并没有积极性去跟随那些贪婪的、主要关心自己口袋的管理者的领导。

这就产生了一种很糟糕的状况。领导能力对文化的稳定和发展具有至关重要的作用。小托马斯・沃森（Thomas Watson Jr.）是 IBM 在太平时期的 CEO，自愿实施了一次收入削减，因为他觉得自己的收入与公司其他人的收入相比太高了。他的继任者数次更换，郭士纳在同意继续担任 IBM 的 CEO 之前为自己谈判成了一份更加有利的延期合同。作为 IBM 的一位雇员，这两位领导人中哪一位将获得你的忠诚和认同？哪一位将促使你长时间地投入或者贡献特别的努力？我们相信，答案是非常明显的。

利己主义的文化

精简规模的另一个结果是，出现了持利己主义思想的员工。如果公司并不打算关心和支持雇员利益，那么聪明的雇员会关心他们自己的利益。作为自卫，雇员们现在把自己的个人利益放在所有可能对公司有利的事情之前。

正在形成的这种工作道德以对自己或者自己职业的忠诚代替了对公司的忠诚。今天的绝大多数工人渴望获得工作面试。如果他们能够获得面试机会，他们将在上班时间去面试。他们把自由支配的时间用来与朋友或者同事进行联络，以便拥有更多的职业选择。这些时间和精力通常影响了公司业务。但这并不被视为一种明显的或者有意的背信弃义。毕竟，通过放弃长期的工作保障，公司首先露出了它的狰狞面目。雇员们面对的新现实是首先要照顾好自己。

不信任的文化

考虑一下这种感受：公司似乎要抛弃你。你的老板关注他自己的私人议程。你过去的同事中有许多人现在为向你的公司提供外包服务的那些合同承包商工作。下一轮裁员正在迫近。在这种情况下，员工们不相信管理层甚至任何其他员工也就不足为奇了。作为商业环境中的那些巨大变化所导致的一个结果，在许多公司中不信任已经取代了积极的凝聚力。与同事分享你的最深入的思想不再是一件明智的事情，他们可能会成为你工作岗位的竞争者。过于激烈地向管理层表达你的不满不再是一个好主意，你可能被挑选出来，被视为一位麻烦制造者，而且被放进下一份冗余人员的名单中。向公司贡献关于公司应该如何前进的主意似乎也不再是一个政治上聪明的举动，如果你的主意与公司更高层步调不一致，你可能会发现自己已经失去了工作。最后的结果是：你乖乖地闭上嘴巴，仅仅做那些你必须要做的事情，而且要心安理得。

运行良好、健康的企业文化一直以来鼓励广泛、公开的辩论和直接的对话。作为一名声誉良好的企业成员，你被鼓励使用你所有的才能，包括你的大脑，以推进共同的事业。在这样做时，你感觉到安全，这种情况已经不会再有了。现在最保险的做法是闭上你的嘴巴，小心提防自己的后面，以及保持灵敏的鼻子。只需要几年的时间就可以彻底毁掉强文化公司中建立的信任水平。而重新回到先前的水平则需要花费多得多的时间。

文化混乱

20 世纪 40 年代末以来，将近 20％的美国大公司已经合并或者卷入了某种形式的并购交易。由这些合并所导致的管理哲学和管理行为的变化，已经破坏了核心文化信仰和态度。合并将文化抛向了完全混乱的境地。通常来说，合并战役的胜利者会将它们的行为方式强加给失败者，无视交易之前作出的承诺。其结果是被收购公司的文化身份的丧失。

失去你的文化身份意味着什么？想象一下自己在奇特的化装舞会上与那些以前从没见过的人在一起的情景。你穿着一件无尾的半正式晚礼服或者一件长袍，自结婚那天之后你就再没有穿过这种衣服。当你一只手摆弄着香槟酒杯，另一只手拿着餐巾纸时，你被期待参与和陌生人的对话。假设你并不经常经历这样的事情，那么也许你会感觉非常不舒服。你也许会比平时出更多汗。当你参加小型讨论时，你也许会变得结结巴巴、口齿不清，而且不确定你自己是谁。你感到迷茫和不安。你想要离去，但又认为自己有义务留下来。

作为一家最近被收购的公司的成员来说，你所产生的感觉就像这样。你参加内容和过程都非常陌生的会议。所有的线索都是错误的，你不知道何时或者是否应该发言。时间安排和费用单据应该如何处理？你是否被期望准时、准确地向他们提交正确的收据？或者费用报销是不定期的，就像以前你所习惯的那样？你参加一次非正式的、目的是帮助融合到一起的公司员工逐渐了解彼此的社交聚会。但是你不知道现在什么行为是可以接受的。人们是否可以讲大尺度的笑话？关于新雇主如何无情的流言是否正确？

这些并不是微不足道的考虑。学习与新雇主共存就像重新学习一整套新的被允许的行为规范和实践：向谁以及何时说什么；如何撰写备忘录或者发送电子邮件；何时发言以及何时潜伏不动，甚至是应该穿什么。以前你想当然的每一件事情现在都是变量。你竭力去学习什么是可接受的，这种日常折磨使你筋疲力尽。这些都是你失去了文化身份时的症状。在今天的公司世界，这种折磨人的经历是普遍性的。

“地下”亚文化的出现

如果你所在的公司已经被收购，而且遭遇了新的文化模式，那么你可能在努力适应它的同时仍然一直怀念那些熟悉的方式。如果你没有感到痛苦，那你就不属于人类。坚持以前的符号、礼节和价值观是人类的本性。但人们通常是以一种不公开的方式这样做的。怀旧或者疏离可能会发出一种警报：你对新形势不满意。你将你的感觉隐藏起来或者转入地下。当你与过去的同事们聚到一起时，你虔诚地谈论以前的时光，而且强烈地批评新形势。通过这种方式，人们培育了秘密的、使他们重新回到更令人满意、舒适和有意义的时光中的亚文化。其最终结果是，各种秘密的亚文化形成了一锅大杂烩。激进的公司，通过一系列的合并而拼凑起来，其文化核心通常是空心的：被收购的公司通常失去了它们的文化身份；发起收购的公司竭尽全力获得了新的实体，却发现自己的文化被稀释了或者被拆开了。

所有这些导致了一种棘手的局势：我们在 20 世纪 80 年代初描述的企业文化已经发生了戏剧性的变化，而且绝大多数时候是不利的变化。雇员们对自己的工作目的感到非常迷惑，感觉绝大多数人不可信任，而且受到激励去追求自我利益（如同他们的老板那样）。他们感到孤独、被动和害怕。他们感到被孤立了，但是已经醒悟过来，而且倾向于聚集到“地下”的亚文化旗下。这听起来不像是未来商业成功的一个处方。但是我们希望这是乐观主义的基础：虽然公司已经对其文化基础进行了一次空前的袭击，但有一些在这次袭击中幸存下来。在有些情况下，一些公司实际上已经取得了繁荣，在接下来的例子中我们会具体描述。

始终坚持：英国电信公司的故事

英国电信公司是向在英国的消费者提供电话和电信服务的大型供应商，成立于 100 多年前。作为一家国有的垄断公司，英国电信公司归属于提供国民服务的英国邮政总局（General Post Office Department of the British）旗下。20 世纪 80 年代初，英国电信领域的变革之风也如同世界其他国家那么强烈。英国电信公司决定实施民营化。这是托尼·布莱尔政府掌权之后进行的第一次主要的私有化。

英国电信公司的民营化运动始于 1983 年，当时它在英国的第一个竞争者墨丘利公司（Mercury）获得了营业执照。不久之后，在一次复杂的、导致了突破性变化的交易中，英国政府向公众发行了英国电信公司的股票。这是通过 3 次连续的行动来完成的：1984 年 11 月，1985 年 6 月，以及 1986 年 4 月。并不令人惊奇的是，当英国电信公司在股票市场上浮动时，它是英国市值最大的公司，同时也是英国最大的雇主。自第一次浮动之后，雇员们工作生活的质量就稳定地每况愈下。

如图 8－1 所示，英国电信公司的就业人数从 1981 年的 253 000 名雇员显著下降到 1997 年不足 120 000 名雇员。虽然就业人数方面出现 53%的下降很难被视为正常的事情，但是英国电信公司内部几乎没有人——甚至英国国内也几乎没有人——怀疑过该公司解决冗员过多问题的必要性。在民营化的预备阶段，英国电信公司充当了一个典型的公共服务的垄断者。该公司不仅冗员过多，而且提供低质量的、无吸引力的顾客服务。也就是说，英国电信公司仍然被认为是一个优秀的雇主。它提供公正的（如果不是慷慨大方的）工资，令人感兴趣的工作，终生雇佣（如果员工的表现满足了最低程度的要求），以及慷慨的养老金。许多英国人羡慕该公司员工。同时，对英国电信公司的身份转换感到失望的其他一些人要求将该公司转变成为一个世界级的竞争者。这是管理层面临的两难处境。

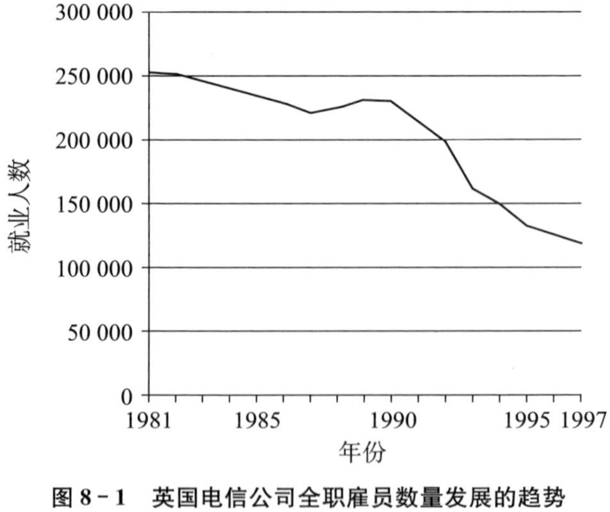

图 8－1　英国电信公司全职雇员数量发展的趋势

资料来源：Communications Workers Union，“British Telecom：Staffing Problems and Processes” (August 12，1997).

伊恩·瓦兰斯（Iain Vallance，现在是伊恩·瓦兰斯爵士）自 1986 年起就一直担任英国电信公司的舵手。作为一位邮政工人的儿子和英国电信公司的终身雇员，瓦兰斯负责了世界上规模最大的公司转变之一。为了生存和成功，他需要利用他在该公司的长期经历和他对于未来的愿景。

当英国电信公司进行角色转变时，瓦兰斯制定了一套价值观：

1. 我们将顾客放在第一位。
2. 我们是专业的。
3. 我们彼此尊重。
4. 我们在工作中是一个团队。
5. 我们承诺进行持续的改进。

在英国电信公司的转变过程中，这些价值观受到质疑。但是它们一路坚持下来并且经过了时间的考验。瓦兰斯现在将这些价值观的制定描述为他作为 CEO 的岁月里采取的最令人满意的行动。

公司在 1986 年发起了一个全面质量管理（TQM）计划，这些核心价值观被发展为其中的重要组成部分。在那些最初的日子里，英国电信公司就像许多西方公司一样，对日本公司在全球范围内获得的巨大收益留下了深刻的印象。通过全面质量管理程序，英国电信公司的管理层希望唤醒该公司，在生产率和质量方面产生显著的收益。整个由该公司的资深经理科林·威廉斯（Colin Williams）领导，并由精力极其充沛的、更年轻的经理约翰·贾维斯（John Jarvis）（现在负责英国电信公司的远东业务）驱策前进，全面质量管理成功地使英国电信公司取得了脱胎换骨的变化。但是它仍然不足以使该公司成为一个世界级的竞争者。其他一些行动是必需的，而且随后也被实施了。

1991 年，英国电信公司发起了“项目主权”（Project Sovereign）行动——用于降低高成本的一项主要措施。由麦克·格拉彼纳（Mike

Grabiner)（现在是英国电信公司的直接竞争对手 Energis 公司的 CEO）领导，该项目的设计目的是将英国电信公司从一家严格的职能组织转变成一系列“面向顾客”的部门。实际上，该项目是公司总部大规模裁员的一个幌子。它成功地从员工队伍中削减了 40 000 多名雇员。1992 年 7 月 31 日，19 480 名雇员在获得慷慨的新职介绍条款之后离开了公司。但是管理层认为这仍不足以满足公司的“瘦身”要求，更多的削减是必需的。

1993 年初，在“项目突围”（Project Breakout）的名义下，发起了一项结构重组计划。在接下来的 3 年多时间里，这次大规模、复杂的努力成功地减少了另外 70 000 名左右的公司员工。在所有这些被削减的公司员工中，将近 30 000 个工作岗位属于接线员的范畴（占所有这种工作岗位的 88%），另外 55 000 个工作岗位属于工程范畴（占公司内所有这种工作岗位的一半）。在这些改变中，许多是因为采用了新的数字技术而得以实现。例如，实际上该公司所有的旧模拟开关（analogue switch）在 20 世纪 80 年代末期和 90 年代初期被升级成数字开关。户外工程师装备了手提电脑，指导他们从一个业务电话转到另外一个，从而节省了他们返回地区分部办公室所耗费的时间。接线员服务被自动化设备完全替代，以至于英国电信公司能够在英国的电话销售行业中形成一种举足轻重的地位。

当英国电信公司对员工队伍进行大刀阔斧的规模精简时，管理人员和办公室职员的日子在某种程度上要好一些。仅有 5 000 名管理人员和 7 000 名办公室职员失去了他们的工作岗位（这里低估了失去工作岗位的人的真实数量，因为在营销和销售领域增加了一些岗位，而操作部门的其他一些人被裁员了）。在精简规模期间，大约有7 000个工作岗位被外包了。临时工和合同工，其中许多是临时填补空缺的接线员，从 1980 年的 10 000 名左右增长到 1997 年的21 500名左右。合同外包和重新界定很明显是英国电信公司结构重组努力的组成部分。

最重要的是，所有的工作岗位都是在不依靠强制性遣散的情况下被裁掉的。英国电信公司把对个人的尊重放在公司核心价值观和信仰的名单上。CEO 瓦兰斯对此非常坚决：这些价值观应该被遵守。因此，在“看不见血”的大屠杀中，员工还要承受被要求自愿走人的巨大压力。这导致了担心和怀疑在公司内蔓延。另外，遣散条款强烈地鼓励 50 岁以上的员工提前退休。在这一过程中，属于这一群体的公司雇员遭受了最剧烈的裁员打击。

在情况乱作一团时，英国电信公司采取了一些步骤将自己定位为一个国际竞争者。1993 年，该公司发起了“和谐行动”（Concert），这是一次与其他几个合作伙伴共同发起的联合冒险行动。该行动聚焦于向全球范围内的大型跨国公司提供通信服务。1994 年 9 月，英国电信公司宣布它购买了 MCI 20%的流通股。MCI 是在有利可图的北美市场上的第二大长途电话运营商。1996 年 11 月，英国电信公司宣布了与 MCI 合并的计划。随后，当世通公司以一个高得多的出价对 MCI 进行投标时，该计划土崩瓦解了。同时，英国电信公司发起了一系列联合行动，主要是在欧洲大陆。这使得该公司能够参与由欧盟布鲁塞尔总部预定于 1998 年 1 月 1 日开始的欧盟电信市场自由化方案。1998 年年中，英国电信公司宣布了它的一个计划，将它的国际业务与主要竞争对手美国电话电报公司的国际业务合并，组成一个新的联合公司。全球化已经到达了英国电信公司——虽然到 1997 年末为止只有不到 5 000 名雇员在该公司的国际业务部门工作。

概括地说，英国电信公司虽然只是在一个高度竞争的行业领域中运营的单一型公司，但它经历了 20 世纪 80 年代和 90 年代所有主要的、典型的经营危机和文化危机。

1. 价值观的再定位。因为民营化，英国电信公司被迫在它服务的利益共同体名单上增加股东。比绝大多数公司做得要好的是，该公司同时抵制了一种淹没其他利益共同体的利益——顾客和雇员的利益的强烈欲望。

2. 精简规模。在连续的两次浪潮中，英国电信公司减少了50%以上的员工。在全球范围内，几乎没有成本削减者能够获得如此水平的功效。

3. 合同外包。虽然外包是该公司精简规模战略中一个不那么占支配地位的组成要素，但英国电信公司仍外包了大量员工。这些员工绝大多数仍然在为该公司提供服务，却隶属于一家不同的公司。

4. 兼并。虽然该公司仍然没能实现一个大规模的交易，但它已经成为全球兼并游戏中的一个重量级选手。该公司的雇员毫无疑问已经被关于公司兼并的讨论和近在眼前的交易所影响。

5. 科技。采用先进的电脑科技是英国电信公司实现规模精简的一个关键因素。在该公司，几乎没有人不被这次技术革命所影响。

6. 全球化。虽然还不是全球电信舞台上的一个主要选手，但英国电信公司仍然在坚决地朝着这个方面前进。在该公司，越来越多的雇员也因此而积累了在不同国家登台亮相的经验。作为像英国电信公司这样一家前公共服务的垄断者，进入全球市场对公司员工所产生的影响不应该被低估。

英国电信公司的文化幸存下来了。这种文化不再是最主要投入到服务中去以及提供从摇篮到坟墓的家长式呵护。但是，该公司继续向当前的雇员要求一种高水平的忠诚。令人惊奇的是，该公司甚至获得了过去雇员的理解和支持。绝大多数前雇员从公司获得了慷慨的解雇费，这保证了他们的良好感情。另外，自1993年英国电信市场完全解禁，有200位竞争者登陆该市场，而英国电信公司绝大多数的前雇员都从这200家名单中排名靠前的企业获得了非常有吸引力的工作岗位。英国电信公司的成功经验证明，完全有必要对需要学习的管理课程进行更密切的考察。

虽然出现了这次从 20 世纪 80 年代初以来的混乱，但英国电信公司已经从伊恩·瓦兰斯的一手掌管下获益。因为 CEO 与公司之间存在长期联系，雇员们愿意向他提供这种好处，即放弃在评估公司的各种变革计划时出现的疑惑。虽然他们很少表达这种疑惑，但绝大多数雇员认为，瓦兰斯应该永远不会采取任何与公司的最大利益相反的行动。即使当他被视为主要的裁员行动背后的力量时，那些受到直接影响的雇员仍然愿意承认有些事情不得不做，这样公司才能够在世界市场上保持竞争力。在这条道路上，许多高级管理人员以及普通工人确实不赞同（有时候还非常强烈）CEO 正在做的事情。但是，他们愿意一起去看看事情最终将是什么结果。1998 年初，瓦兰斯宣布他将出任公司的专职总裁，而将公司的日常管理交给彼得·邦菲尔德（Peter Bonfield）。邦菲尔德曾经担任过英国化学巨人 ICL 公司的行政主管，在该公司的一次限额行动之后被英国电信公司聘为高级管理人员。直到现在仍然可以看到他接管了英国电信公司的最高管理权之后，今天的雇员们对他有多么不满意。

被许多人提名为英国电信公司文化的持续凝聚力的第二个原因，是对于瓦兰斯在 20 世纪 80 年代中期制定的价值宣言的广泛支持。在该公司进行结构重组的整个过程中，这一价值宣言充当了管理行为的一种指导原则。这些价值观强调将顾客放在首位。当面向顾客的部门改变成“项目主宰”时，该过程对数以千计的英国电信公司工人来说是破坏性的。尽管如此，绝大多数员工懂得这些步骤是必要的，只要英国电信公司坚持自己的价值观。英国电信公司的价值观也强调对雇员个体的尊重。因此，当裁员成为必要时（而且绝大多数雇员相信这是必要的），在获得慷慨的解雇费的条件下，雇员们自愿配合了这些裁员行动。英国电信公司的价值观还强调专业主义和对持续改进的承诺。正因为这样，20 世纪 90 年代初公司的这种“持续翻腾”也就不足为奇了。英国电信公司以工程为导向的文化也使雇员们多了一个他们不得不克服的问题。在这段混乱时期，该公司的价值宣言很好地为公司提供了服务。但只有在高级管理层真诚、严格地坚持它时才起作用——不仅在言辞上，也在行动上。

英国电信公司今天的文化与这段混乱时期刚开始时的文化是否一样？当然不一样。与以前相比，今天的英国电信公司更多的是一家以结果为导向的、强调绩效文化的公司。从雇员的立场来看，今天需要担心的事比以前更多了，但是这种担心不是关于被不公正地对待。更准确地说，雇员们担心自己不符合获得成功所要求的严厉的新绩效标准。作为这个事实以及关于大规模遣散的长期记忆所导致的一个结果，英国电信公司今天的雇员更加自我依赖。他们对招聘广告倾注更多注意力；他们接听来自为其他公司招聘的猎头公司的电话；他们切实地利用工作期间所能够获得的每一个培训计划，以提高市场需求的技能。除了这些，他们仍然努力工作——通常是因为他们想要这样做；当然在一定程度上也因为如果不努力工作，他们的工作就会有危险。另外，他们对公司非常忠诚，但并没有承诺他们不会欣然接受其他地方的一个好工作机会。新的英国电信公司文化是更加自我中心的和更加怀疑取向的，但是它仍然拥有凝聚力和乐观精神。当雇员们需要凝聚到一起时，他们就会这样做。幸存下来的雇员感到骄傲：他们为之工作的公司是英国最好的公司之一。我们不知道还有多少美国大公司仍然能向它们的雇员们要求同样的忠诚。

从英国电信公司坎坷但是成功的文化转型中可以学到的最重要课程是连贯性。虽然最高管理者之下的高级管理层发生了很多变化，但是英国电信公司在此混乱期间坚持使 CEO 伊恩·瓦兰斯的位置不动摇。他是一位可以信任的内部人士，而不是一个从公司外部招聘的枪手。该公司通过各种明显的方式，坚持了一套连贯的价值观，即使当实施变革的过程中忽视这些价值观可能使公司更加轻松时，它也一如既往。即使当以牺牲雇员为代价来实现这个变化是非常必要时，该公司也仍然向雇员个体提供一种有意义的尊重。因此，完成了结构重组过程之后的英国电信公司运行良好——文化完整，而且向它的雇员们（不仅是当前的雇员，也包括以前的雇员）要求忠诚和尊重。英国电信公司是一个活生生的证据：在混乱的环境中塑造一种可行的文化，要求目光能够双重聚焦——一只眼睛盯着那些必要的改变，另一只眼睛盯着保持传统和创造文化凝聚力。

从深渊中回来：　大陆航空公司

很难想象哪一家公司还能比 1994 年的大陆航空公司更差。在全美最差的十家美国航空公司中，在准点绩效方面它毫无疑问是最差的；它拥有错误运送行李的最差纪录；它受到的顾客抱怨比该行业的平均水平高出近 3 倍，甚至比排在倒数第二位的那家公司高出 30%以上。它在绩效方面的唯一成功来自超额订票（overbooking）：它排在前三位。大陆航空公司在遭受似乎永远不会终止的成本削减浪潮。它已经两度根据《破产法》第 11 章申请保护，股票价值已经跌到最低点。它已经经历了一系列的领袖和管理层更换，公司毫无士气可言，员工们对来公司上班感到不高兴，他们粗暴地对待顾客和同事。绝大多数员工对该公司的表现感到耻辱。工伤率简直就是一个天文数字，离职率和病假时间也是同样状况。各种员工群体竞相争夺稀缺的资源，保护好自己比解决问题更加重要。1994 年，大陆航空公司处于崩溃的边缘，其文化也是如此。

贝休恩是大陆航空公司的新任 CEO。从 1995 年初开始，该航空公司在准点绩效方面每个月都位于前五名，在行李丢失方面始终位于最好的前三甲。当超额订票出现时，大陆航空公司是行业中在照顾受影响的乘客方面做得最好的企业。公司的工资水平平均增长了 25%，病假下降了 20%以上，离职率下降了 45%，员工索赔要求下降了 51%，工伤数量下降了一半。从 1995 年开始，大陆航空公司拥有 11 次创纪录的季度利润，股票价格从每股 3.25 美元上升到 1998 年末的 60 美元。该公司获得了众多的顾客满意奖，《空运》（*Air Transport*）杂志将大陆航空公司选为 1996 年年度最佳航空公司。

这种不可思议的转变究竟是如何实现的？CEO 贝休恩将之归功于该公司对员工和文化的聚焦："我们不只是改变了大陆航空公司所患的疾病的症状。我们改变了大陆航空公司。我们彻头彻尾地改变了它的企业文化。实际上，这十年来我们比任何其他公司改变得都要多。"

在大陆航空公司作出这些基本的改变时，贝休恩和他的同事们极大地依靠文化战略。他们显著成功的努力的一些亮点是：

1. 公司最高层必须想要改变。贝休恩坚定不移地作出基本的改变，并且坚持作为改变的负责人。他广泛传播了这样的信息——他处在船长的位置，而且将坚守这一位置："我在这里，我不会离开，而且我们将这样做。"如同贝休恩所描述的："如果你要获得改变，你就必须拥有一位强大的领袖——当改变以非常明显的方式开始时，你要成为一位站在最前面的、可以让大家看到的人。通过一个委员会或者办公室是完成不了这件事情的。它必须由某个人来完成。"

2. 必须要考虑反对者。任何文化变革都会产生反对者——那些对维持现状怀有一种既定兴趣的人。变革负责人需要指出阻碍该变革或者破坏该过程的代价。贝休恩把这一点说得委实明白：我们将改变。其原因是："因为我这样说了，我又是最高长官，这就是我将要走下去的道路。”

3. 需要戏剧性的事件，它发出一种信号——事情将会不同。在大陆航空公司，贝休恩敞开了他在第 20 层的办公室的大门。在这之前，CEO 的办公室是一个全副武装的堡垒。在办公室的门敞开之后，员工们被邀请参加提供餐饮的家庭招待会。贝休恩把员工们带进他的办公室，打开储藏室的门，说，“看，弗兰克·洛伦佐（Frank Lorenzo，指的是发动了大规模成本削减运动和使大陆航空公司陷入困境的前 CEO）不在这里了”。

贝休恩敞开办公室大门之后不久，他和一些员工带着一堆一堆的雇员手册前往公司的停车场。在原来的大陆航空公司，这些讨厌的规则说明书以详尽的方式规定了雇员在每一种情况下应该如何做。使每个人感到高兴的是，这些雇员手册被付之一炬。这是一个生动的姿态，它表明未来公司员工将被要求运用他们自己的判断，而不是盲目遵循这些规则。

贝休恩还命令所有的飞机都要重新喷漆。外表是一种强烈的符号。在这之前，大陆航空公司的飞机是各种喷涂方案的大杂烩，许多飞机仍然保持着大陆航空公司将之从其他航空公司收购来时的机身颜色。当执行该计划的人告诉贝休恩，不可能在短时间内重新喷涂所有的 200 架飞机时，他非常清楚地表明了自己的期望。他告诉他的员工，完成这个任务实际上是可能的，而且还给了他们一个理由：“因为我家里有一把 15 发子弹的枪，如果你们在 7 月 1 日之前完成不了这个任务，那么我会来这里打光我的弹夹。你们是优秀的员工，而且我非常爱你们。但你们必须将这些飞机重新喷漆，否则我会干掉你们当中任何一位拖拖拉拉的人。”

4. 文化变革需要一幅清晰的蓝图。你不能仅仅要求人们去改变；你必须告诉他们如何改变，而且必须以一种他们能够理解的方式。大陆航空公司的变革战略是简单的、全面的和令人难忘的。该蓝图在“前进计划”（Go Forward Plan）中简要勾勒出来。前进计划有四个部分：营销计划、金融计划、生产计划以及人员计划。

“飞向胜利”（Fly to Win）营销计划概括描述了几个简单的前提：停止做那些亏损的事情；向人们想去的地方飞行；发现顾客到底想要什么，并提供这些服务；经营一种有竞争力的业务。“投资未来”（Fund the Future）金融计划设定了一些财务优先事项：停止现金流的损失；制定新的制度以使大家了解公司的钱去了哪里；从债权人那里夺过来一些优惠；不要制定最低标准，而是制定唯一的标准。“使可靠成为一种现实”（Make Reliability a Reality）是生产计划，聚焦于打造一家拥有顶级质量的航空公司：准点到达目的地——带着乘客的行李；提供干净、安全和可靠的服务；共同工作以实现它；当目标实现时获得奖励。“共同工作”（Working Together）是人员计划，它关注尊重公司员工；竭尽全力让公司员工从事他们的工作；创造一种团队工作的感觉。用贝休恩的话来说，“一块手表的每一个零件都有价值”。新文化蓝图的这四个方面形成了一种相互影响。它们共同创造了一个通向成功的计划，而且成为制定关键决策的一种准则。所有重要的利益共同体——顾客、股东以及雇员——的利益都融入了这个前进计划当中。

5. 通过奖励使进步出现的员工来衡量进步。拥有一个计划是一件事情，将它付诸实践却是另外一件事情。为了记录计划实施得如何，你必须设置有关正确事情的标准，然后当公司员工正确地做事时对他们进行奖励。而且，当公司如此依赖于团队工作时，那么是团队，而不是个人，应该获得这些奖励。大陆航空公司告知它的员工：“把我们准时带到那里，这对你们每一个人价值 65 美元。如果不能准时到达，你们就得不到这笔钱——你们当中谁也得不到。要么就所有人都获得，要么就谁也得不到——我们是作为一个团队来获得胜利或者失败。”在准点绩效方面，在大陆航空公司位于前三名之列的每一个月里，每一位公司员工都可以获得一张 65 美元的支票。

6. 鼓励能够巩固变革的礼仪和仪式。在大陆航空公司，贝休恩在自己主持的每一次会议上，都会改变自己在董事会会议室座位的位置。他想要表达的信息是：变化无处不在。所有的会议都准时开始和结束。它表达的信息是：准点绩效是我们最重要的价值观之一。在大陆航空公司变革之初，贝休恩邀请公司最好的顾客去他家里。“我告诉他们我们以前是错误的，我们将要作出改变。而且为了证明它，我们邀请他们晚上去我家。我们向我们最好的 100 名顾客，绝大多数是经常乘飞机的人士，发出了邀请，而且我们还要求他们带上他们的配偶。他们到来时，我们准备了鸡尾酒和丰盛的食物。我们送给他们一个皮制的小票夹子作为礼物，为我们以前的糟糕表现道歉。”这项活动表达的信息是：坚持和我们在一起，你将看到一些令你欣喜的变化。

7. 通过故事来表达价值观。贝休恩看来很明白故事的重要性，并且通过塑造自己的行为以激发一些好故事来支持新的价值观。我们前面已经提过，使飞机准点到达和离开对公司的转变是至关重要的。每次贝休恩登上一架大陆航空公司的飞机时，他都会把头伸进驾驶员座舱，和驾驶员打招呼，随便聊上几分钟。一天，当他正在与机组人员交谈时，他听见一个人说：“对不起，先生，你必须坐下来。飞机将要起飞了。”飞机上的一位服务员赶紧向刚才说话的服务员耳语几句以使他知道他刚才在对谁下指示。该服务员答复说：“这很好，但是，我们将要起飞。告诉他坐下。”贝休恩坐了下来。它表达的信息是：准点绩效适用于任何人，即使是 CEO。

大陆航空公司所出现的转型是 20 世纪 90 年代的商业成功之一。它值得加倍关注，因为这次转型是通过文化——具体来说，是建设一种新文化——作为改变的最主要工具来实现的。大陆航空公司彻底改变的课程对其他商业领袖来说应该是清晰的：不管你的文化今天处于何种状态，它都可以被唤醒。但是，只有当让雇员重新回到这个框架的中心位置时，它才切实可行。

其他绝大多数公司的现实

在对 20 世纪八九十年代经营世界中的混乱作出应对时，并不是每家公司都像英国电信公司和大陆航空公司这样成功。伊士曼柯达公司为了努力应对来自主要竞争对手富士公司的强大竞争压力，进行了一波又一波的规模精简浪潮。虽然在黑白胶卷业务的转型方面获得了成功，但柯达公司已经在它致力于重获竞争力的路途中陷入了一个又一个的危机中。它曾经是世界上一家强文化公司的模范，现在其文化可能不会完整地幸存下来。

在另一端，波音公司正在享受几乎空前的销售额，似乎正在屈服于它所获得的巨额飞机订单带来的压力。管理层宣布了一次规模精简以使它能够与空中客车公司（Airbus）进行竞争；几天之后，波音公司又宣布了推迟交付订单的时间表，因为公司没有能力满足对流行的 747 和 737 飞机的生产要求。我们认识的波音公司员工为此感到迷惑和哀伤。这家伟大的公司曾经引以为傲的文化，现在正在竭力应对新现实。

柯达公司和波音公司在应对目前的商业环境时遇到的问题中，有多少属于不当的管理——而不是文化因素——所导致的结果？这很难判断。但有一点很清楚，如果它们打算重新获得自己作为备受尊重的公司的地位，那么，它们面对的这些商业问题的解决办法将涉及管理步骤和文化步骤的融合。

波音公司和柯达公司并非仅有的两个例子，我们前面已经指出，今天绝大多数公司的企业文化体现了 20 世纪 80 年代初不曾出现过的一些特征：恐惧和不安全（雇员们害怕失去自己的工作），冷嘲热讽（雇员们不再相信老板经常是正确的，更重要的是，他们不确定管理层的行为是否符合公司的最大利益），不信任（雇员们学会了不相信别人），利己主义（雇员们意识到他们最重要的工作首先是照顾好自己），困惑（每一个地方的雇员都在遭受这样一种根深蒂固的困惑：公司对他们的期望是什么，以及他们在公司里的角色将会是什么），分裂（如今，几乎鲜有黏合剂能够将雇员们联结到一个共同的追求上）。虽然不同国家、不同公司之间存在差异，但是商业环境中正在发生的变化是如此普遍，以至于它们已经在全球公司的精神和灵魂上留下了一个永久的污点。

这种文化暗流很难代表早期企业领袖试图建立的有凝聚力的组织。他们并不定义工作场所的种类，而当今的管理者却热衷于此——如果他们可以选择。这些不良的模式产生于内部攻击和懈怠。当经营环境出现新需求时，攻击往往来自公司外部。懈怠来自管理层，它们已经忘记或者忽视了这个问题，即什么创造了一家运行良好的公司。它们没有注意到有效工作所必需的真正的文化联系。这些趋势能够被改变，但只有通过具有奉献精神的管理者们回忆一些不朽的经验，从而作出一致和真诚的努力。

如同英国电信公司和大陆航空公司的案例证明的，任何事情都是可能的。即使在最恶劣的条件下，当人们凝聚到一起时也能够发生好的事情。但是，当人们被分离或者往相反的方向努力时，任何积极的事情都将不会发生。这就是我们需要对管理思想进行一次革命的地方。有许多事情可以去做，以扭转这种令人烦恼的趋势和复兴企业文化。如何去做这件事情，这是本书第 3 部分的主题。

03

第 3 部分

重建强大的企业文化

第9章

训练文化领导力：管理者的挑战

1973 年，纽约大都会棒球队（New York Mets）第二次赢得了全美棒球联盟的奖杯。这支棒球队 12 年前刚刚加入联盟；它从 8 月初的最后一名，重振旗鼓并最终赢得 43 场比赛中的 29 场。球队替补投手塔格·麦格劳（Tug McGraw）的话激励了他们在决胜跑道上的热情。他向球迷和记者透露了球队的制胜秘诀："你必须要有信念。"（麦格劳用行动支持了自己所说的话。他赢得了 5 场比赛，并在最后 19 次扑向投球区时救起了 12 个球。）

建立有效的企业文化的秘诀与此类似：你只有坚信自己正在做的事情的价值，才可能取得成功。当管理者全身心地寻找自己希望支撑的价值观和信念时，文化的领导力就产生了。当其他人开始接受和分享这些价值信念并相应地影响他们的行为时，这一过程就会继续下去。在今天的工作场所中，怀疑和担心经常过于占据统治地位。员工只是做做样子，完成公司的最低要求。管理者一心只想取悦股东，丝毫不想他们的行为对文化凝聚力产生什么影响。现在是塔格·麦格劳式的人物进入经营世界，并提供急需的文化领导力的时候了。

“你必须要有信念”

核心信念是企业文化的基础。信念告诉人们什么是神圣崇高的，什么是可以接受的，什么是令行禁止的。在日常的许多常规事件中，信念规定了行为的隐含规则。与核心信念保持一致的行为有助于文化获得卓越的表现。

大多数富有传奇色彩的企业创始人都有着远见卓识。他们认为，对大型社会企业来说，盈利和改善社会是同等重要的目标。他们一向开诚布公地表达这些更高层次的理想。他们经常把这些目标汇编成册，以激励和指导员工沿着正确的方向前进。在这里，我们利用自己的经验并借助柯林斯与波拉斯的著作《基业长青》，提供了一些愿景公司的核心理念。

- 默克制药公司：我们在从事保护和改善人类生活的事业。我们的所有行为必须由实现这一目标上的成功来衡量。
- 诺德斯特龙百货公司：服务是一种信念和忠诚。
- 索尼公司：感受来自于能使大众受益的技术进步、应用和革新的纯粹快乐。
- 强生公司：公司之所以存在是为了减轻痛苦和疾病。
- 西南航空公司：频率、费用和乐趣。
- 安海斯-布希公司：仍有人在关心质量。
- 摩托罗拉公司：公司之所以存在是为了以合理的价格提供高质量的产品和服务，以体面地服务于社会。
- 万豪国际集团：体贴照顾好你的员工，他们就会体贴照顾好你的顾客。顾客是我们的客人，要让离家的人有宾至如归的感觉。

● 沃尔玛公司：我们之所以存在是为了给顾客提供价值——通过更低的价格和更多的选择使他们的生活更好；其他所有事情都是次要的。

创立和管理这些模范公司的人不仅是乌托邦式的空想家，而且是脚踏实地的经营人士。但他们做生意并不只是为了赚钱，他们的愿景表达了他们存在的理由：为世界、社会及他们的客户提供更好的服务。提供与众不同的产品或服务是他们的主要目标，盈利只是随之而来的回报而已。在追求崇高目标的过程中，他们激动人心的愿景和规划打动了员工的心。

盈利是那些创办成功企业的人士永远不会忘记的事情。1957 年，由于公司的全部销售额不足 3 000 万美元，比尔·休利特和戴维·帕卡德为 20 名高层管理者组织了一次外出会议。这个团队的任务是讨论公司的使命宣言。他们的努力产生了后来众所周知的"惠普之道"。直到今天，这些原则还在指导公司的管理。

1. 利润。要认识到利润是衡量我们对社会所做的贡献以及公司实力的最好标准。我们应该在与其他目标相一致的情况下，努力获得最大可能的利润。

2. 顾客。在给顾客提供的产品和服务的质量、有效性和价值上，我们要争取不断提高。

3. 利益领域。集中我们的努力，不断寻求新的成长机会；但要把我们的投入限定在我们有能力而且可以作出贡献的领域。

4. 成长。强调成长是实力和生存要求的度量标准。

5. 员工。为惠普人提供就业机会，包括共享公司成功的机会，因为是他们使成功成为可能。基于业绩给员工提供工作保障，提供由于工作中的成就感而带来的个人满意的机会。

6. 组织。维持一种组织环境，以促进个人动机、主动性和创造性，并在实现确定的目标上拥有广泛的自由度。

7. 公民身份。通过对社区和其他社会机构（它们是公司运作的环境）作出贡献，来实现良好公民的义务。

休利特和帕卡德不只是社会改革者，还是致力于利润和成长、致力于实现经济目标的商人。但是他们的信念还包括了其他有价值的目标。他们认为，员工是公司中不可或缺的组成部分，应该获得工作保障并有资格享受公司的利润。他们认为，公司的工作环境应该给个体提供动机、主动性、创造性和自由。他们相信这些事情是因为：他们认识到所有组织的建立，就是为了给人们提供施展技能的机会（同时也接受他们作为人的弱点）。他们认识到，当符合人们合理的需要和期望时，组织就会运行得最好。他们相信，保持一种强有力的、适当的文化，有助于获得员工的忠诚和能量。这些信念指导惠普成为今天的模范公司。

请注意，休利特和帕卡德把利润和顾客放在他们更加人本导向的信念的前面。我们也这样认为。我们从来不认为，建立和培养合适的文化是管理者的唯一使命。相反，我们认为文化是取得经济成功的重要方式之一。文化是管理层的一个重要关注点，但不是管理议程上唯一合法的项目。治疗灾难的一个疗效可靠的药方是：把文化远远放在纯粹的职能工作（找到客户，生产价格合理的产品，提供一流的服务，盈利）之前。然而，如果创办企业时，不关注核心的文化信念（内容包括：成功需要的是什么，可以接受行为的基本准则，员工对其工作的感情，员工对自己所做事情的自豪感），则必定会带来长期的停滞不前，并最终导致平庸或失败。

在硬性管理（设计优秀的产品，确定合理的价格，实行合理的策略）和柔性管理（保证员工联系在一起，激发他们做得更好）之间取得平衡是一门真正的艺术。精明的、数量导向的管理者并未认识到，人本导向的更加柔性的方面也需要同样关注。另外，在哪些要素造就了成功的组织上，我们只注意到很小的一部分。我们猜想，对于提供更多的文化领导力感兴趣的许多管理者来说，关键问题是："我如何开始？"

在开始时，认为文化很重要的高层管理者应该尝试下面的做法：

1. 写下你希望与组织成员共享的 5 个核心信念。

2. 离开总部办公室，撇开通常的权力标志，与员工随意地聊天。

3. 与那些你不熟悉而且他们也可能不了解你的普通员工打成一片。

4. 发现员工真正相信的企业核心是什么。做好准备接受一些骇人听闻的信息，不要过度反应；员工不可能看到你在办公室里感受到的那个世界。请仔细聆听，并非你听到的所有东西都是有根据的，但当某些主题一而再再而三地重复时，你很可能接近文化真相了。

5. 试图理解为什么员工相信他们相信的东西。通常，你会发现他们的观点具有真正的价值。

6. 一旦你能够通过员工的视角看待公司，把他们的观点和你最初写下的观点作一比较。如果员工的观点和你的观点存在明显的差异，那么它表明了在编织高凝聚力的企业文化上要面对的挑战。

除了这种训练外，还可以与刚刚工作几个月的员工举行一系列非正式会议。这些人还是文化新人，还没有时间充分理解事情是如何运作的。他们的观点反映出：早期的文化适应是如何发生作用的，非正式的规矩是什么，以及他们学习重要的文化课程的效果如何。如果你问他们公司的主张是什么，最初他们可能只告诉你大的战略方针。但如果你坚持不懈，就可能发现他们真正相信的是什么。如果这些内容与你对"什么是正确的"观点不一致，那么，你正在真正了解目前的文化现实。另一种做法是，对离开公司的人员进行坦率的离职访谈。不管他们是主动辞职还是被公司解雇，他们都可能告诉你真相。他们老练的洞察力，加上新人员的第一印象，会为你打开一扇窗，从而了解员工的生活是什么样子。

我们设计的这些做法是为了让你感受到文化的真实运行情况，而不是决定接下来采取的步骤。不要马上做任何事情，只是要充分了解这些事情。管理者往往在真正了解正在发生什么或该做什么之前，就贸然行动。虽然这给了他们一种控制局面的幻觉，但通常，他们采取的是常规做法，而这种做法并不见效（在本书后面，我们针对塑造文化会有一些具体的建议）。如果你无意中发现了一些明显的小差错，而且明确知道需要的是什么，就试试解决它们。但通常，花几天或几个月的时间等待机会的出现，往往更加有意义。

一旦了解了所在公司的文化常规，你就需要训练一些人的领导能力，这些人将开始把公司建成你想要的文化类型。在今天和过去，文化成为如此多大型公司的特征，这一点并不是偶然出现的。它们是这样实施的——接受领导力训练的个体把这种文化灌输下去，也许更好的是，把这类信念系统灌输下去。他们认为，公司的生存和繁荣需要这类文化或信念系统。灌输这种信念系统并不是一个可以委派给人力资源部门的任务，也不是一个可以委托给外部管理顾问的任务（不管他们的话如何令人信服）。这是一件你自己必须亲自去做的某件事情。

你应该如何着手承担这个令人畏惧的挑战？首先，放弃所有不必要的东西：为了对你管理的公司的文化产生持久影响，你没必要把自己变成托马斯·沃森和戴维·帕卡德的仿效者。你必须要做的是，在一些问题上明确你的立场。这些问题包括：你信仰什么？为什么你认为公司中的其他人有必要共享这些信念？当这些信念在头脑里根深蒂固时，你要集中于让一些基本原则保证正确。正如我们在下面讨论的内容，建议你集中在三个领域：（1）消除恐惧；（2）产生信念的伞形结构；（3）把信念体系转换成行为的道德准则。不管你是否接受我们的建议，都要确保把文化管理放在你的日常议程中。每天花一些时间反省一下，你可以如何影响到文化复兴。经常提醒自己这句核心的文化祷文：“你必须要有信念。”

消除恐惧

在工作场所，裁员及其他当代的节约措施已留下恐惧的祸根。在大多数场合，工人担心自己失去工作，无力赡养他们的家庭。突然失去工作会造成个人压力。最坏的一种表现是自我怀疑：我做错了什么？我为什么失去工作？我能很快找到另一份工作吗？新工作和现在的工作一样好吗？我是否只能找到短期的工作？就工人自己来说，这些压力已经足够大了。但由于其他担心的存在（比如支付抵押借款、承担日常开销），这些压力显然被放大了。想一想在决定是否去其他地方找工作时人们的感受。想一想卖掉房子再寻找另一处房子。在你找到工作之前，家人应该迁居还是暂时分离？应该让孩子离开学校吗？这些都是普通工人失去工作时不得不面对的一些痛苦的本能考虑。一系列的恐惧笼罩了其他所有的事情。有多少高层管理者真正理解这种感受？如果他们想创造高凝聚力的工作场所，首先要理解并处理好无所不在的恐惧，它是由于广泛的工作岗位减少而引起的。

人们害怕失去工作，因为其他数百万人已失去了工作。每天，人们翻开当地报纸都会读到另一家公司正在裁掉数以千计的工人。通常，这种故事会以对股东乐观的调子结束——股票价格因此而大涨。随着发展中国家的经济上升（直到 20 世纪 90 年代末），新创造的工作机会达到创纪录的水平，而失业率也接近历史最低点。那么，为什么进一步的工作岗位减少的威胁会引起如此的恐慌？

答案很简单但又令人不快：20 世纪 90 年代的裁员已经在雇主和员工之间的信任关系上切开了一个大口子。员工不再知道去哪里求助可以消除他们的焦虑。数以百万计的员工为这样的公司工作，这些公司曾经或公开或隐晦地向工人许诺，如果他们努力工作，可以终身受雇。当像IBM和伊士曼柯达（仅仅举两个以前是企业巨头的例子）这类公司突然宣布大规模裁员时，员工们都震惊了。可以预期，经历一段时间的怀疑之后，员工不情愿地接受了这种观点，为了公司的长期兴旺，裁员是不可避免的。受到慷慨的解职条款的鼓舞，他们以为尽管公司的承诺发生了变化，但仍然为员工的福利着想。但是，随后的裁员通知使员工放弃了这些理性化的想法：终身雇佣的许诺和人道的雇主已成为历史。他们充满了恐惧。

“恐惧”一词使人想起什么？它激起恐慌、退缩、沉默寡言及最终失败的形象。为了取得成功，人们需要信任和安全的保证。创造性和革新与冒险紧密相连。但只有当人们感到安全时，才会去冒险。许多公司认识到了员工对安全的需要，它们允许员工以最适宜的方式行使职责，其结果是，管理者努力工作以创造令人信任的工作环境。

我们再思考一下西南航空公司的例子。在25年内，该公司的年收入增长已超过30亿美元。它的秘诀就是：强调与员工之间的一种家庭关系。除了把公司使命严格集中在低成本、频繁服务上之外，西南航空公司还创造了一种值得信任的、安全的工作环境。西南航空公司的信条中强调了许多成功的观点：

- 获利。自1973年，公司每年都盈利。
- 低成本。公司存在的目的就是成为低成本的美国航空公司。
- 家庭。公司坚持把员工像家庭成员一样对待。
- 快乐。不只是容易记住的营销口号，公司致力于使旅客快乐地旅行，员工快乐地工作。
- 爱。公司伦理的核心是博爱；为员工、为顾客、为公司于其中运行的社会。
- 努力工作。西南航空公司的效率几乎是其他任何航空公司的两倍。

● 个体性。西南航空公司培养了持异见者；这些人在追求公司目标的同时，并不害怕表达自己的意见。

● 所有权。公司力争把所有员工当成企业的所有者，而不只是提供广泛的员工持股计划。作为回报，它期望员工像企业所有者一样发挥作用。员工所有权和自尊是公司在成本和服务地位上保持领先的关键。

● 具有传奇色彩的服务。不提供不必要服务（飞行时没有膳食）的先驱者之一。在给顾客提供“积极和不寻常的服务”上，西南航空公司表现突出。它能够这样做是因为它的员工们格外积极的态度。

● 平等主义。从高层管理者到普通员工，正式等级是一种文化禁忌；面对面的沟通是西南航空公司的规范。

● 共识/良好的判断。西南航空公司依靠“家庭成员”的判断，而不是书面政策和程序手册，来保证公司使命得以实现。

● 简约性。为了保持最有效成本的航空公司的地位，公司坚持简约原则。

● 利他主义。西南航空公司认为，它必须赢得所服务社区的尊重和忠诚。它尽最大努力来做一些有价值的事情。

西南航空公司拥有 25 000 多名员工，却从来没有裁员（除了公司早期历史上有 3 名员工曾被暂时解雇，但很快被重新雇用）。在竞争白热化的航空业中，西南航空公司如何能建立起这样一个成功的企业？通过给予员工极大的信任，员工也信任公司。这种相互信任产生了巨大效益。但西南航空公司并不是友善的工作场所的唯一例子。土星汽车公司（Saturn）也以自己是“一家与众不同的公司”而自豪。它坚信员工能够做正确的事情，并给员工充分的机会来考虑如何更聪明地工作。公司授权所有员工可以拉“绳子”，也就是说，如果看到不符合土星汽车公司高质量标准的任何事情，他们可以拉动放在装配线边上的绳子来阻止整个生产线。一位员工告诉我们："如果有机会，每个人都会生产完美的产品或提供完美的服务。在土星汽车公司，公司给了我们这根绳子，也给了我们这种机会。"

我们再来思考另一个行业，非常不稳定的半导体行业的例子。摩托罗拉是一个行业领袖和备受赞扬的雇主。在它的信条中直接提到了对人的信任：

> 人员：尊重作为个体的每一位员工；保持开放的气氛，在这种气氛中，与员工的直接沟通可以给他们提供机会发挥最大潜能、为公司作出贡献，并促使个人与摩托罗拉目标保持一致；给个人提供培训与发展机会，以保证最有能力和最有效的员工队伍；尊重资深服务；通过工资、福利和其他可能的激励措施提供公司的回报；基于能力进行晋升；实行普遍接受的平等机会和赞助性行动计划的政策。

因为摩托罗拉是半导体行业的主要公司之一，它在人员配置上也免不了定期调整。最近的一次是 1998 年初，公司的美国设备制造商裁掉 4 000 个工作岗位。然而，为了遵守信条，摩托罗拉支持了一种准终身任职的雇佣制度（quasi-tenure employment system）。新员工最初需要度过一段试用期。在成功通过试用期后，他们会进入第二种类别。只要保持令人满意的记录，这些员工的工作会得到长期保证。业绩良好而且在公司工作 10 年以上的员工开始进入第三种工作类别——"服务俱乐部"。他们会终身获得公司的某些工作，即使目前的工作岗位被取消。没有公司总裁的批准，公司是不能解雇在这一工作类别中的人员的。4.7 万名摩托罗拉员工（大约占公司员工的一半）享有这种有限的终身任职形式。虽然还达不到终身雇佣的工作保障，但它给了员工一种保障，因而他们可以带着热情和自信从事工作。它也使员工成为真正的信徒，因为公司的言行一致：它的信条中高度重视人，而它的行动支持了这一点。

当然，不只是摩托罗拉公司拥有对人友善的信念，其他还包括惠普和英特尔这类公司。但遗憾的是，太多的公司在“以人为本”的原则上说的好听，做的却相反。在这些行为中，裁员最能在整个工作场所中传播恐惧。

对公司来说，为了重建建设性的文化，必须消除员工对于肆意的工作裁减的恐惧。这是否意味着，公司应该对终身雇佣制重新作出承诺？今天，在迅速变化的世界经济中，这种全面承诺既不可信也不可能。但是，公司可以学会对员工完全诚实。员工有权知道，公司的未来是什么；这对他们未来的就业状态可能产生什么影响。如果进一步的成本削减在所难免，公司应设计并公开公平的标准，以决定去除或保留哪种工作岗位和人员。虽然削减工作岗位总是痛苦的，但是一个透明的程序有助于减轻员工的恐惧。

除了透明之外，公司还应该长时间地认真考虑终身任职的问题。摩托罗拉花了几十年时间设计出一套对公司有效的制度，但它们的体制可能并不适用于其他公司。可是，所有公司都有这样一群对于公司的成功至关重要的员工；这些有价值的员工应该获得某种形式的终身任职。工作保障，就像今天普遍存在的工作无保障一样，也具有传染性；它不只影响获得任职保障的那些人。如果工作得不到终身任职的保证，公司也应提前说明。制定透明的政策和程序并给予保障（即使是有限的形式），会打消员工的顾虑。即使为了经济上应付自如而必须削减人员，公司也必须保证员工得到公平对待。公平对待可以构筑信任。信任有助于培养支持性的文化。

如何在工作保障和竞争日益激烈的市场需求之间找到一种平衡，实在是没有容易的答案。管理者必须保持削减成本的控制权，即使这些短期削减对于文化凝聚力来说具有破坏性。此外，由于公司情况和竞争环境如此多样，人们也不可能找到一条简单规则，来确定何时成本的削减已经足够，从而可以宣布暂停进一步的削减。有时，作为公司生活的一个事实，这种进一步的成本削减和劳动力需求之间的紧张会持续下去。削减的代价也会持续下去。对工作保障的威胁破坏了员工的信心，而且降低了他们短期和中期的效率。

对高层管理者来说，这种困境产生了一种独特的可能性：丢失自己工作的风险。高层管理者承诺如果经济预言没有实现则会辞职，他们发出了强有力的文化信号。事实上，在任何情况下，他们的工作都处于危机当中。高层管理者通过把自己的命运与员工的命运捆绑到一起，可能重新赢回了一些由于以前的自私行为而失去的信任。这一点将启动在破碎的工作文化中重建凝聚力的过程。不管这一步是令人恐慌还是激动人心，每个管理者都必须作出自己的决定。不管你做什么，希望把文化灌输到公司的管理者必须找到一种办法，以驱除工作场所的恐惧。

创造信念的伞形体系

现代企业文化经常被分割成相当自治的亚文化，这也经常在群体之间产生密不透风的间隔，但是，它们之间的合作对企业的成功至关重要。比如，研发部门把时间用于确定新产品或新服务是可靠和可信的。这使得营销群体颇受挫折，因为他们往往注意的是即时的、或许是稍纵即逝的机会。销售队伍一直作出承诺，他们在想：“让我们来完成这件该死的事情吧，但是现在，我们担心在顾客那里失去了已有的信誉。”财务人员过于担心的是成本；而总部则关心尽可能多地创造新收入。

上面提到的这些内容好像还不够。不管企业的全盘考虑或议程如何，基于资历、种族或性别的其他亚文化都在追求各自的利益。所有这些不同方向的力量破坏了把各种群体结合在一起、把努力集中在核心使命上并产生最高业绩的文化结构。在任何工作场所，亚文化都是不可避免的，它们应该受到鼓励而不是被镇压（下一章会有更多讨论）。在这里，关键的管理挑战是，详细说明核心信念或更高层次的理由，把它作为黏合剂将分离的或正在发挥作用的亚文化结合在一起，并使不同的努力集中于共同的目标。为了使亚文化能够共同发挥作用，就必须制定出非正式的规则或指导方针，来指导这些独立的实体如何相互联系在一起，或与整个公司联系在一起。这些规则最好来自历史上业已形成的信念体系，这些信念说明公司代表着什么。

信念体系能够把公司中不同的亚文化联合成统一且富有凝聚力的整体，但是要发现或界定这个信念体系却并不容易。这不是可以轻松进行的寻找工作。但是，如果公司缺乏员工可以指望从那里发现指导和领导的核心信念，那会怎么样？员工当然会指望自己的亚文化或专业团体。

在寻找众多的价值观以把今天破碎的企业文化结合在一起时，简约是关键。大多数亚文化很容易一意孤行。人们无论如何不会坐下来聆听一个冗长的、关于繁荣的新时代的宣言，尤其是当新方向与或近或远的过去产生分歧时。但是，人们仍然希望有所归属，渴望某些事情能够把日常乏味的工作提升到更高的目标。他们会倾听看起来有思想的和真实的肺腑之言。高层管理者肩负着决定公司将要代表什么的责任。承担这种责任需要领导力，以及遵照和实施你的宣教的意愿。

这些核心信念应该是什么？要想人们清楚地表达以及追求正确的信念体系，他们需要受到某种形式的训练。依靠个人的领导风格，一些管理者在自己追求这一过程。其他人则咨询同事的建议来明确表达他们的想法。不管采用什么方法，确立价值观的过程需要一系列明智的步骤。

检查公司的伦理道德问题

经营一家大型企业是有风险的。公司最高层最终要为代表公司的任何人的行为负责。在与客户和供应商做生意时，建立一系列文化美德和禁忌是非常重要的，即什么样的行为会受到容许或受到惩罚。伦理道德经常被放进公司对于价值观的说明当中。价值观帮助人们了解做什么——关于“正确”行为的持久准则。伦理道德则具体说明了不做什么——主要的文化禁忌。

对伦理准则的阐明并不容易，这不是可以轻松作出的决定。比如，在处理与其他公司的关系时，许多公司坚决要求诚实对待。然而，一些相当成功的公司（例如微软和甲骨文公司）在客户承诺和及时交货上，声名狼藉。这些公司声称，诚实是它们共享的价值观。但它们并未在所有交易中遵循诚实这一简单的原则，并因而否定了这一价值观。

在伦理道德范围内，存在着许多种公司可以考虑的价值观——其中一些是出于自我防卫。为了使高层管理者免受牢狱之灾，公司必须禁止回扣和受贿。禁止任何形式的歧视无疑是恰当的，尤其是被地方或国家法令所禁止的。但在每天即将结束时，要靠每位主管来决定什么标准是可接受的或不可接受的。公司如果拥有清楚阐明的伦理原则，就可以确保公司里的每个人都遵守恰当的行为准则。

考虑与其他重要的利益共同体的关系

随着企业日益重视股东价值，它可能忽视了其他利益共同体的需要。但是，对于企业的长期兴旺来说，其他这些利益共同体是非常重要的，其中包括供应商、员工、客户及社区。没有可靠的供应商，公司就无法生产产品或提供服务；没有员工，企业将一事无成；如果没有客户，公司就会关门倒闭；如果没有社区，公司就会无家可归。

所有公司都要依赖众多的利益共同体来取得成功。然而，像“客户的利益总是第一位的”这种口号，很少是真实的，而且可能极难兑现。西南航空公司这类成功的公司把口号改为“员工第一位”，并使这一口号广为人知。公司相信，通过受到高度激励的行动和积极的员工，客户会得到很好的服务。这是公司支持的一种价值观。

公司在基本理念（它说明公司如何与利益共同体联系在一起）和总体战略上作出区分非常重要。战略展示了获得竞争优势的步骤。当公司的市场状况发生变化时，战略也要随之改变。战略变化不定。相反，基本信念则涉及持续的、不可改变的价值观，这些价值观塑造了工作场所以内的生活。如果不拆散文化结构（即公司的不朽气质），基本信念并不是可以轻易被改变的。基本信念会持续下去；但战略会发生改变。这种微妙的差别对决定企业与各种对象之间的平衡关系至关重要。

检查竞争现状并决策如何竞争

潜在的信念的第三个主要资源来自公司的竞争现实。一些公司通过革新繁荣发展；一些公司通过服务追求卓越；还有一些公司试图在它们的市场上成为低成本的供应商。对所有公司来说，没有哪种方法有明确的对错之分。为了获得成功，每个公司必须把这样一种战略理解为核心要素，这种战略就是如何竞争并获得竞争优势。对于员工来说，把战略的核心纳入公司信念，是一种产生号召力的好方法。

例如，某公司的战略可能集中在占据精挑细选的细分市场上，而不是为大市场份额而竞争。一家公司可能选择生产改良的仿造产品或服务，而不是以创新者而广为人知。拥有上述任何一种战略的公司可能说明了这样一种基本信念，即顾客的利益是第一位的。考虑到这一点，它可以采用无条件退货的做法。诺德斯特龙百货公司就坚持了这一原则，通过这样做，它无人可比的顾客服务的价值更加显著。也有公司可能支持这样一种价值观，即它的产品和服务应该为顾客带来增值（正如惠普所做的那样）。但是，坚持任何一种价值观并没有解决这样一些重要问题：进军哪个市场，如何给产品定位，或者运行良好的公司的战略应该说明的其他事情。价值观可以约束战略，但是价值观本身确实没有而且也不应该说明某种战略。

考察备受尊重公司的做法

许多公司公开表明了一套核心信念。一些公司一直顽强地坚守着它们。许多公司在公开宣言、招聘小册子及其他出版物中公布了它们所支持的东西。考察其他公司的信念可以为如何表述你公司的价值观提供有用的线索。模仿可能是一种恭维的形式，但它也可能是一种灵感的来源。

应该知道，当采用（或适应）另一家公司的信念时，人们可能并未考虑到，在自己公司的传统和方式的环境下，这些信念是否有意义。一些历史悠久且备受尊重的公司用了几十年时间来精心确定它们所珍爱的价值观和信念。许多公司已把它们的信念注入战略核心；或者，它们从成功的战略中提取看起来发挥作用的信念。仅仅因为在其他地方有效或听起来不错就采用这些信念，无疑是一个带来灾难的处方。许多有思想的管理者会从备受尊重的公司中寻找线索。这种比较可以使你的眼光更加敏锐。

挖掘公司的历史

大多数公司——尤其是那些存在了一段时间的公司——有着丰富的历史。这里的历史包括：古老的使命宣言、描述公司信念的文件、关于

“美妙的旧日时光”的口述史、对公司的成功作出贡献的传统。尽管忽视历史已经成为一种时尚——尤其是当许多历史被遗弃以实现全球竞争力时，过去仍然可以为未来提供有价值的经验。公司的历史以及它是如何呈现某些价值观和信念的，这些内容是塑造未来的潜在灵感。对于高层管理者来说，这是一个理想场所，可以获得本书引言中（以及我们的前一本书中）提到的非正式文化网络的帮助。出于当前的考虑，牧师和说书人尤其有用，他们把历史先例和故事带到桌边。在思考今天的公司拿什么做支持时，委托一群文化人士重新回顾过去的文化经验和价值承诺非常有帮助。

如果来自过去时代的某些口号仍然具有生命力，那它们持久的根源是什么？会不会它代表了顾客在与公司打交道的过程中的期望（例如，安飞士公司（Avis）那句有名的口号“我们更努力”会立刻映入脑海）？或者，长期不变的口号所代表的价值观能够引起公司员工的共鸣（“IBM 意味着服务”就是这种核心价值观的人格化身）？忠诚的顾客已经从情感上依恋这些有历史渊源的口号或价值观。因此，只有在非常仔细的斟酌之后，人们才会放弃这种长期持有的价值观。

公司的价值观也吸引着新员工。大多数公司拥有长期固定的雇佣模式。有些公司的模式则是地域性的。长期员工往往会对在特定地区受到抑制的价值观作出反应。友好的中西部人填补了位于美国经济衰退带的许多公司的位置。同样，一些公司一直从界限分明的社会经济阶层中招聘人员。因而，员工把其所在社会阶层的价值观带进了工作场所。像 IBM 这种公司，中产阶层的、专业人员的形象会与施乐公司中流动性强的雅皮士形象形成明显的对比。雇用来自类似地区或社会阶层的员工时，公司应该考虑哪种价值观会吸引它们想吸引的人，或者会使他们感到厌烦。

把历史和未来联系起来的诀窍并不是要事事遵循先例。我们认为，企业界已发生了巨变，不管顾客或员工多么欢迎它，过去发挥作用的东西在未来可能并无效益。对大多数公司来说，当事情发生巨大变化时试图重新回到过去同样是愚蠢的。相反，它们应该试图理解为什么历史上的做法行得通；同时从中学习有关经验，以获得可能保障强有力未来的信念。历史可能是一位伟大的老师，但它很少能精确地预测未来。它可以是有关未来应该怎样的丰富思想库。

检查你自己的价值观

最后，你应该检查自己的价值观。你想为什么样的公司工作？你希望怎样被人们铭记在心？你到底支持什么？仔细检查自己的价值观可能很痛苦，它却是你的智力和灵感的主要来源。你可能会发现，它和共同的行为准则一样有用。再重申一次，你必须采用现实检验：不要像公司那样接纳你自己做不到的任何价值观或信念。

把信念转化成行为：行动的伦理准则

在迈向能够影响员工行为的文化的万里长征中，确定信念体系只是第一步。这次长征是一条未经探索的道路，而且未来也会是同样情况。每位员工都有自己的个人信念，而且依据自己对于公司阐述的价值观的理解来决定如何行动。为了有意义，共享的信念应该一贯地以非正式的方式影响行为。高层管理者的工作就是强化他们所希望的行为，并清楚地说明，如果个人的行为不符合公司的价值观，其影响后果会是什么。大多数的违规行为都与公司的伦理准则有关。

伦理道德标准不同于公司持有的其他基本价值观或信念。如果公司确实认真地思考其伦理标准，就要坚定不移地遵守。其他价值观和信念的作用更多的是优先行为的指导原则，不在专为伦理标准而保留的“不可越雷池一步”的要求之内。宣告了一套伦理标准之后，高层管理者的责任就是保证这些标准被编织进文化结构当中。

一般来说，我们反对对企业价值观和信念作出非常明确和具体的说明，因为这些僵化的说明禁锢了个人的创造性解释。强公司文化的核心是抽象的价值观；在文化的框架下，这些抽象的价值观引起了多种多样的解释。但在伦理问题上，我们的立场不同。对伦理标准的违背应该是立即终止雇佣的理由。相应地，高层管理者应该向员工清楚地说明什么是可以接受的伦理行为，什么是不可接受的伦理行为。高层管理者的重要责任之一，就是把伦理标准和行为预期连接起来。把伦理标准转化为一种明确的公司行为准则，是传达该公司支持什么的一种有效沟通方法。

公布一套伦理准则还有其他的实际考虑。从美国最近的法院案例（尤其是与性别歧视有关的那些案例）可以看到，如果不采取公开的行动（比如员工培训项目）来阻止对联邦或州法律的违背，那么公司会因此而受到惩罚。世界其他地区可能没那么喜欢打官司，但是，不道德行为的后果仍然是非常严重的（比如，最近人们发现，在涉及阿根廷的某个外包项目中，IBM 受到行贿指控）。它产生了良好和实际的商业意识，来保证员工充分意识到伦理标准及违背它们的后果。即使这些标准仅仅涉及遵守有关的法律，清楚了解这些伦理边界也可能会带来直接的回报。

从建立和执行统一的行为准则中，人们也可以获得重要的文化效益——尤其是当公司由于裁员、合并或重组而承受巨大的压力时。人们渴望相信能够给他们的生活带来意义的事情。近年来，员工真心持有的那些传统信念已受到了侵犯。一次又一次的调查证明了工人与管理者和高层管理者之间的疏远关系。在这样一种道德真空中，宣布公司的（伦理）行为准则可能是非常小的一步，但是它会满足人的某些需要——坚持有价值的事情，而且为其他重要的文化力量打好基础。

在文化纽带受到削弱或因短期行为而被切断的公司中，管理者应该步步小心。员工们愤世嫉俗，他们不相信管理者，而且厌倦了常见的伪善——言行不一。今天，许多员工不愿意从事那些忽视过去的革新活动，也不愿意设定看起来不可能实现的目标。在人们真正知道管理意味着什么之前，他们对于主要价值观的支持可能只限于言辞，而不表现在行动上。建立信任需要很长时间，而且要通过一贯的、透明的行动来实现。陷入困境的公司应该学会循序渐进，在跑之前先学会如何走路，以免出错或跌倒。制定一套公司行为的伦理准则只是很小的一步，但由此可以开始一次有意义的文化征程。

说到做到，言行一致

只有当价值观和信念每天都是鲜活的时候，它才会变得真实。企业需要可以证明管理者对于价值观体系作出真诚而有意义的奉献的直接证据，任何浮夸之辞都代替不了这种直接证据。高层管理者要当心：如果你希望员工信任你，你就要说到做到，言行一致。

《蓝色巨人：IBM 的沉浮》一书有这样一段描写，郭士纳对美国运通公司的同事吼道："那是我从没听说过的蠢事。你是一个傻瓜。滚出我的办公室。"他因此给人们留下的名声是：脾气暴躁的管理者，不关心自己对同事产生的影响。这种名声（连同他是一名优秀的财务官员的名声一起），将伴随他职业生涯的绝大部分时间。当人们重新讲述这个故事时，这一事件会被不断修饰：说书人夸大了这些故事情节以证明他们的观点。更糟糕的是，在他管理的公司中，希望进入高级职位的那些人会效仿这种行为。

在把英特尔公司建设成“经济帝国”方面，安迪·格罗夫（Andy Grove）的贡献比其他任何人都大。他要他的首席律师罗杰·博罗沃伊（Roger Borovoy）发起了两项诉讼，以帮助保护英特尔公司的专利技术。当他这样做时，应该对自己的偏执狂性格将影响到其他文化实践心知肚明：包括雇用私家侦探窥视当前员工的活动，或要求地方警察搜查前雇员的家。他的偏执性格（已经被可见的行动所证明）要比言语更响亮地表达了他对其他人诚实的信心。为了在格罗夫的英特尔公司出人头地，员工不得不采用类似的偏执狂态度。格罗夫最喜欢的一句话是：“只有偏执狂才能生存”（only the paranoid survive）。因而，这种价值观变成了一种美德。

经营历史中充斥着那些塑造了它们时代的非凡企业人物的故事。他们的公司里甚至更加充斥着这样的故事——这位“老人”，以及他的行动如何明确说明了成功所必需的条件。这就是文化的本质：员工观察而且复制这样的行为，他们认为这些行为是取得成功的必要条件。希望对文化产生影响的管理者必须认识到，在传达企业的价值观上——不管是对员工还是对外部世界——行动要比语言更响亮。

这是否意味着需要管理超人来改变文化模式？当然不是。然而，人们需要的是，对能够转化成日常行为的、有效的、根深蒂固的价值观和信念作出真诚的承诺。如果你认为顾客优先（或他人优先）这样的简单承诺就能使公司利益最大化，那确实过于单纯了。在塑造企业文化的过程中，最困难的挑战是认识到你必须自始至终把你自己和你的信念展示出来；否则，你没多少希望去影响其他人。这里的两难困境在于：如果没有根深蒂固的、被一贯执行的坚定信念，在文化的核心内容上就没有多少东西可以让大家辨认出来并进一步模仿。如果文化赢得了人们的心灵，并激励人们去追求他们最狂热的梦想（或者是你最狂热的梦想），那么它就可以把单调的工作提升到更高的层次。

本章以“你必须要有信念”（一支努力奋斗的专业棒球队中一位成功的替补投手的战斗口号）这一格言开始。我们可以把它转化为今天管理者的战斗口号，他们要登台亮相并展现迫切需要的文化领导力。第一步，管理者必须向内探索以发现自己的信念和价值观。第二步，他们要发现其他管理者和员工所信仰和坚持的东西。如果这二者存在不一致——在今天充满恐惧的、已成碎片的工作场所中，这种情况经常存在，那么第三步就开始了。第三步是实施集体的自我反省过程，以查明或讨论出一套共享的核心价值观和商业伦理规范。文化包含了人们深层持有的信念，这些信念涉及“什么会带来成功和卓越”。强烈持有和一贯执行的信念给予文化某种权力，以把人们的期望和绩效提高到真正非凡的水平上。如果没有这些价值观和信念，操纵文化的任何尝试都将失败。如果管理者试图重建本已脆弱的企业文化并重获卓越绩效，他们必须持有强烈的信念并愿意支持自己珍爱的价值观。这需要通过领导使人们足以相信那些可以激励他们的事情。为了复兴已经脆弱的企业文化，有许多事情要做。

第10章
把破碎的文化重新拼装起来

今天的企业文化常常是由自发性的亚文化拼凑而成的。由于经营环境的巨变，这些群体一般同母公司分开，而且它们之间也彼此分离。各地的经营单位和分公司都不一样。具体的职能部门——生产、采购、分销、财务、营销和销售——形成了各自分离的世界。有时候，这些群体会联合起来，共同抵制公司的一些武断做法，包括裁员、削减规模、企业再造，不胜枚举。有时候，来自其他公司的一些员工发现自己所处的环境不友善且充满危险，但他们又不得不在这种环境中工作，这时亚文化也会形成。

让亚文化在更大的文化结构中繁荣兴旺并非一种新发展。甚至在文化紧密相扣的公司中，人们也在不同的亚文化单元中找到了意义。新出现的局面是，这些亚文化几乎不受更大环境的影响。它们要么摆脱了对集体的依恋，要么从母公司中独立出来，要么同母公司断绝了关系。在力图形成有意义的工作环境时，亚文化保护了自己的规范和价值观，以抵制不想要的干扰。它们担心其他亚文化会把自己同化。生产部门担心的是细节，而不是客户和成本。行政部门纠缠于成本，但不太注重质量或客户需要。高层管理者关心股东利益，但牺牲了客户的便利、社区的需要、员工的权利。如果对你来说，所有这些听起来像是过度反应，那就停下来思考一分钟吧！对威胁的传统反应是退缩和防卫。今天的亚文化相当于美国拓荒者时代围成圆形的马车，它们预期到了袭击。

文化成了基于亚文化身份认同和活动基础形成的一块块相互隔离的地区，这种相互隔离的程度，每个公司都不一样。但有一点是显然的，所有公司都承受着这种离心压力。许多年来形成的非中心的、松散联系的企业集团，仍像以前那样存在。这些草率拼凑在一起的公司，一直在为发现意义和凝聚力而努力。其他公司，尤其在像软件这类迅速成长的领域，相对来说不受目前管理和经济力量的影响。但是，仍然有许多年轻的企业在致力于界定它们的核心文化，以及如何把不同亚文化的价值观和信念整合在一起。还有一些公司受到近年来经济和管理趋势的沉重打击，以至于它们首要的目标是生存。在生与死的较量中，有关文化的考虑是排在第二位的。

像 IBM 和伊斯曼柯达这类公司，曾自豪于它们高凝聚力的和独特的文化，但现在，它们也承受着有很多文化碎片这种后果。由于一波又一波不间断的裁员、重组和兼并，许多公司的传统文化价值观和实践，即文化的结构，已经四分五裂了。现在，它们发现自己迷失了。它们传统的价值观没有发挥作用，但人们又拒绝接受新的价值观，怀疑采用未经证实的新做法。他们对自己深信的东西缺乏信心和勇气。结果，文化凝聚力让步给文化真空。一些以往企业界家喻户晓的人物成了现今经营时代的真正受害者。他们再也回不到曾经熟悉的、安全的世界中了。他们也不知道在未知的未来中如何占据领先地位。

当代管理者面对的一个关键挑战是：围绕一个共同的目标，找到一条途径把碎片式的亚文化结合成统一的整体。只有重新获得群体凝聚力和共同的意义，才能带来更加强有力的未来业绩。重建意义和目标所需的工作是细致的、耗时的、困难的。然而，这项工作是可行的。而且，让曾经的精神得以恢复，其中的好处也是相当巨大的。

对文化复兴进行组织与管理

为了把碎片式的亚文化整合到充满活力的企业当中，在开始这一过程时，需要艰苦的工作努力和由精选的人员组成的专门团队。在文化重建或复兴的早期，为了确保项目的成功，人们往往期望 CEO 或高层管理团队中的某位成员能够投入一定的时间和注意力，但这往往并不现实。CEO 非常忙，他们往往把时间用于设计合适的战略，检查运行的情况，并在股东、客户和整个社会面前代表企业形象。甚至当文化复兴位列他们优先考虑名单的第一位时，大多数 CEO 还是没有时间去从事建立和执行有效复兴方案所必需的工作。为了完成这项工作，需要有专门群体的支持。

专门的复兴团队应该规模不大，不管公司的规模如何，团队的核心人员都不要超过 12 人。它应该由来自相关领域的跨部门人员组成（而不是一群人力资源的专业人员，这些人恰好是利益相关者）。它应该包括主要亚文化的代表。比如，如果公司是通过兼并组成的，那么工作团队中就应该有来自各个被兼并的企业的代表。把非正式网络中的关键人物纳入团队中来，也是聪明的做法。

这一文化团队——不管你叫它什么——绝不能自己独立行动。它是高层管理者的耳目。团队必须能够全方位接近高级管理层。文化团队的工作必须获得上司的公开同意。团队使命的关键决策是高层作出的。高级管理层也必须能够随时了解有关团队的事情，比如团队的进展情况，团队成员了解了什么内容，团队正在考虑或正在进行的任何文化创新。

完成了这项工作之后，文化团队就应该解散，CEO 办公室的助手们会来承担它的职责。同时，许多细致的工作需要人们以高级管理层的名义去做。

描述现有的亚文化

搜寻现有亚文化的出发点是看一下组织结构图（organization chart，欧洲的说法是 organogram）或企业名册。文化形成于信任和一套共同信念（共享的世界观）的环境中。面对面的人际接触最容易建立带来文化联系的信任，尤其是在压力情况下。20 世纪 80 年代以来，企业生活的一个事实是，人们往往依靠直接接触来测试他们可以真正信任谁。其结果是，在一起工作或经常聚在一起的人当中，发展出了企业的亚文化。

在判断亚文化在哪里繁荣或萎缩时，历史起着重要作用。经历过一次或多次重要兼并的企业，会对组织生活的这一方面最为熟悉。我们以一个有兼并历史的公司为例，被收购之后，人们会继续认同他们旧有的文化习惯和传统。他们会联合起来，保护旧有的方式不受外来的新习俗和仪式的影响。“我们不同于他们”（us-against-them）的心态有助于有相似想法的人在一个不同的工作场所中应对局势和找到意义。即使不被新的企业所有人认可，人们仍会继续坚守以前的信念。坚持旧信念成为一种暗地里的祷文。

除了基于邻近性或共同历史而建立的亚文化外，在跨越传统职能界限的领域里，亚文化也出现了。比如，在界定明确的专业领域里工作的人，像财务人员和管理信息系统人员，经常花更多的时间与自己领域的人而不是其他员工在一起。因此，常常是在这些职能群体内部，而不是在地理或历史意义上界定的亲密群体里，发展出了更强的文化联系。加州大学洛杉矶分校的卡伦·斯蒂芬森曾报告说，在某家公司中，大家都不理解，为什么一个由迥然不同的个体组成的群体会联系如此紧密。后来证实，他们都是吸烟者。由于公司维护禁烟的工作环境，这个群体中的成员一天当中总有几次聚在外面吸烟。吸烟时，他们在一起讲故事、聊天、交流想法。因而，他们形成了一个具有凝聚力的文化小集团。

通过使用组织结构图和企业名册，管理者可以发现哪些具有共同背景的人在一起工作，进而初步了解现有的亚文化。这份最初的有关潜在亚文化的“桌面地图”（desk mapping），可以帮助人们确定逻辑上具有共同文化特征的群体。不管公司有多大，这些最初的亚文化描述应该不超过 100 个组织单元，最好要少很多。确定一份亚文化的缩减名单，要比绞尽脑汁地处理许多不同的单元更有用。一旦就这份初始名单达成一致，人们就需要进行另外的现场研究，以检验这份地图的精确性。

在描述亚文化方面接下来的步骤时，“现场研究”这个标签可能会让人觉得滑稽可笑。为了核实亚文化的存在，上面讨论的文化复兴团队应该进行一些访谈，访谈应该在可能具有凝聚力和独特的文化倾向的领域里进行。需要进行足够数量的访谈，以确定某个单元是否真正具有独特的身份认同；同时也足够把它的独特特征进行分类。然而，这些访谈必须相当谨慎地进行。尤其是在经历变革的公司中，人们一般都以怀疑和嘲讽的态度看待来自“总部”的调查。通过直接和坦率地说出访谈的主要目的，团队成员可以克服这一问题。访谈的目的不是消灭亚文化；相反，访谈的目的是为了确定亚文化，以巩固和强化它们。

为了确定强亚文化的存在并对它们进行分类，面对面的访谈是最好的技术。但是，当文化产业（我们在前一本书中有所提及）成熟时，还发展出了其他一些有用的方法。人们创造出许多文化调查来评价公司不同部门的文化状态。基尔曼和萨克斯顿（Kilmann and Saxton）1983 年进行的文化差距调查（Cultural Gap Survey）就是一个很好的例子。这项调查试图确定与一些重要特征——比如信息共享、具有创造性、群体内的社会化、自我表达——有关的文化中，人们希望的内容和真正发生的内容之间的差异。文化导向的咨询公司可以进行其他调查，不少有关文化的文献已对此进行了说明。许多文化从业者发现，这些标准化的调查非常有帮助；但我们自己更喜欢这种对话式的工具。

为了描述组织中的文化网络，前面提到的加州大学洛杉矶分校的卡伦·斯蒂芬森教授设计了一套软件。这些过程确定了谁对谁说话，有什么规律。由于个人接触对于建立和保持信任来说非常重要，她的方法在证明单个亚文化的存在和凝聚力方面可能非常有用。它也有助于确定亚文化之间人们的联系。如图 10－1 所示的这种网络地图对于理解组织中的非正式运作来说颇有价值。

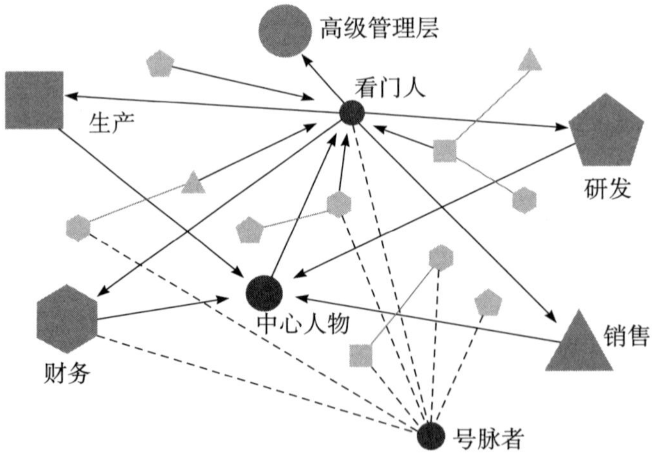

图 10－1　文化网络

资料来源：Authors' interpretation of a chart in the article by Tim Ferguson，"Who's Mentoring Whom?"（*Forbes*，May 19，1997）.

尽管斯蒂芬森的技术需要时间和资源上的大量投入，在确定组织的"中心人物、看门人和号脉者（pulsetaker）"方面，它的作用却可能是不可估量的。中心人物在重要的文化沟通网络中处于核心地位；大多数重要的信息从他们那里经过。看门人是处于不同文化网络节点上的唯一个体，他们经常会在亚文化之间搭起一座桥梁。在促进跨文化边界的沟通上，他们的作用至关重要。最后，号脉者定期与许多跨部门的亚文化网络保持接触。过去，这些联络广的人经常作为公司中传播流言蜚语者而被解雇。现在，人们认识到，他们具有一定的作用，尤其在形成意见或传播消息因而把不同的亚文化联系在一起方面。由于他们在文化效益上的作用，并可能为经历变革的组织提供帮助，他们被培养起来。

不管采取什么方法，这一现场研究的最终成果就是确定和描述公司的主要亚文化。作为结果，它产生出文化领域的一份地图。除了鼓励这些独立的群体成为更加统一的企业中的骨干之外，这份地图还有助于巩固亚文化。

鼓励亚文化的繁荣发展

今天，在面对经营环境的变化时管理层所作出的“膝跳反射”[①]，引起了普遍的迷茫和混乱，亚文化也因此而繁荣起来。在大多数情况下，当代的亚文化是防卫性的、自我保护性的，而且非常抗拒变化。它们把管理行动视为对自己存在的威胁。从今天的文化战争角度来看，亚文化是幸存者，而且为它们的自主性而自豪。亚文化比管理更加持久，而且不断为其成员提供意义。这些旧有文化的残余通常能为未来更具凝聚力的文化提供构成要素。但是，为了复兴核心文化，人们必须鼓励亚文化从它们相互隔离的外壳里显现出来。高层管理者的责任就是释放这

① 指未经深刻思考而作出的本能反应。——译者

些零星的能量，使它们在重建更有意义的工作场所中发挥建设性的作用。

第一步是宣布亚文化合法化。没有比庆祝它们的存在这样做更好的方法了。在某些方面，这可能显得不自然。企业专注于对公众提供统一的形象，不管是内在的还是外在的。对于繁荣兴旺和带来积极活力的亚文化来说，企业必须公开承认和赞扬它们所代表的多样性。如果这会给一家公司的形象带来暂时的混乱，那也是不可避免的风险。强有力的亚文化总是引起某种程度的文化混乱。它总是掩盖在秩序——大多数公司培养出来的以呈现统一的外表——的光环之下。但是，要想围绕共同的目的而统一亚文化，人们最好把事情开诚布公地说出来。这并不表明为了成为更大整体的一部分，亚文化需要摆脱它们独特的身份认同。

在承认某种亚文化方面，最直接的方式就是拜访它并倾听它的历史和战争故事。之后，人们可以公开说明它对整个企业的有益贡献。甚至最忙碌的 CEO 也要找机会来调查亚文化的各种运转情况。为了使亚文化起作用的方式合理化，CEO 应该调整已安排好的旅程，用充分的时间来倾听当地的历史和过去成功的老故事。由此，CEO 能够认识到亚文化中的英雄人物所做的贡献；除了祝贺它所贡献的全部活力外，还祝贺这一亚文化单元的独特身份。但倾听和祝贺不应该是无理由的和讨好的，它必须是真诚的。没有几个 CEO 会在工作之外倾听自己的内心。他们由衷的兴趣和发自内心的赞扬是把孤立的亚文化带入公司的最好方式之一。

一旦独立的亚文化出现并获得赞扬，企业层面上的行动就要致力于保证 CEO 现场发出的信息在未来言行中得到加强。例如，企业出版物赞美由于多样性而带来的实力，这有助于使仍处于怀疑当中的亚文化成员得到平静的信息。除了出版物和其他正式的沟通之外，我们还反复强调一个关键事实：行动比言语更有力。在与完全不同的亚文化打交道时，全公司范围的行为规范要指导高层管理者的行为。在精心策划一场文化复兴时，亚文化的存在必须受到所有管理者的尊重，而不只是大救星 CEO 的个人意图。更为关键的是，通过不同的宣传和推广策略来明显反映亚文化的独特力量，使文化的多样性得以促进。在对企业战略和形象的潜在影响上，这可能会引起不便。但是，它有助于恢复人们对受到困扰的亚文化的忠诚和信心。给予处在独特亚文化中的人值得骄傲的一些东西，可以鼓励他们与企业靠得更近。

另外一种策略是让亚文化传播它们独特的优点。但这里我们提一句忠告：企业一旦从事这样的复兴，也会有极大的危险往回走。亚文化曾经因为对抗外力而兴旺，它们可能对自己的存在得到正式认可的建议非常敏感。在此之前，它们已看到这种狂热反复了多次。如果这一次它们遭到背叛，就会再度消失在企业的“地下”，反抗未来复兴它们的所有努力。在要求人们在这方面公开表明态度之前，高层管理者必须对文化复兴作出充分承诺。管理层为自己的勇气、耐心和持久性所获得的回报是，大量被压抑的、隔离的能量得到释放。确定、承认并加强目前存在的每一块有独特身份和意义的“阵地”，对保证全面的文化复兴来说最重要。

加强较弱的亚文化

不是所有的亚文化都能足够强有力到响应鼓励、按照对方的要求去做。缺乏活力可能是因为缺乏力量、意志或精神。L-1011 飞机被期望比 DC-10 飞机在航空市场上获得更多的份额，但结果失败了。在某种程度上，失败的原因来自洛克希德公司（Lockheed）营销群体的弱点——相对于公司更强大的工程亚文化来说。结果，尽管许多专家认为

L-1011 是更好的飞机，麦道公司却卖出了更多的 DC-10 飞机。

企业中较弱的亚文化的存在带给高层管理者的是真正的难题。他们应该遗弃这些弱亚文化，让它们萎缩直至最终消失吗？还是做一些事情来强化它们，让它们在企业非正式的名人榜上占据一席之地？这里，答案不可避免地转到一个硬性判断上——如果恢复了它们的繁荣和活力，它们可能给企业带来的价值。

一旦确定了弱亚文化的潜在价值，管理者就该考虑采取什么行动来树立它的信心和信任。对于大多数受到伤害的亚文化来说，它们所需的只是适当的但要体贴的关注。比如，几年前，一位电子行业的企业家成功收购了一家生产配套商用电子元件的公司。由于生产线的性质，这家被收购公司的运转受到接二连三的成本削减的影响。结果，其员工不仅感到沮丧，而且处于“二等公民”的地位。在首次访问这家公司中最大的工厂时，这位企业家吃惊地发现，员工的停车场一片泥泞。这家工厂并没有获得成本效益带来的好处。甚至在还没找员工谈话之前，这位企业家就毫不犹豫地要求承包商新铺停车场、美化厂区，并引进其他一些设施，比如重新装修员工自助餐厅。这位企业家用于第一次访问的全部费用是 10 万美元，只是他用于收购价格的千分之一。结果却是：员工士气迅速增长，他们转化成公司最忠诚和最可信赖的劳动力。

即使是这些不大的开支，也可能获得预期的效果。根本问题是重新找到自信和信任。仅仅通过尊重受到打击的单元并给予它们持续的注意，就足以使人们相信自己是有价值的。虽然没必要消除所有的自卑感，但在使衰退的亚文化恢复文化信心上，它走出了第一步。

对于其他受损害的群体——它们对整个企业的贡献受到质疑，该怎么办？多年前，我们与波士顿附近的一家高技术公司沃特斯联营公司（Waters Associates）共事。那时，沃特斯公司出现了一个问题：公司的研发部门——以前公司所依靠的技术革新的源泉——失去了信心，而且公司的效率下降。由于高技术公司的存在离不开发明新技术的能力，因此，研发部门的这种状况并不是一个小问题。公司的文化领导人弗兰克·泽尼（Frank Zenie）把研发部门改造成名为沃特斯实验室（Waters Laboratories）的独立企业。他把整个业务都搬到离公司总部大约一英里的地方，重新给它确定新的任务。现在，它的使命就是代表公司的利益在革新方面想做什么就做什么。几个月内，这个部门取得了新的进步。它很快再度进行革新——其才干丝毫不亚于公司的初创时期。弗兰克·泽尼的这一文化解决方案受到人们的赞扬，随后，波士顿地区其他几家高科技公司也采用了这一方案。

不只沃特斯一家公司有建立独立的研发机构的想法，IBM 的托马斯·沃森研究实验室（Thomas J. Watson Research Lab）和施乐公司的研究园区（Xerox's Research Park），都是类似的例子。但沃特斯的这种情形中值得注意的是，人们把这种想法看成对特殊文化问题的针对性反应。其他公司认识到了泽尼的智慧，而且仿效了他的经验。

在某些方面，沃特斯面临的情况不同于当代公司。由于激烈的外部竞争和不确定的管理实践，那时的沃特斯并没有分割成相互竞争的亚文化。它是一家兴旺的、高绩效的和广受尊重的公司。但是沃特斯所做的事情为试图复兴今天的经营文化的管理者提供了先例。如果某种亚文化，比如沃特斯的研发部门必不可少，而且对整个企业作出了重要贡献，人们就必须充分保证采取特殊措施来抢救它。

在对弱亚文化的需要作出反应时，这些措施不一定要包括建立新的工作场所，或增加对一个混乱单元的身份认同。但是，需要有策略地触及亚文化的问题所在——它失去信心和丧失身份认同的原因。如果问题出在不充足的和过少的人员配备上，雇用新成员可能是解决问题的办法。如果问题出在缺乏信任上——受到更强的亚文化的一再羞辱而助长了这种情况，新的汇报关系或沟通网络可能会缓和这种情况。如果问题出在由一系列负面事件引起的深层的玩世不恭上，把亚文化推举到公司主要和显著的角色上可能是可以接受的方式。在每种情形下，适当的措施都要花费金钱，而且经常会中断企业正在进行的活动。人们必须带着这种信念来实行这些补救措施：如果亚文化屈服，人们就会失去一些真正的利益。一旦作出承诺并依此行事，人们就必须监控和调整它对亚文化的影响。只要适当地实行这些措施，亚文化的薄弱之处就会消失，在把亚文化结合成更具凝聚力的整体时，它的作用就可能会继续下去。

把亚文化编织在一起

一旦确定了公司的亚文化并采取措施支持有价值的亚群体，把亚文化编织成为统一的企业文化的艰苦工作就开始了。在大型企业里，这一阶段可能会持续几年。它包括在亚文化中发现共同点，并努力把共同的联系转变成一套统一的信念。与从一无所有中开始建立文化不同的是，把强的亚文化结合在一起时，需要承认每种亚文化的不同方式和观点。在把这些部分纳入整体时，人们必须容纳它们独特的差异。

重新组装的过程以说明和证明现有的不同信念和观点为出发点。这样做的最好办法就是通过复兴团队的成员促成一系列的“动真格”的事件。需要的事件数量依赖于几个因素。比如，如果某种亚文化的成员人数非常多（比如，最近大收购之后的剩余人员），就需要召开多次会议。如果亚文化成员到处都存在，为了更好地了解他们，每个地方都至少需要召开一次会议。不管事件的数量是多少，人们都必须仔细地实施每个环节，因为在把亚文化重新带回企业时，每个环节都起着重要的作用。

每个环节都必须通过多种亚文化的声音而获得关注。它应该包括前辈，早年的历史学家。它应该包括一些很有前途的内部人士，而不是来自公司其他部门的好炫耀者。它也应是包括了多种职责的混合体，因而是把反映亚文化发挥作用的各种观点聚集到一起的综合群体。它只需要一两名高层管理人员，否则人们就会把会议看成是公司的又一项干预。要想成为最有效的研讨会，任何事件中的积极参与者都应该限制在 10 人以内。

亚文化的高层领导者应该成为研讨会的积极参与者吗？或者，他们只是这一活动的发起者？在理想的世界中，高层人员的加入会让这些会议更具合法性。但如果高层管理者没有时间成为全职参与者，他们最好还是作为局外人。另外，一些高管倾向于主导公共论坛的议题（“我的观点是唯一正确的观点”）。在这种情况下，他们礼貌地婉拒这一过程可能更有意义。

依据亚文化的历史和参与这一事件的人员，研讨会的议程也会发生变化。讨论的典型话题包括这样一些问题：

● 我们群体的历史是什么？它从哪里来？它大约存在了多长时间？它的一些重要人物是谁？群体如何随时间而变化？是什么引起了这些变化？

● 该群体代表着什么？我们群体的独有特征是什么？是什么把我们和公司中的其他群体区分开来？我们真正突出的共同特征是什么？

● 有哪些来自过去的故事或轶事最好地说明了我们代表着什么？这些故事在多大程度上为人所知？

● 该部门与企业中的核心部门、兄弟部门及其他地区的单位有什么不同？

● 什么话最能说明该群体的精神？最近的哪些事集中体现了这一共同的精神？

● 这群人最喜欢什么符号？这些符号表明了什么倾向？

● 该群体中有什么样的庆祝活动？庆祝什么？这些庆祝活动是如何

进行的？它们是无所不包的事件还是只限制在一些有选择的事件中？其他人普遍关注这些庆祝活动吗？这些庆祝活动有多重要？有没有长期存在的庆祝活动被中止？如果出现了这种情况，那是因为什么？

● 这一亚文化中人们承认的英雄人物是谁？这些人物是如何得到回报的？

● 这一亚文化的关键方面对企业的经济成功作出了什么样的贡献？有什么切实可见的说明吗？

在这里，我们显然是想以一种清晰易懂的方式获得每种亚文化的关键内容。有时候，让人们对这些相对“柔性”的话题说出实情可能比较困难——尤其当人们觉得需要保护自己在公司的地位时。这些聚会一般采用研讨会的形式，这种形式促进了非正式的交换与互动，有助于人们无拘束地进入要考虑的问题。这些聚会至少需要持续两天（或更长）时间，它给参与者提供了与其他人交往的机会，并思考从中学到了什么。对新的群体伦理或群体精神的符号承认——像 T 恤或帽子这些有关的纪念品，提高了人们的某种共识——“我们正在做的事情非常重要，我们正在作出真正的贡献”。这一事件之后，高层管理者往往会留下周到的感谢便条，这又会强化人们的成就感并认识到这一事件的重要性。

不同管理者在从事这种形式的工作（即保证人们认为会议是有效的和有用的，并产生所需要的信息类型）上，能力差异非常大。一些群体比另一些群体更容易受到这类会议的影响。多年来，我们参加了许多这类的文化研讨会。从在与会者中树立建设性的团队伦理的角度来看，绝大多数会议都是有效的。常识告诉我们，对失败应该有合理的宽容，尤其在研讨会的最初几天，当学习曲线达到最高点时。

一旦整个研讨会结束，人们就需要对结果进行汇编和分析。这是前面所说的文化复兴团队的一项任务，也是该团队的某位代表应该参加每次研讨会的原因之一。这种分析应该集中在为每个亚文化确定以下内容上：

- 核心信念是什么？
- 这些核心信念的起源；
- 这些核心信念对日常行为的影响；
- 亚文化庆祝什么，为什么？
- 亚文化中的英雄人物是谁，为什么？
- 亚文化成员所注意到的自己和企业其他群体之间的差距。

想象一下在会议室中挂满了一页页活动挂图，每张图上满是针对这份单子所作的阐述。你的头脑里就会有了恰当的印象。这并不是什么高技术的工作，但它需要对于细节和判断的仔细注意。这一分析的目的是，在各种亚文化中发现相似和不同的地方。当你找到一种可以跨越不同亚文化的文化线索时，编织的过程就开始了。表现亚文化中重要不一致的其他线索可能充分说明了企业结构的特征。恰当地承认这些差异本身，可能就是一种统一的途径。在一家刚刚兼并的公司中，这样的练习会给每个人带来一种启示："我们是怪异的组合，是不同观点的大杂烩。但它能行得通。就像伯恩斯（Burns）和艾伦，或阿博特（Abbott）和科斯特洛（Costello）一样。"

只要找到了共同点，就应该在一致的领域里建立某种过程，以帮助人们同母公司更紧密地联系在一起，而又不会失去他们现有的亚文化身份认同。到底应该如何来做，在很大程度上依赖于前面的诊断工作的结果而定。比如，如果绝大多数亚文化很明显地共享强烈持有的价值观（包括质量、服务、对个人的尊重），就可以推行企业的独创性，围绕他们达成一致的主题把亚文化结合在一起。即使对于核心信念没有达成一致，也应该把共同的线索突出出来，以期共同的企业伦理意识最终得以形成。人们必须认识到，任何这种独创性都必须是真实的，而且同企业正在进行的业务联系在一起。它应该是行动取向的。它应该通过对企业资源——人、资金或时间——的大量承诺而得到强化。只有这样，所有参与者才会认识到，主动性对于未来的成功至关重要。今天大多数的企业衰退是由于相当多的资源用在像裁员这种成本削减方案上了。这经常会摧毁以前的文化。重建凝聚力的努力也需要同样强的承诺。

当核心信念不能达成一致时，可能需要一种渐进的方法。这种方法可仅以一两种亚文化作为开始，它们最接近共同基础，而且，它们一起合作可以扩大一致的范围和内容。如果文化的分裂很严重，这种逐个完成的方法可能会占用一些时间。但是，如果没有共同基础，在相互竞争的亚文化中就毫无建立起任何共同联系的希望。

不管是渐进式进入还是深入式投入，这一过程都需要围绕一套全公司范围的信念体系，集中构建一致意见。这一过程可能需要几年时间，而且必须不断加强。企业的对外出版物和内部沟通应该经常提到正在形成的一致意见。企业的奖励应该认可这样一些人——他们公开表达自己对于共同目标的赞成。最后，经营的主动性应该与发展一套共同的价值观体系联系在一起。比如，如果服务是这些价值观之一，那么公司正在进行的商业生活中，有关拒绝质量的活动可能会很快毁掉对它的支持。

不管采取什么方法，高级管理层的承诺和可见度都是必需的。最初的承诺需要公开和真诚地表达出来。高级管理层应该及时、热情地认可某种庆祝活动，以承认不同亚文化的加入。除承诺之外，高级管理层在言行中要包含新的、一致的价值观和信念。这些新的价值信念只有通过明显的见证和拥有才能兴旺起来，并构成重新出现的文化联系的核心。

当围绕共同信念的核心努力形成凝聚力时，让独立的亚文化以自己的方式繁荣起来是非常重要的。围绕一套核心信念形成凝聚力的任何努力，都会在走走停停的基础上缓慢地发展起来。为了防止失去信心，从现有的亚文化中汲取力量是非常重要的。另外，我们还要认识到，过去紧密交织在一起的文化特征永远也取代不了今天公司分裂的状况了。我们同样应该相信，这种文化的统一性和凝聚力并不是今天大多数大型企业最关心的事情。为了在当前的经营环境中取得成功，公司需要尽可能地接受多样性，从而在对不可预知的未来挑战作出反应时拥有灵活性。在支持一个共享信念的伞状结构时，人们也应该维持亚群体的力量和凝聚力，这是建立强大的、具有竞争性的未来企业的原则。一旦这套东西开始发挥作用，更强的业绩效益就会出现。有高度积极性的个体通过额外努力会赢得这些收益，因为他们正在为自己信仰的事情工作。

达美公司的文化复兴事件

为了举例说明我们所提倡的文化复兴类型，我们转到哈里森·欧文（Harrison Owen）的著作《企业精神》（*Spirit*）上来。在这本书中，哈里森描述了达美公司的转型。多年以前，一位名叫哈里（Harry）的创业家发明了一种产品，并因此开办了一家拥有 3 500 名员工的公司。这家公司最初取得了成功。但不久之后，飞涨的成本、令人失望的销售额以及新产品的缺乏，使公司的经营业绩受阻。这也引起了股东的不满，他们迫使哈里把公司的管理权移交给一位新的 CEO。

哈里的继任者估量了一下形势。她很快认识到，她接管了一连串独立的亚文化，而不是一家统一的公司。财务亚文化由一群新的年轻管理者组成，他们是在哈里离开之后进入公司的。研发职能分成三种不同的亚文化。在执行层面上是仍然同过去联系在一起的那些人，他们继续把哈里看作英雄。该部门的中层管理者已进行过核实。他们每个月把“金羊毛”奖（golden fleece award）授予幕后提出意见但与潜在的利润无关的任何人。在操作层面上，类似的态度也在盛行。人们广泛赞扬的亚文化英雄名叫塞伦迪皮蒂·萨姆（Serendipity Sam），他赢得了“金羊毛”奖中最大的一份。他表达了对哈里领导下的过去好时光的激动以及革新观念。大体上，生产群体分成两类不同的派别：支持利润的新来者，以及仍然习惯于在哈里领导下随心所欲地过日子的老前辈。这些相互竞争的亚文化之间的战争，正在把公司弄得四分五裂，并破坏了公司完成任务的能力，这一点并不令人吃惊。

新的 CEO 明白了自己面临的是什么，她仔细挑选出 35 个人，召集大家进行为期两天的管理休整（management retreat）。在休整期间，她宣布了自己的想法。她想要一家“工程师可以飞翔”的公司，而不是一家“处于静止的、走下坡路”的公司。正如欧文所说，她的战略使每个人大吃一惊：

> 她以早年的一些故事开始，描述了老哈里和一群汽车房工人的激情。她甚至把哈里机器的早期模型搬出来放在桌子上。大多数人从来没见过其中的任何一个模型。它们看起来相当简单，但在休息时，这些老工人群体的成员围在这些破旧物品前开始交流起有关死胡同、午夜及突破的故事。那台满是灰尘的老机器成了一块磁铁。年轻的车间工人走过去触摸它。当把这一原型和他们正在生产的外形优美的产品进行比较时，他们会有几分窃笑。不过，即使他们在窃笑，当这群老工人在讲述成功的故事时，他们也会驻足倾听。这可能只是一个“样机原型”，但那是一切得以开始的地方。

在愉快的休息时间之后，新 CEO 把这一群体分成亚群体。每个亚群体由现有的亚文化成员组成。她要求这些群体分享他们对于公司的希望。当重新召集群体时，椅子已经排成了一圈。现在，哈里的第一个样机原型处于圈子的中心。然后，CEO 举行了一场讨论，这其中交织着来自各个亚文化的故事。当谈到有人产生了一种对新产品的激动人心的设想却不被大家理解时，塞伦迪皮蒂·萨姆突然站了起来。这个群体就是这样走到了一起的：

> 喧闹声非常大，但是这一群体的其他人被忽略了。CEO 拉住萨姆的手走到圈子的中心——正好靠近旧机器的模型。在那里，是旧的和新的联合，也是过去的、现在的和可能的联合。她对萨姆小声说，他应该深深地吸口气，然后用简单明了的话重新开始。萨姆这样做了，而且以一种不那么文雅的方式，但这个想法开始形成了。他估计了应用前景、竞争对手、市场份额。不久之后，以前的财务副总也被吸收进来。他不再考虑销售（税）上的损失，而宁愿更多考虑如何筹集资本来支持新项目。来自车间的这一群体……开始高速运转起来以编织出一个充满希望的故事——他们改造装配线以转型生产萨姆的新机器。甚至连获得“金羊毛”奖的一伙人也开始兴奋起来，互相告诉对方他们早就确信萨姆可以做成这件事。他们轻易地忘记了，萨姆是获得这一奖励的创纪录者。但不管怎么说，这一新想法已经形成，不管它们的规则如何。

CEO 马上得到了她所想要的：“一群可以飞翔的工程师”——以一种有利可图的方式。现有的亚文化边界缩小了，每个人在共同的新观念基础上聚集到了一起。这一事件之所以取得了成功，基于以下几个原因：（1）CEO 做了功课，确定了现有的亚文化分割；（2）在外出会议的现场，她召集了所有的关键人物；（3）事件本身以一种真实的符号形式被充分地组织起来。这位 CEO 的下一项任务是确保新的企业精神能转化为可以测量的结果。当然，我们无法保证你从自己所从事的文化复兴的努力中获得类似的结果。但通常，它会有潜在的、有意义的变化和人员聚集在一起的可能性。

测量进度

商业常识告诉我们，你无法管理你无法测量的东西。虽然我们对公司柔性的一面感兴趣，但我们也是测量的坚定拥护者。文化复兴项目需要企业投入相当多的时间、精力和资源。测量进度无疑是适宜的。

人们努力工作来重建高凝聚力的企业文化有两个相关的原因。首先而且最重要的原因是，文化复兴应该长期提高财务绩效。提高的绩效是沿着这个方向逐步地发生了。人们可以而且应该测量它和监督它。高层管理者的主要职责之一就是，保证在恰当的位置有恰当的监控系统。重建高凝聚力的企业文化的第二个原因是，测量进度是管理项目进展的唯一方式，我们下面来讨论这个问题。

这种测量项目看起来像什么？表面上看，它应该是非常传统的，用企业财务经理熟悉的术语测量绩效。它的诀窍在于决定使用什么基线。当员工对他们正在做的事情更加自信时，绩效改进就产生了。员工也愿意投入额外的努力来产生可仿效的结果。由于在我们的起跑线上，文化处于步履蹒跚的境地，所以，这些改进需要时间，但它们要可以预期和追踪。随着对单个单元的信心不断累积，我们预期业绩水平提高到基线预算之上是完全合乎情理的。当开始实行文化复兴时，监督单位的目标可能是期待有突然上升的绩效。实际上当复兴项目在整个企业里得以扩展时，总绩效应该会显示出突然的上升。这一过程可以进行追踪和监督——如果在重建破损的文化时，证明连续的投资是合理的。在公司生活的文化方面给予实际关注，很快就应该在很多方面带来绩效的增长。

为了更有意义地追踪财务业绩，人们也必须追踪复兴努力的进展。这是更复杂的技术，因为对于文化实力或凝聚力，人们并没有多少有效的或达成一致的度量标准。遗憾的是，人们往往对这种技术的状态非常轻率地下判断：当你看到它时，你就知道了它。然而，文化复兴是可以进行追踪的——即使测量有点不可信，而且经常需要调整。比如，长期以来，人们一直使用员工态度调查（employee attitude surveys）来测量工作场所的整体气氛。但实际上，大多数调查是没有用的，因为他们设法对所有的人都一视同仁。结果，态度调查常常以得出高度同质的结果告终，以至于人们很难解释或行动。但是，即使过去的做法存在问题，这种想法仍然是有道理的。人们可以设计出调查工具来测量具体的态度变化——复兴团队所期望的变化。当项目进行时，使调查适应个别情况并改进它们，它们可能成为追踪成功的颇有价值的工具。把绩效数量与讲求实际的关注相结合，调查可以提供有效管理文化复兴所必需的细致考察。你可能只管理了你所测量的东西，但是如果你做对了，你采用的测量应该很快就使你相信致力于文化需要的好处。这种收益在 20 世纪八九十年代文化冲击的结果中，应该特别明显。可能的后果是双重的：员工的福利和公司的财务绩效。

给受伤的文化注入新的活力并不是件容易的事情。我们提倡的这种努力可能有点令人畏惧。但它们提供了重建企业团结的唯一希望——由于最近几十年的经营发展，这种团结已受到严重损害。一些公司运气好一些，可以相对不受伤害地幸存下来；这些公司无须过多努力就能选择所需要素。其他公司则只能从头开始了。但不管采取什么方式，这一过程都是非常值得人们去努力的。

第11章

激发动力

管理即是采取有目的的行动。假设你的公司正在经历一场文化危机，而你作为公司的领头羊很担心这场危机对人力以及公司业绩产生影响，此时，你必须采取行动了。但问题是，怎样采取行动？对很多管理者来说，在这种压力的笼罩下，人的心理承受力早已超过了正常的范围，其实也大可不必如此。文化管理也可以成为一种乐趣，而乐趣可能激发踌躇满志的员工们创造出更好的业绩。只要掌握基本的方法，就可以发掘出工作中很多有趣的方面。要把一场文化危机转化为一次体验工作乐趣的机会，你需要做些什么呢？只要有足够的创造力和想象力，你就可以做到。我们就从最简单的方面看一看吧。

工作与娱乐

"娱乐与工作不可相提并论，"柯达工业园（Kodak Park）会议上，一位与会者曾对史蒂芬·弗兰戈斯（Stephen Frangos）说，"这不仅听起来不够体面，而且，听到‘娱乐’这个词，人家还会认为我们缺乏专业精神。”正如弗兰戈斯在《团队斑马》（*Team Zebra*）一书中记载的那样，这种评价让他感到有些不快，但他并没有立即辩驳，同意用“愉快”一词代替“娱乐”。后来在他的书中，弗兰戈斯指出：“任何一种文化都能包容一定程度的享乐性，人在放松的状态下，往往能发挥出更大的创造性。”遗憾的是，近几十年里，工作不再是有趣的事，而是令人恐惧的事。质量宗师爱德华·戴明认为，工作中恐惧是创造性的大敌。我们赞成这一点。

据报道，英国一位杰出的战后政治家从来不允许自己在发表公共演讲之前小便。他的理由是：生理不适引起的紧张能使他一直保持兴奋。虽然现代管理者都不大可能相信他的理论，但很多人在管理中都相信，要使员工工作出优秀业绩，高强度的压力至关重要。“我们要不停地经受打击，直到我们进步为止”，一幅流传很广的海报上这样说。然而，反面的例证简直不胜枚举。在放松舒适的工作环境中，人们往往能作出更好的成绩。没有什么比幽默更令人放松的了。要使一群对工作充满恐惧又过度紧张的员工重新焕发活力，管理者的首要任务之一就是把乐趣还给工作。

当然，工作也有严肃的一面。各级员工努力工作既是为了完成工作任务，为了达到个人和公司的目标，也是为了获取一份丰厚的收入。这些都是工作中理性的、严肃的方面。但人们工作也还有其他原因。他们去上班还为了去见见同事，和他们分享经验。他们去工作还为了体验一种良好的自我感觉和满足感。这些都是人们之所以工作的社会原因，这些原因至少与工作中严肃的一面同等重要。

因为工作都有其社会环境，工作生活并不仅仅是完成一项任务。人们的大部分时间都是以这样的方式度过的。如果工作充实，人们就会发挥出他们最出色的状态。如果工作愉快，人们就会更加积极努力。如果工作更有“乐趣”的话，人们就会全身心地投入其中。这就是为什么增加工作中的乐趣对管理者如此重要：因为它对每一个人都更加有益——雇主、职员以及从更大范围来讲的社会。

让会议令人难忘

在大型企业内部，许多面对面的交流都是在会议上进行的。但奇怪的是，实际的日程安排，不管有多重要，却不如会议外的非正式闲聊更有实质性。正是在这种非正式的谈话中，人们交换了关键信息，敲定了大笔交易，巩固了同事间的关系。非正式的交流比公司所有会议的正式议程都更加重要。会议上人们“妙语连珠”的场景往往会成为参会者记住的“片刻”，也会变成公司趣闻轶事的一部分。

我们以下面的这次会议为例：一个颇受尊敬的大型制造公司的高层管理者开会制定一个全球性的经营战略。会上，一个人作了很长一段陈述，表示要“锁定”拉美一个主要市场的生意，可能需要投资 1.5 亿美元，听完他的陈述，老大往椅子上一靠，说：“这笔生意是大象的胃口，小鸡的肛门。”之后，当被问到对经营战略的整体核心有什么看法时，这位老大评价道：“这些图表令人眼花缭乱。”作为当时最受爱戴、最受尊敬的企业家，这位管理者留下了一个不朽的传奇故事。他之所以让人难以忘记，一方面是因为他的杰出事业，另一方面，就是因为他的警言妙语。

在任何企业，最重要的交流渠道就是口头交流。确实如此，因为人们在交流中更需要依赖于信任。商业世界中，还没有发明一种方式，比近距离、面对面的交流更有利于建立信任感。对那些已经建立起个人关系的人来说，在不能直接交流时，电子邮件为他们提供了另一种维持关系的方式。仅仅对一小部分长期泡在网上聊天室里的电脑迷来说，虚拟的握手能与传统的实在的握手相类比。

人们在偶遇时会谈论些什么呢？不管是在大厅里，在饮水机旁，还是在电话里——甚至在网上——人们谈论的多是关于人的话题。他们交换着各自家庭和社会生活的信息，分享着熟人的趣闻轶事，当这些话题都谈完了，他们便讲起最近听来的笑话。这样的交流是有价值的，因为它肯定了人性。非正式的交流提供了一个环境，人和人的关系就在其中形成并不断更新。

公司都会投入大量的时间和精力来安排会议。他们希望讨论会成为一种高效利用行政时间的手段。他们希望参与者专注于手头的具体事务，与可付诸行动的讨论结果保持步调一致。但大多数公司没有意识到，将员工聚集到一起才是会议最重要的方面。我们每个人都经历过糟糕的会议——议程安排混乱，讨论失去控制。但我们往往容易忘记，即使组织最失败的会议也并非一无是处，有时候它的作用仅仅是成为未来几个月人们闲谈的内容。

不久前，我参加了一个系列会议，会上一家大型跨国企业的一线员工在他们的老板和其他公司的老板面前表现得非常引人注目。他们报告说，在为顾客提供常规服务方面存在非常严重的问题。这次会议后面隐藏着一个道理，高级管理者们花时间来倾听一线员工的问题，它发出了有关顾客文化重要性的强烈信号。但实际接收到的信号却不尽相同。一场会议中间，一位高级执行官表现得非常不悦，因为“他的人”中有人把一个服务问题归结于“他的组织”问题。第一次会间休息时，他直接冲到酒店大堂的付费电话旁，给经营总部打了一个电话。一个过路人恰好听到他对电话另一头的人说：“找个理由把他炒掉，要不然就请你另谋出路吧。”每一个参会者最后都只记得这位高管对着付费电话连声咒骂的场景。这个信息很明确：“这是一个按等级运作的严密组织。不要再做任何事让你的老板在他的同行面前难堪。”这个接收到的信息显然不是会议组织者想要传达的。

非正式交流对影响企业文化发挥着重要作用。在非正式的交流网络中，人们总是在谈论着正在发生的事情，谁在做什么，还有人们对各种事件都作何反应。人们总是对最近公司调整中谁升迁了谁落后了、董事会又有怎样的变化这类事情津津乐道。通过非正式渠道传播的信息并不都是真的，但它们比真实的消息还要真实。人们总会认为这些消息是真的，因为消息的来源是另一个人。即使抱有怀疑，人们仍认为是八九不离十，而且这信息相当重要。非正式的交流网络有它自己的存在方式，它创造了一种独特的事实，对大多数人来说，这种事情确实有意义。

如果非正式交流网络如此重要，那么管理者应该如何利用这个渠道使企业文化重获生机呢？答案显而易见：应该放下架子，与员工多多交流。在任何一家公司，人们都会仔细关注“大老板”的一言一行。原本无关紧要的事情和言论经过传言就成了当天最新的文化传说。如果老板看上去忧心忡忡，就会有公司陷入困境的传言。如果老板看上去心情愉快，就会有各种故事传出，解释老板为什么高兴，以及这对公司各种重要事项意味着什么。如果正当人事调动之时，老板惩罚了某个人，那么有关某人将会青云直上、某人将会失去光环这样的谣言便会满天飞。人们总是会去关注、去揣测“大老板”的行动。不管你高兴不高兴，高管就是活标识，一言一行都传递着强有力的文化信号。

乔·威尔逊（Joe Wilson）曾是施乐公司颇具传奇色彩的 CEO。多年前，他来到公司位于纽约州韦伯斯特市（紧邻罗切斯特市）的主工厂，仔细察看了一部正在打包的复印机，并对机器上使用亮橙色的控制盘提出了反对意见。听到这句话的人立即把他的意见解读成了一条命令，应该去除这些讨厌的控制盘。从那以后，施乐就再也没有生产过一台橙色控制盘的机器。

史蒂夫·凯斯（Steve Case）是互联网领域领头羊——美国在线公司（America Online）的 CEO，他性格内向、个性孤僻。根据卡拉·斯威舍（Kara Swisher）在 1998 年出版的《美国在线》（*Aol. com*）一书中的描写，史蒂夫在网上聊天室里待的时间比跟员工开会交流的时间还长，即使在公司发展坎坷的那几年也不例外。但这并不影响他在员工心目中的形象——就算面对危难，这位面无表情的 CEO 也能镇定自若。在公司面临一个又一个灾难时，凯斯公认的镇定从容是将公司上下团结在一起的关键因素。

凯斯在美国在线公司的经历为其他高管提供了颇有价值的启示。发挥一个领导者的作用并不意味着成为舞台上的表演者。一些 CEO 天生擅长表演，另一些则并不擅长。凯斯就属于不擅长的那一类。但他全心全意地为公司而努力。他个人的影响力远远超过了 CEO 这个职位的影响力，因为他是真正为了公司和公司的发展考虑。CEO 们应该牢牢地记住凯斯的故事（或者类似的传奇故事）。最重要的不是你如何擅长玩这种游戏，而是你在公司里究竟代表什么。

惠普有一个流传很广的词叫“散步式管理”。这建立在领导者喜欢与员工进行非正式的近距离交流上。我们认为在散步时，很适合与员工公开坦诚地进行交流，让他们了解你在公司里代表什么。在非正式文化交流网络中，领导者需要创造素材原料来完成企业文化阐释的任务。虽然这并不足以完全扭转一个有缺陷的企业文化，但如果不能很好地利用这现成的最有力的交流工具，其余的工作将会更加困难。

而且，放下架子与员工交流也会给人带来很多乐趣。四处走走能让你遇见很多有意思的人，你还有机会得到一些从其他渠道得不到的信息，有机会在工作中与人分享笑话和欢乐。如果你仔细聆听，你会发现人们真正在乎的是什么。四处走走能让别人觉得你更加人性化。更重要的是，能帮助别人从一个真正的人的角度去了解你，了解你所信奉的重要价值观。

当正式交流遇上非正式交流

每家公司都有一系列正式的内部媒体——公司杂志（大多数人把它称为内刊）、公司时事通讯、新闻稿以及新闻报道总汇。由于这些刊物的广泛发放，员工们能了解到公司传递给外界的形象，同时还能实时了解突发新闻和最新进展。一些内部刊物做得相当不错，其美工与设计甚至可以与那些封面最光鲜的盈利杂志相媲美。但遗憾的是，它们在向内部目标读者群传递有意义的信息这方面，往往比不上那些以市场为导向的出版物。尽管如此，内部刊物仍是世界上阅读率最高的印刷出版物之一。员工们贪婪地阅读内部刊物，期望找到一些信号和线索，以了解公司到底发生了什么事。

为什么大多数以内部员工为目标读者群的刊物在信息传递方面做得如此失败呢？原因在于这些文本都是由一个叫作公司通讯部的专职部门制作的，而这个部门的成员并非训练有素，还不足以承担这项工作赋予他们的重大责任。通讯部的成员通常都是记者出身或者是新闻专业毕业。他们对商业知之甚少，很多时候还欣喜地认为自己通过干一份真正的企业工作学到了很多东西。我们不应该责备他们没能将工作做得更好。他们通常得不到管理层的充分支持，得不到公司的重要信息，也听不到什么实质性的内容。所以，他们看重刊物的形式甚于其功能。我们认识的一个企业通讯员曾向他的 CEO 抱怨刊登公司时事通讯的篇幅不够。这位 CEO 反问道：“这跟你的工作或者是我们的商业有什么关系呢?”

你有没有想过为什么那些个性化取向的杂志，如美国的《人物》

（*People*）和欧洲的《快报》（*L'Express*）享有广大的读者群？因为它们满足了我们对于其他人的新闻的一种天然的好奇心。企业刊物如果能够满足同样的好奇心，能够报道重要的日常新闻，关注工作中真实的独特人物，也能提高它的受欢迎度，只是通常它们都做不到这些。它们失去的是一个向企业团体传递文化信息的机会。

一家大型专业服务公司的常务董事决心在任期内在公司留下自己的足迹。公司松弛懒散的风气让他很烦恼。公司业绩做得非常成功，以至于人们都在电话旁等着别人打电话给他们，提醒他们增加新的服务项目（而不是主动去寻找新的潜在客户）。为了改变这种毫无生气的状况，他在员工月刊上开设了一个名为"常务董事日历笔记"的专栏，其中包含了许许多多关于他定期努力开辟新业务的事例。他的笔记成为员工了解老板能力的必读之物。

专栏开辟不久，这位常务董事同时接洽了两个重要的客户，一家汽车制造商和一家大型消费品公司。这里还有一个可能是杜撰的小故事。一天，这位董事正在参加一个消费品公司的会议，在此之前他刚从欧洲处理完业务匆匆赶来。会议主要是关于消费品行业的一项重要政策展开一场辩论。经过疲惫的旅程，董事突然从开小差的状态中回过神来，说："你们想成为一个怎样的汽车公司呢?"他的同事立即帮他把这个明显的失误掩饰过去了，会议又回到原来的讨论中。从那以后，"常务董事日历笔记"似乎总有一个副标题——"你们想成为一个怎样的汽车公司呢?"这个幽默的失误甚至还影响了员工们对这个栏目的兴趣。

同时，新闻采访作为一种贯彻文化主题的手段，也有待开发。但大多数高管——如果不是全部的高管——都害怕新闻媒体。他们对于不受公司控制的宣传几乎没有什么好感。他们应该意识到，对这些公开报道最感兴趣的读者就是他们自己的员工（和一些希望从公司股票中获利的金融家）。公共采访是向公众包括员工传递信息的最佳方式，它向人们展示了这家公司代表的不仅仅是正在增长的商品数量和已经发布的财务业绩。极少管理者能够恰如其分地利用这种机会（也有少数例外，比如ABB公司著名的CEO珀西·巴纳维克（Percy Barnevik），就让媒体参与了他重新调整公司的系列活动）。

在很多公司，广告都被看成是市场人员的领域，因为他们希望占有商品和服务的市场份额。但有时候，一则广告会因为受到雇员和消费大众的欢迎而吸引公众的眼球。安飞士、土星汽车以及美国西南航空公司的广告就是很好的例子。遗憾的是，大多数广告都是些陈词滥调，就好像产品和服务都不是人类生产和提供的。所以，贯彻文化信息和文化主题的机会被白白浪费掉了。

同样，公司参与各种各样的宣传活动，以扩大公司在公众中的认知度，通常这都是在支持一项有价值的慈善事业中实现的。近年来，很多公司热衷于赞助体育赛事，尤其是职业高尔夫巡回赛。这类赛事的赞助商究竟想向公众传递什么信息呢？人们的解读结果往往不是他们试图传递的信息，例如，员工可能理解成“我们的高管不过是一群无所事事的肥猫，喜欢和一群收入过高的职业高尔夫球员在球场里凑热闹”，或者是，“如果你正为其中的一家赞助商工作，你也可以抽出工作时间来打高尔夫”。当然，考虑周全的企业高管会做得更好。对当前的交流计划稍微作一些调整就能抓住失去的机会，强调公司的理念是什么，公司代表什么。

英雄人物

员工每天都会从事各种各样的公司活动，其中很多是无聊的常规活动。一些人是出于自私自利的目的在工作，还有一些人为了公司的利益而加倍努力工作。在一个普通工作日中，纵观所有的员工活动，你会很清楚地发现，几百项非凡的工程几乎都是默默无闻的员工们在常规工作中完成的。做出非凡成就的普通人就是文化英雄。但有多少回他们的英雄行为受到过肯定和嘉奖呢?

英雄人物非常重要，因为他们代表了旁人不可企及的超越生活的角色。他们是无数光辉业绩的缔造者。随着时间的推移，如果他们一直创造着英雄的业绩，就会被提升到一个名望的文化馆中，这种名望是专属于那些颇有作为而且看上去无所不能的人。人们往往会塑造一个英雄形象以弥补自身经验的不足。

许多好的公司都会选出模范员工，并积极地挑出特殊个体吸引大家的注意。例如，英国电信公司曾努力开展一系列活动，将关注质量的思考纳入企业文化。质量颁奖晚宴就是方法之一，有突出表现的个人和团队会受到嘉奖，得到认可。晚宴之后，公司会发行一个小册子，上面总结了质量项目的历史，还记述了个人实现项目既定目标的实例。虽然这样的庆祝有些机械（也许是为了顺应英国商业界制度的风气），但这家公司向我们展示出，在创造英雄方面，它做到了极致。几乎英国电信的所有员工都非常清楚公司的价值观及其由来。

还有一些公司在挑选表现出众的员工时做得更加引人注目。例如，因以人为本的价值观而著称的美国西南航空公司，每月都会表彰 10～12 名行为符合公司价值观的员工。“胜利精神”奖的候选人先由员工和顾客提名，再由中央委员会决定这个月的最终获奖人选。当选者会被请到总部，授予特殊的徽章、纪念品和免费旅行机票。之后，他们的事迹会发表在定期出版的员工时事通讯《爱之航线》（*Luv Lines*）上。除了每月的表彰之外，还有一个更加盛大的年度表彰宴会，奖励在公司任职时间长的员工，还会选出对公司价值观作出贡献的突出个人。除了这些既定的庆典，当有特殊的事情发生时，公司还会当场即兴进行庆祝。包括“幽默感”奖、“最英勇家属”奖、“全心全意”奖、“创意与勇气”奖、培训优秀奖、“实话实说”奖和“年度发型”奖。请记住，美国西南航空是全球航空业中员工生产力最高的公司。所有报道都表明，它也是一个充满乐趣的工作场所。

面对面的事件提供了表彰机会，同时也提供了许多可以用来说明什么是正确的趣闻轶事，它使管理的内容更加丰富化。记述这些轶事有助于宣传文化信息和文化优先项。没有什么比祝贺那些为公司作出特别贡献的人更令人满意、令人欣慰的了。在真诚地肯定员工的示范性行为时，没有谁会不高兴。公司行为准则也没有规定高管不能在履行义务时获得快乐，甚至享受乐趣。嘉奖英雄人物无疑就是管理者最有乐趣的工作之一。

庆祝成功

几乎每家公司都会不时举办特殊的活动褒奖某个团队的员工的突出业绩。退休典礼算是其中的经典传统，典礼上，在公司任职 30 年、40 年或 50 年的忠诚员工会得到金手表作为奖励，以肯定他们对公司忠诚的服务。随着精简规模的开展，公司鼓励（实际上是强迫）许多老员工另谋出路。所以，退休庆典演变成了公司日历上某天的一项固定活动。但作为企业生活非正式的一面，庆典往往成了员工们唾骂企业政策不近人情的时刻。

这幅图画究竟出了什么问题？曾是员工最期待的庆典现在缺少了什么？我们认为答案在于缺乏的是灵魂——人们不再真诚地相信他们庆祝的东西是重要的了。规模的问题同样使得许多企业不能将长期以来的传统延续下去。因此，许多企业的环境不再具有曾经吸引员工和顾客的外在装饰了。

真正的庆典来自何处？来自人们纪念生活中的里程碑的尝试。在我们的个人生活中，生日、婚礼、结婚周年庆、某个人的降生——甚至还有死亡——提供了庆典的契机。当然，由于每件事情的焦点各异，庆典也各不相同。大型的社会团体也会庆祝过去的伟大事件。国家法定假日就是伴随着纪念历史性时刻的周年庆典而诞生的。世界上的大部分国家都有举国欢庆的事件。即使赢得一场体育比赛这样相对细微的事情也会滋生出一种深深的自豪感。人们为自己成为一个大集体中的一分子而感到高兴（例如，法国出乎意料地获得世界杯冠军后举行的盛大庆典）。

为什么现代企业要远离这种自然的、合乎人性的反应呢？人们总会怀念过去意义重大的事件。部分是因为许多企业里值得庆祝的事情越来越少了——至少公共的事情是这样。除了受益者的家属，谁还会聚在一起庆祝一位收入过高的 CEO 的股票增值了呢（尤其紧接着是一连串强制节约的通知时）？即使那些持有股票的员工，谁又会聚在一起纪念股价再创新高呢？除了一群投资银行家外，谁还会为又一次企业的成功购并而庆祝呢（尤其是同时会有另外 10 000 个工作岗位要被裁掉时）？这便是 20 世纪 90 年代企业界能够引人注意的新闻。难怪庆祝的传统已经萎缩或者索性全然消失了。

但并非所有企业都是如此。正如上文提到的美国西南航空公司，诚然是由于一系列企业成功的支撑，非常频繁地举行各种庆祝活动。虽然近年来制度经历了多种变化，花旗公司仍然承袭着每年举行盛大豪华的圣诞晚会的传统，庆祝成为花旗银行大家庭中的一员。不过，有人也怀疑在注重成本控制的桑迪·韦尔和他在旅行者保险公司的同事们的领导下，这个传统能否延续下去，既然花旗公司和旅行者保险公司之间已经完成了据说是世界上最大的合并。美国在线为微软进入在线服务市场举行了庆典。像微软这样发展成熟的企业进入这一市场，规范了所有在线服务领域竞争的参与者，其中也包括美国在线。这次纪念活动是美国在线最令人难忘的庆典之一，而它的核心主题是：微软，一只即将任人宰割的恐龙的画面。

事实上，庆祝有益于心灵。现代企业没能将这样的精神传统延续下去，是一个巨大的失误。从最单纯的形式上看，庆祝是为归属于某种有价值的东西而喝彩。没有理由不鼓励人们因自豪而聚集在一起的庆典。如果一个企业想要重振其破碎的文化，重开庆典就是复兴之路上的重要一步。

玩 耍

一般人工作期间都会玩耍——当然不是所有时间都在玩，而且通常也不会影响自己或者别人的工作。玩是为了从正常工作日的紧张中得到放松，玩是因为它有助于使注意力从一直关注的工作（或者个人）的问题上转移开去，玩是因为它提供了一个单纯与同事交流的机会。最终，玩耍仅仅是因为有时候放松一下的感觉很好。在玩耍中，员工仅仅是单纯的人，他们回归到从前生活更加简单的时光，玩耍需要他们那样的心态。所以，他们在玩耍中变得更具创造力。

编写和调试程序的微软程序员就曾在公司外面的走廊里打水仗，但他们编写的操作系统成为 IBM 手提电脑的标准系统。同样的一群程序员，通常为了在最后期限之前完成任务而通宵达旦地工作。然而，他们的做法据说让 IBM 里那些严于律己的同事们大吃了一惊，他们不习惯工作中出现这些稀奇古怪的事情（或者即使他们做过同样的事情，也不会认同这种行为）。他们可能会安排周末一起去打高尔夫球（但大多数打水仗的程序员周末会在痛苦的工作中度过）。IBM，毕竟在过去和现在都有一个高尔夫文化。

每周五下午，弗吉尼亚州美国在线的员工们都会在办公室里开一个啤酒狂欢会。并不是只有他们才这样做，数百家公司，尤其是高科技产业公司都钟情于这样的啤酒狂欢会。后来罗伯特·迈纳（Robert Miner）几乎每个下午都会给员工一些休息时间，让他们来静静地下一盘棋，就是这个负责开发数据库技术的人把甲骨文公司推向了市场主导地位。他的老板拉里·埃利森（Larry Ellison）（现已是亿万富翁），曾经常常打断工作发起一场即兴的网球或者篮球比赛。美国恒康人寿保险公司（John Hancock Insurance）的精算师们在公司内部棒球赛上投入的精力几乎和花在工作上的精力一样多。多年前，两位精算受训生在工作之余还利用公司的电脑分析附近奇境（Wonderland）赛马场的模式。据说，麦肯锡咨询公司一直以来都保持着它的竞争传统，每周都鼓励同事之间对橄榄球比赛的输赢进行赌博。近年来，连夏天也成了他们的赌球季节，一种特别残酷的棒球比赛成了他们竞争的主要动力。人们确实会在工作中玩耍，而且常常这样，但这并不表示他们对老板不满。

既然玩耍在工作中这么重要，那为什么不把它列入管理日程呢？原因应该不是管理者害怕打扰员工们的个人生活：20 世纪 90 年代一系列降低成本的行动使数百万人的生活陷入了混乱；或者仅仅是因为管理者，尤其是高层管理者觉得跟员工一起边玩边工作会降低他们的身份。不管什么原因，管理者们只是站在一旁不积极参与的确是损失很大。

在工作中玩耍可以使人放松。它在不同的级别之间起到了平衡器的作用，不经意间创造出许许多多的交流机会。因为玩耍让人愉快，玩耍就成了人们闲谈的主要话题，而这有助于定义公司的内涵。玩耍是文化的舞蹈，是团结员工给员工归属感的最具表现力、最具创造力的行为。玩耍将人们维系到了一起，他们可以一起欢笑，一起努力，相互竞争而心无怨恨。

我们是在建议大公司的 CEO 应该穿上运动鞋加入公司内部的棒球比赛吗？我们完全不反对这样一个观点：CEO 直接加入员工中，和他们一起玩耍，比做其他任何事都更有利于把这个团队团结起来。更多时候，CEO 是在和其他 CEO 或者他们的亲信一起打高尔夫球。也许他们可以考虑抽点时间随意地参与其他更多样的娱乐活动。即使做不到这一点，为了重视公司的娱乐活动，CEO 和高管们也可以表现出他们确实参与其中。出席一场内部棒球赛虽然不能和亲自参与比赛起到同样的作用，但管理者却会因此显得更加人性化。参加一场公司赞助的高尔夫巡回赛时，管理者几乎没有什么机会与员工面对面地随意交流，这是由高尔夫球赛的规则决定的。但这仍然可以表现出管理者愿意放下架子和员工一起走上球场。积极参与办公室的赌球也许并不能让你和员工做朋友，也不会增加你在他们中的影响力，尤其是对于不擅赌博也没有赌运的管理者们来说，但这可以让他们感觉到你和他们是有联系的。也许下次主管层向下传达信息时，他们会更加重视。

每个高管的领导风格可以不同，但必须是真实的、自然的。如果哪位高管想让他的企业文化重新焕发活力，就必须重视每一个机会发挥自己的影响力，让员工一起践行公司的价值观。参与到员工当中，和他们一起玩耍就是一个有待利用的大好机会。

幽 默

有人曾引用了海明威说过的一句话：“幽默就像一层肥料，有助于作物的生长。”这句话在工作中也同样适用。幽默可以使人放松，有助于人们更积极地看待工作中必须面对的挑战，更新颖、更有力地抨击有关工作的问题，也有助于人们以更平常的心态看待自己。这样，他们会变得更加清醒，更加重视别人不得不说的一些话。幽默可以消除紧张状态，使工作更容易开展。幽默可以激励人更加努力地工作，因为它可以使人们避免在无谓的斗争中遭受打击丧失勇气。工作并不是绝对严肃的。虽然有其严肃性，但人们感觉良好时往往能把工作做得更好，而幽默能够使人们对自己和工作都感觉良好。

不论气氛多么紧张，在工作中幽默的力量总是不容小觑。通常当人们忍不住想讲个笑话时（不管这个笑话有多老套），幽默的力量就会表现出来。在适当的场合，人们往往会拿自己开玩笑，这样他人会觉得自己是在和普普通通的人打交道。在爱开玩笑的人的世界里，任何可笑的人或事都会成为他们瞄准的对象。工作中总有一个或几个这样的人。要是没有幽默，日复一日的工作就会变得非常乏味、压抑。

由于局域网和电子邮件的广泛应用，现代计算机技术惊人地发展成了一种幽默的催化剂。在早期互联网时代，很多人说它的主要用途将是在世界范围内传播色情内容。而现在这种说法已经不存在了：电子邮件成了最主要的娱乐方式，尤其是在工作中。人们在网上分享笑话的时间可能比进行常规交流的时间还要多。

有意思的是，工作时的幽默常常伴随着老板的出现戛然而止。不管是什么原因，工作时人们往往会认为老板是没有幽默感的。他们还会觉得，如果老板看见他们工作时还在讲笑话一定会大发雷霆。老板带着严厉的表情威严地走过来，自然加深了人们的这种看法，即使最爱开玩笑的人也会被他这副模样吓到。多好的一个机会就这样白白浪费了。美国西南航空公司就积极鼓励员工在工作时开玩笑，在同事眼里最会开玩笑的人还能得到奖励。一些愤世嫉俗的人可能会说，西南航空鼓励幽默是在以一种不正当的方式取悦顾客，他们之所以选择西南航空只是因为它比较便宜。虽然这种说法也不无道理，但我们并不认为这是西南航空这样做的全部理由。我们相信，西南航空鼓励工作中的幽默是因为它承认一个愉快的团队比一个呆板的团队工作更努力、更高效。而为什么其他公司意识不到这点是现代工作生活中让人想不明白的事情之一。

除了让一个愉快的团队更努力地工作，管理者们为什么不鼓励员工们看到生活更轻松的一面呢？我们认为深层的答案存在于企业以及其他社会形态的文化核心中。在联系紧密的社会中生活的人，在强势企业文化里工作的人，在不断地为他们成为精英而庆祝。虽然庆典有它严肃的一面，但如果没有欢笑（愉快而有归属感的人暗自高兴），庆典也不成其为庆典。欢笑会让人产生美好的回忆，想到自己归属于某种有价值的东西。所以，每一个想要复兴企业文化的管理者，每当听到身边的笑声时，都应该为之鼓掌。欢笑是一个隐形的标志，它让人意识到自己很享受自己的工作。他们希望归属于有价值的东西，很高兴成为与众不同的东西的一部分。工作中的幽默越来越多表示企业离一个有凝聚力的文化越来越近了。

管理你的“乐商”

花旗银行副总裁马克斯·古尔德（Max Gould）之所以著名，不仅因为他的管理效率，还因为他的“马克斯名言”。这些短小精悍的语言不仅包含了马克斯的管理观念，也浓缩了管理艺术本身的智慧。其中有两句最著名：“你无法管理你无法测量的东西”；“着手调查，不要凭空指望”。作为管理者，如果你想在工作中注入更多娱乐，建议牢记马克斯的名言。

进入这个充满管理娱乐的矛盾世界，你必须确定你在自己的工作中能否感受到娱乐。建议你用比较明确的方法来检验这一点。从记“娱乐日记”开始，从这种每日评论中开始秘密地记录你每天在工作中发现的乐趣。如果开会时感到开心，记下来；如果某人给你讲了一个好笑的故事或笑话，也把它写下来；如果什么可笑的事让你笑了，也别忘了记上一笔。月末，再回头看看你到底拥有多少乐趣。

也许你甚至想为乐趣做个测量；为了说明，我们把它叫作娱乐商数（简称“乐商”）。乐商可以测量你每天感到快乐的次数，也可以检验一个月里你的情绪是在变好还是变坏。它没有什么神秘的，只是关于你工作是否愉快的一个简单标尺。当你看到这个标尺时，问问自己：“我还能做什么能让工作更有乐趣?”寻找答案，不管这个答案多么令人不适。

让自己更加快乐只是娱乐管理中的第一步。真正高级的娱乐管理在于努力让周围的每个人都享受到乐趣。这时候你日记中的乐商就开始发挥作用了。当你看到人们在享受乐趣时，把它记录下来。尽可能地去理解他们为什么高兴，把原因也记下来。是因为谁主持了会议吗？因为议程安排的方式吗？还是因为人们聚在一起的原因？在判断人们是否高兴时是不是你的主观臆断在发挥作用？记住不要把你观察到的东西过于哲学化，也不要企图从中得出过多结论。如果你把这件事看得太重，可能就没有什么娱乐可言了。做个记录，这样闲暇时你可以回过头去看一看，想一想。

作了足够的观察后，可以退一步看看谁过得最开心，为什么。审视你的内心，试着判断你对总体的乐商是否满意。如果不满意，想想你能做什么去改变它——你要亲自去做：上帝是不允许你把这种事情交给别人去做的。负起你的责任，让你管理的企业在这方面发生变化。你会惊讶地发现，你的影响有多大，带来的改变有多迅速。

这当然也需要平衡。娱乐并不是工作的全部，但辛苦也同样不是。如果你和我们一样真诚地相信快乐的人会工作更努力，也更富有成效，那就试一试吧。你会有什么损失吗？而且，这很有意思。

第12章

确保优异的工作绩效

为什么要建立强企业文化呢？在诸多原因中，有一个原因最显而易见：因为你想让公司实现持续、优秀的财务业绩。打文化牌是实现这个目标的手段之一。强大而充满活力的企业文化适应当前的主流环境，能带来非凡的效果。但是，如果管理和领导达不到更高的水平，任何一个组织都不可能提高业绩。此外，若无持续的业绩评估，没有组织能长时间保持高标准。要想成功，个人和集体都需要反馈，告诉他们哪些做得不错，哪些需要提高。

建立高凝聚力和自信的企业文化并不会自动提升工作绩效，这还需要有目的的管理。若是花了大量的时间和精力振兴企业文化而不追求本应增长的利润，这么做就没有意义了。既然每一个企业都是人的企业，在创造带来高业绩的文化方面，就让管理者处于中心地位吧。

雇用合适的人

兰德尔·斯特罗斯（Randall Stross）在《微软之道》（*The Mi-*

crosoft Way）中，认为微软长期以来招聘人才的统一性和连贯性是其巨大成功背后的首要原因。微软只雇用最聪明的人。从比尔·盖茨到底下的员工，管理涉及招聘过程的方方面面。微软面试时对应聘者咄咄逼人，说明要得到这份工作口齿伶俐也很重要。微软寻找新的人才时，并不看重工作经验和学业资历。微软认为聪明的人会知道该做些什么，而真正聪明的人会比普通同行高效得多。尽管聪明而且言语上不服输的人可能会使得工作环境不那么融洽，微软的雇佣体制却保证了一定程度的文化凝聚力，这点很少有公司能与之匹敌。

我们再来看看另一个虽然和微软一样依靠知识专长但却完全不同的行业，雇用合适的人明显也受到同样的重视。麦肯锡公司是世界上首屈一指的管理咨询公司，它将相当可观的高层管理工作的时间用在招聘上。除了应聘者的智力，麦肯锡还关注他们在平常或者是特殊情况下表现出来的领导能力。应聘者的口才和他们以往学习工作的卓越表现是必备条件。多年来雇佣政策的统一性，使得麦肯锡的文化具有凝聚力且积极进取。这是该公司长时间领跑管理咨询行业的重要原因。

微软和麦肯锡都认识到企业中一个生活的真谛：人们希望身边的人都和自己差不多。人们不经意间就能发现，强文化企业的员工私底下经常聚会，这没什么好奇怪的。老 IBM 人看上去都差不多，思维也很像。老一代通用电气工程师表现出来的技术和行业知识，远远优于其他工程师。麦肯锡的顾问在顶级公司的顾问中脱颖而出则是因为他们作为企业独特文化的一部分，完美而一致地诠释了这种自信的自我形象。如果你看到有市场人员在超市过道上来回走动，检查其竞争企业产品的货架空间分配，就能辨认出他们是宝洁人。数字设备公司的现场工作人员则因为他们身上的学院气而与众不同。他们中大部分人都是在美国最大的大学城波士顿获得聘用并接受培训的。

要建立有统一价值信念和严格标准的文化，必须对新进员工设立一套要求。需要有一个文化塑模，既足够严格使得新员工能够融入企业，又足够灵活使得当环境变化时能有新的应对行为。雇用一些太与众不同的人是防止灾难的诀窍。同样的道理，只雇用同一类人会使组织缺乏真正的活力。关键在于平衡好两者。要做到这一点，一套明确的招聘政策和标准是必不可少的，这在建立或者是改变任何文化时也是最基本的。

近几年，公司更多关注的是解雇和裁员，而不是雇用员工来填补工作空缺。但寻找雇员的文化定律同样适用于“逆雇佣”——选择谁该离开。遗憾的是，很少有公司在裁员时考虑过决定人员时重要的潜在文化因素。优秀的公司雇用和解雇员工时根据其文化模式，决定理想的员工该是什么样的。这些公司投入大量资源——主要是管理层关键人员的时间和精力——来保证这些重要决策是合理的。薄弱或分散的企业文化则把雇佣（或解雇）当作平常事务，并将最终自食其果。

除了普通的雇佣和裁员，公司上下最关键的决策在于顶层管理职位的招聘。在进行新的高级管理职位招聘时，负责的主管常常寻找新鲜血液和技能，寻找那些体现出公司已有文化中所缺乏的特质的应聘者。所以，美国在线公司雇用了联邦快递的执行副主席拉祖克（Razzouk），因为他循规蹈矩，经验丰富，这都是开放无序、朝气蓬勃的美国在线所没有的。他在这个职位上干了四个月，并不是因为他没本事解决这个公司的紧要问题，而是他的工作方式对美国在线的自由散漫文化来说太格格不入了。与此相比，克莱斯勒则在汽车产业内部寻找企业以外的人才，聘用福特的李·艾柯卡（Lee Iacocca）为新的CEO。虽然他在任时不时引发争议，但这一企业外聘用却获得了空前的成功。因此，寻找新鲜血液的诀窍在于正确找到新旧间的平衡。

奖励合适的人

在任何时候，公司可以有成千上万种方法去奖励那些工作表现出色的人。这些奖励可以是随意地拍拍肩膀，也可以是奖金红利和额外休假，或者是职业提升培训特别课程的学费。奖励也可以包括特殊的工作任务和更多的信任，例如给人更多的责任。管理部门的创造力决定了奖励形式的多样性。

大多时候，奖励表示对工作的肯定，但很少会因此给人晋升。晋升是件复杂的事情，因为如果没有什么特别严重的过失，升上去的职位很少能被撤回。所以，只有那些公司认为将来会扮演领导角色的人才能得到晋升。相比来说，其他奖励则可以给任何工作值得肯定的人。奖励可大可小，由成绩决定。因为这种奖励的目的是表达肯定，所以应该在每天的辛勤工作之后时常进行庆祝。

就文化来说，这种肯定主要针对那些彰显核心价值观和信仰的行为。其他领域的表现也需要肯定，但这些内容很多都对企业文化没那么重要。例如，奖励优异的销售业绩很正常（很合适），有没有销售出去是核心的价值观。即使高效的销售不是文化的首要任务，奖励优秀的销售人员仍是合适的。可惜的是，文化意义重要的活动常常得不到奖励。例如，有些行为仅仅是保持了文化的活力，也应该得到肯定和奖励。如果核心价值观得到巩固，那些彰显这些价值观的员工理应得到这样的奖励。表现出文化发展和扩展新领域可能性的员工行为也应得到肯定。当有些人冒险跨出了现有文化界限，获得了可以做他人榜样的某些成绩，应该得到肯定。如果没有给予肯定，就传达了相反的信息：无论如何也要避免这种行为，因为这种行为不受赏识。

还有一种应受奖励的独特行为是那种抵消了麻烦不断的现有文化规范的行为。比如说，有些文化竞争意识太强。通常情况下这种价值观是得到鼓励的，但是公开的竞争意识，特别是着重于企业内部员工之间时，则会不正常。保留竞争的价值观，减弱它可能带来的有害影响，肯定那些愿意为更远大的目标奉献的员工，这能向他人传达温和的信息，同时培养合作与竞争。

只有当人人都得到肯定与奖励时，这种方式才变得没有意义。用奖励来巩固文化价值观和信仰的管理者必须知道，奖励的信息怎样传达给其他人，应该和奖励颁给谁一样受到重视。对个人来说奖励极具鼓舞作用，在彰显企业文化方面奖励的作用更大。

晋升合适的人

在所有工作场合的奖励中，晋升所传达的文化信息最受人关注。决定晋升哪个人是管理工作最麻烦的部分。除了其他重要的标准之外，若还要考虑到文化因素，晋升决定几乎就变得不太可能。但无论承不承认，从顶层管理职位到办事员的晋升，文化方面的考虑总是存在的。

想一想管理上的考虑给每一次晋升带来的压力。首先，如果这项工作是监督类的，候选人应该有足够的资格，能够有效地进行监督。当然晋升决策比起仅仅找到最合格的人选复杂得多。可能有人不是最胜任的，但是长期来看，他在公司的前途非常光明。或者这次晋升可能是其辉煌事业的起跳板。可能更有资格的候选人看起来是合适人选，但有人也许需要一个机会来证明他能做些什么。或者是考虑一下另一个需要接触更广范围的工作和管理经验的候选人。还有一些候选人潜力不足，但是因为多年来忠实地坚守在工作岗位上，对工作的一切情况了解得清清楚楚。这么复杂的情况让人难以抉择。

作出正确的晋升决策是管理工作的重中之重。但即使天天都在作这种决定，结果也常常不尽如人意。个人偏好通常会决定哪个候选人得到这个职位。顶层管理人员对不同人选的优点知之甚少，却会任意干涉晋升决策。于是，有前途的人常常得到晋升，而非那些最有资格的人。这种情况以及它所传达的潜在信息马上成为人们茶余饭后的谈资和流言蜚语的主题。

文化标准给选择某一职位的合适人选这一问题增加了一整套另外的考虑角度。候选人甲是否适合现有文化？任命候选人乙能否传达期望中变化的信息？任命公司以外的人员是否代表了一个完全不同的方向？若是任命公司以外的人员，是否会受到其他人的排挤？任何一个负责晋升决策的人在权衡所有相关事宜时，都是不会安宁的。

在考虑晋升时，找到能胜任的人选是当务之急。若是晋升那些不够格的人选则会给升迁的人以及他所监督的人带来灾难。但是，若主要考虑到活跃或改变文化，最可能传递文化信号的有资格人选常常得到了这个职位。晋升决策在一家公司的文化生活中极其重要，绝不能不注重文化考虑就作决定。

提供合适的（金钱）激励

所有人都是为了赚钱而工作。即使他们还可能为其他原因而工作，但与一份满意的金钱奖励相比，那些都不重要了。人力资源界有一个把报酬形容成三个 M 的说法：我（me），我的（mine），更多（more）。此外很多有见识的管理者都认为只要谈到钱，一个雇员的智商就会大大下降。钱很重要，无论是最低薪的职员还是拿着大大超出工作应得报酬的 CEO，钱都一样重要。

决定怎样合理地付人酬劳是件十分复杂的事情，远远超过一本讲企业文化的书的范围。有些在股票市场业绩名列前茅的知名公司把这一问题简单化了，只是大方地派发股票期权。当股票市值猛增时，报酬不再是当下要操心的事，因为大量员工做梦都没想到自己会有那么多钱。微软成批的百万富翁有力地证明了在适当的时间待在适当的地方多么有用。而对于20世纪90年代时并未在股市繁荣时期受惠的大多数公司来说，报酬仍然是一直要操心的问题。

有关报酬的关键文化准则是公平。从事同类工作时，人员的报酬水平的差异会带来不和。引起这种差异的可能是决定津贴时，优先考虑教育水平，而非以往工作经验、年龄或者是某一工作的任期。对任何做同一份工作的人，这种差异都很难解释。而若是由于像业绩奖金或股票期权计划这些各种各样的激励手段所引起的差异，则更难让人接受。除非报酬计划的目标是鼓励“赢者多得”的行为准则，这种计划无疑会破坏文化凝聚力。

如果薪金水平的差异是如此有害的因素，在文化上有没有分配薪金的好方法？唯一在文化上健全的方案就是同级群体的员工津贴完全一样，这个同级群体需要合理定义。当然，必须解决一个合理定义的同级群体如何构成的问题。有些公司里，这一群体就是所有在某一特定级别工作且工作绩效相同的人。对另一些公司来说，同级群体则是根据那些为得到上一级职位晋升而努力的人来定义的。例如，麦肯锡公司多年来都是给它的助手和初级合伙人支付一样多的报酬，这是根据公司估计他们在“不上则退”的人事阶梯上爬到上一级要多久来决定的（也就是所有助手成为初级合伙人，初级合伙人成为资深合伙人）。这一系统奏效了：虽然有人抱怨总体薪金水平，但在同级群体内并没有关于相对薪金水平的争论。这一方案是保留了公司强文化的一个重要因素。

尽管企业一直流行用津贴激励方案来“鼓舞”员工，工资水平上的差异却在员工之间增加了隔阂。因此，这种差异就成了建设强文化的不祥诅咒。下一次你坐在桌旁要决定谁因为什么该得多少钱时，要牢记这一点。

通过组织让员工发挥最大效用

公司进行结构上的安排以完成各种各样而且常常是相互抵触的目标。在企业顶层，即使是精力最充沛的 CEO 也不可能“监督”——这还远远算不上是管理——一个企业中各种不同的活动。因此，企业被合理地分成几个部分；工作职责分配给不同的职能部门，各职能部门再向 CEO 报告。于是 CEO 就有空来关注企业的整体战略和首要任务。这种安排合适吗？无论合不合适，这都是最根本的。

公司使用许多基本原则来决定哪些行政人员应向 CEO 报告。早期，组织模式大多是职能型的，由一人统管负责公司某一项职能中的所有职员，例如制造、营销和销售、研究和开发。这种原则就是统管该职能的人对这一职能的技术知识了如指掌，他会就该职能如何运行作出最理想的决定，来保证该职能的优秀表现。因为很多公司的底层都是这么组织的，所以理应相信这种组织原则有其合理性。遗憾的是，职能型组织，特别是在大企业内，使得跨职能交流和合作变得困难。重要的问题要想得到解决，必须一层层传递到金字塔的顶端。无论职能型方案曾经多么有效，它都正在被更分散的组织模式所取代，这种模式是为了加速不同职能部门之间必要的交流。

最常见的分散组织模式，是由通用汽车的传奇人物艾尔弗雷德·斯隆首先提出的事业部制组织结构。在这种结构中，支持某一产品线需要的所有职能聚集在一起，就如事业部的产品线是独立的项目。在更高层，各种各样公司的项目汇总到一起。有些职能，如财务和/或人力资源管理部门，是由企业集权管理的。这使得它们能为涉及多个项目单元的活动进行监督，提供总体对策。这种组织结构大多很奏效，在大型组织内部这仍然是最主要的结构形式之一。

分散型组织结构也会有问题，例如，要完成非常规任务时，任何一个单独部门都没有足够的资源，比如将产品推向国外市场。解决这类问题的最好方法就是运用“创可贴”式的临时补救——为解决某一特定不足所用的临时对策。其中经典的例子就是创立国际部或者汇集国外事务的事业部。即使这些国际事务部门作用非常大，这种组织安排仍普遍被当作短期对策。因为一旦国内事业部发展到足够规模，它们自己进行国际运作就更为合理，因为它们对产品的了解别人无法匹敌。

在有关组织的著述中，这种像国际事业部之类的临时组织的重要性被严重忽视了。在我们看来，在强企业文化的公司内部，临时组织是促成卓越业绩的一个主要因素。没有一个智者能为企业设计出任何时候都绝对最佳的组织结构。即使有人曾经设计出这样的结构，随着时间推移，环境会变化，曾经最佳的结构也会过时。要克服公司的这一固有困难，明智的公司就会采用临时组织。

从定义上看就能知道，临时组织有非常明确的目的；当它为这一目的服务完了，就没有必要让权力继续存在下去，因此，它就会被撤销。要解决某些特殊的问题，创立临时组织远比不断重新组织企业要适宜得多。

对企业进行组织，是为了应对不同事务时连贯统一地解决。无论采取什么形式，都会有一些规定。例如：谁可以和谁在什么情况下进行交谈，事务怎样报告（或者不报告）给上一级，人们的自由受到哪些限制。管理大型企业，规定是必不可少的；但是严格刻板的规定会扼杀创造力和主动性。在强文化中也有规定，但是这些规定会比较温和，没那么丝丝分明。手册上的条条框框也没有必要了，因为那种非书面的规定足以引导正确的行为。结果是，强文化通过临时组织促进了这种不受拘束的企业创造活动的开展。这对那些各级文化连贯性较弱的公司来说是很难实现的。这是强文化能在长期内获得更优业绩的一个原因。

我们来看一个例子。在早些年个人电脑革命时期，IBM 一直站在局外。当它决定加入这一领域时，公司设立了一个临时组织，负责人是 IBM 一名优秀的老员工唐·埃斯特利奇（Don Estridge）。他向位于佛罗里达州的博卡拉顿总公司的比尔·洛（Bill Lowe）汇报，他也是一位 IBM 老员工。12 个月后，IBM 公司带着 IBM 个人电脑进军市场，而很快全球 PC 行业都开始向 IBM 看齐。20 世纪 80 年代的 IBM 有层层官僚体系，处理事务的速度很慢，所以在 12 个月内向市场投放新产品简直不可思议。这一群兢兢业业的 IBM 人能创造这样一个奇迹，是因为到结束的那天，他们又属于更宽广的公司文化（他们后来还在公司里兼任了其他高层职位，这正是他们一直盼望的）。尽管 IBM 后来的个人电脑事业江河日下，它却能完成不可能的任务，因为它能在 IBM 大家庭内创立分部门。

在强文化公司内，人们能相对轻松地进行跨职能调动。在公司内部，从一个组织单元调到另一个，可能对员工来说意味着要改变工作环境。因为当事人要向其新同事证明自己的能力，这种调动甚至可能给个人带来很大压力。但这很少会给员工的心理带来很大困扰。在强文化环境中，这些调动都是在同一个文化环境中进行的。在组织中，同事们往往会友好地询问新调来的员工有关去公司其他部门的前任员工的人事调动，这种任职前的仪式并不少见。通过聊各自的朋友和熟人建立联系，同事们欢迎新调来的员工加入新家，让他们在新环境中感到放松自然。文化所共有的历史和价值观让每一次调动变得轻松，它帮助组织持续运行。

今天，有些走样的公司文化很少还能协助跨组织的调动，它本来在强文化公司中应是再自然不过了。（IBM 曾经被戏谑地称为“我刚调动了”。）若极端地讲，把人员从一个部门调到另一个被收购公司的部门，这种调动就像跨越文化战场最前线的调动一样，实际上是在交换战争俘虏。新员工（来自收购文化）和老员工（被收购文化的幸存者）都可能感到被孤立和受排斥。人们正常的反应就是从收购公司调来更多的员工，来帮助缓和收购方在新情况下感到的孤立。这会加重文化分裂，因为它进一步强调了收购中的赢家和输家。如果为了满足收购方的财务目标，再加上貌似随意的裁员举措，这种兼并后遗症就无可救药了，而文化和解也机会渺茫。

管理者若想重建文化的连贯性，就应该把调动看作互相竞争的文化团体间达成理解的途径。选择调动那些善于融合和交朋友的人，而非选择那些世界观截然不同又争强好斗的员工，显然是促进友好关系的更好办法。设法向被疏离的亚文化成员提供职业提升的调动，既能重塑其自信，又能搭建跨文化的桥梁。遗憾的是，企业常常急于追求短期效果，而考虑不到这些问题。想要振兴文化的管理者必须重新发现这些教训。

一旦振兴的企业文化开始显现高凝聚力的迹象，就会产生很多进一步发展的新机会。能够形成并快速而无异议地融合各组织单位，是强文化公司最健康的特征之一。

设立绩效标准

强文化往往会对那些融入文化的员工有心理上的鼓励作用，并因此使其更快乐地工作。但是在今天这种基于利润底线的企业文化中，有谁真的关心员工是否快乐吗？已经一路做到高级管理层而且想一直待下去的人中很少有人关心这些。实现长期的真正优异的绩效完全是另一回事。公司尽其所能去鼓励高绩效。为何不将重心放在文化上呢？这时问题就变成，要想使文化足够强大以使优异业绩产生，我们该如何去实现它呢？其中一个答案就是设立业绩标准。

我们所说的“业绩标准”并不是指公司通常用来激励员工和监督表现的财务目标。我们所说的目标是通过预算和计划过程设立的，往往有其自己的生命力。在强文化公司里，这些目标可能会定得更高，而且可能比普通公司会更经常实现。在高凝聚力的文化中，人们往往对自己的机构感到自豪，更可能把目标当作既定的事实，而非高级管理层目前想达成的心愿。设定并达到这样的目标就是日常管理工作的内容。在我们看来，完成真正优异业绩的关键在于要求甚至坚持管理者和员工要接受超过他们正常工作职责的挑战（这里面已经包括了达到高业绩标准）。

在强文化中工作的人感觉自己是精英集团的一部分。这种环境的一个特征就是接纳新成员时，无一不进行某些仪式。一旦成员得到了晋升，他们会因为有归属感而感到自豪。因此他们绝对想要保持自己有身份的地位。若上级要求他们接受特殊的任务，他们几乎总会接受挑战。而且通常情况下，他们会很好地完成。

为什么挑战就不能成为员工日常工作的一部分呢？有两个原因。第一个原因是员工们可能已经在尽其所能来达到高标准。如果他们没有这么做，那么公司的正常目标制定过程可能就大有问题了。第二个原因更加微妙：属于精英集团的人往往对自己评价很高（很有可能比真实情况估计过高）。这种高度的自信是由于文化提醒他们“没有什么是他们做不到的”。强文化在成员获得成就的基础上兴盛发展。在外部可怕的挑战面前，强文化能鼓舞士气。人们广为传颂强文化取得的功绩，而且一直像是神话。身边有那么多正面的鼓舞，无论遇到多可怕的新挑战，人们都发现自己很难拒绝这项任务。即使他们不是每次都成功，但大部分时间都很有用。这种成功聚集在一起就使得公司取得更高的业绩。作为管理者，如果你不要求，就不会得到成果。正是管理者负责任地设定员工目标，鼓舞员工作为团队一员完成了预想以外的目标。

一般来说，在强文化环境中，优秀员工所接到的最有激励性的挑战能激发他们的工作热情，但是并不非常具体。“找到一条道路让我们能够统领……”这样的话能够鼓舞积极性很高的员工。团队合作的想法对那些强文化团体的成员来说更加鼓舞人。“建立一个团队去……”这样的话比其他任何一项任务更能点燃工作激情。人们排着队想要成为团队一员，因为他们想成为文化成功中的一个组成部分。他们想和早一代创造公司文化的英雄们共列英雄榜。

人们因为挑战而斗志昂扬。最强的企业文化环境吸引人之处就在于能够激励员工接受最大的挑战，这种环境也为一旦失败提供了安全网。如今的时代，最大的悲剧在于，没有足够的时间来真正利用好人类的能力。显然，管理应该警惕工作中的“过劳”迹象，保护个人免受“过度热情工作”的伤害。同样，管理还应该保证适当层次的资源分配给那些特殊的任务。但是除了保证员工的健康和福利，我们认为管理有责任鼓励员工挖掘自己的最大能力。

这里就出现了一个问题，在一个文化环境不那么强健的情况下，管理层能对员工的超常表现有多高的期望呢？回答是不该期望过高，除非想激起员工的愤怒和嘲笑。在一个存在文化威胁的环境里，员工的时间和精力得花在简单的生存上。他们根本没有时间和精力去面对那些管理层宏伟而不切实际的计划。我们来看看某位 CEO 进入一家当时身陷困境的大公司的例子，他把首次对员工讲话的机会用来赞美“走钢丝表现”（这个短语在当时公司的情况下听起来实在太怪了，所以一直印在我们脑海里）的优点和回报。这位 CEO 因为在其他地方的优异表现而执掌这个公司的帅印，却只待了不到一年。人们无法接受他的要求，因为当时公司内部完全是另一种情况。事实上，人们在背地里嘲笑他。所以请牢记：只提出与当时环境适宜的挑战。这意味着要彻底了解文化的健康性和连贯性。如果你一直推进文化的发展，提出挑战，总有一天会得到卓越的绩效表现。

跟踪绩效表现

管理人员让员工接受挑战，自己却忘记了这个挑战，这比没有提出挑战更糟糕。如果没有人记分，队伍输赢又有什么意义呢？获得高业绩的员工希望主管能遵守诺言。更准确地说，员工希望自己所付出的额外努力能得到赏识。

设立绩效挑战和监督进展情况的最好方法是，面对面地开展这项工作。期望员工超常表现的管理者必须表现得对员工努力很感兴趣，让人觉得他们愿意用所有时间来跟踪进展情况。这并不是说管理者必须真正监督项目开展的细节。相反，过多的实地管理会阻碍从任务开展到顺利结束的进程。管理者必须非常关注进展，使得员工集中精力完成任务，并时刻做好准备。

管理者个人若对跟踪进展有兴趣，也能在保证成功方面发挥重要的作用。例如，对一项极其艰巨的任务非常了解和熟悉，管理者就能发现资源方面的限制，并马上采取措施消除这些限制。对于任务的这种熟悉度和关注度，还能通过其他方式促进项目的进展，比如让就某项任务一起工作的团队和其他解决类似问题的团队保持联系。对那些为完成某项任务而工作的人来说，显而易见的关注度表明了此项工作很重要，还能鼓励他们付出双倍努力。

若想创立高绩效的公司，管理者的最后一项责任是保证额外的努力得到承认。在困难项目的进展过程中，有些时候是不应该进行宣传的，但有些时候，同事间公开的鼓励就能决定成功和失败，这种情况就需要大家都知道这件事。负责这项任务的管理者必须保证在适当的时间对员工进行肯定。要想维持卓越表现的标准，重要的是在项目进行中和完成后，使团队成员因其出色的工作得到祝贺和奖励。如果一项任务已经付出了超人的努力，但仍然失败了，那么必须重新激励员工，让他们能去接受新的挑战，即使上一次没有达到目标。花旗公司把失败的员工分配到“受罚席”，然后再把他们分配到公司里新的职位，完成艰巨的任务。这里的关键是：一旦你已经完成了受罚阶段，就应该离开受罚席，重新进行比赛。曾付出全部努力却失败了，但只要失败之后平稳过渡到新任务，“失败”就不该再跟随着你。

成为绩效卓越的组织的一员乐趣无穷，在其中进行管理精彩纷呈。在这里能一次又一次创造佳绩，周围都是成功的例子能让人发挥出自己最棒的一面。人们能挑战自己的最大极限，共同促进工作的成功。出色组织里的出色员工互相吸引，把他们的能量和才智聚集在一起能产生惊人的合力。创立一个出色的组织需要建立强大而有凝聚力的文化，能从各方面去支持带来优异业绩的工作。能成为卓越绩效的强文化的一部分，是对任何一个上班族的最好奖赏。

你的员工政策如何体现企业文化？

如果管理人的方面对于建立企业文化如此重要，那么，评定员工政策是否高效是迅速获悉你的员工政策和你的公司组建情况是否良好的一个办法。例如：

- 你能用不到20个字写出你们企业文化中员工与众不同的特点吗？如果写不出，这是为什么呢？
- 你的聘用标准有多明晰？是否常常付诸实践？
- 有多少高层管理时间是用于招聘你们文化的新成员呢？

● 你晋升员工时，所用的标准是否和招聘新职员一样？如果不一样，为什么呢？

● 你们公司进行晋升和奖励时，在多大程度上真正强化了文化标准？

● 你的薪水政策是否很好地强化了共同文化？

● 你的管理者薪酬计划是否和公司内共同的目标所要求的相一致？

● 你在公司内部调动员工的频率如何？你是否觉得这种调动很容易呢？

● 你是否安排好这种调动以实现文化目标，比如让公司不同部门联系得更加紧密？

● 你真正激励员工去接受挑战、超越自己的频率如何？他们对你的做法如何反应？

● 你是否亲自参与某些特殊项目？

● 参加某些特别项目的员工是否会得到短期和长期的适当奖励？

● 你记录他们的表现吗？你的员工知道你在记录吗？他们是如何反应的？

任何一个公司都不可能在回答这种问题时总是交上满分的答卷。同样，任何真正卓越的公司都不会害怕问自己这种挑战性的问题。如果你想实现真正超群的业绩，自己做一下测试吧，然后开始采取行动。

第13章

重获工作场所的活力

从20世纪80年代初开始，普通工作场所中文化凝聚力大幅减弱。普通人曾经快乐地去工作。工作使他们能维持生计，而且工作还给他们带来更多的内容：友谊、激励以及欢笑。工作给人们提供机会参与到重要的事务中去，去实现目标，获得成功。工作使人们因为能有所贡献而心情愉悦。

现在，工作仅仅是一个日常惯例，而且并不非常稳定。人们不是为了寻找友谊、团体和意义，只是为了竞争越来越少的稳定职位。今天的工作不再去激励人，而是提出无法逾越的挑战，提醒人们自己有可能失败，并最终被遗弃。欢笑消失了，取而代之的是讨论不快选择的紧张和悲观的谈话。今天的工作不是让人们有归属感，而常常是榨取式的。工作似乎是为了让老板更富有，而最大限度地榨取每个员工，他们为了微不足道的回报而拼命工作。在人人自危的劳动力市场，最有价值的目标不再是成就，而是生存。今天的工作环境中，宣布晋升决定时，不再是对更上一层楼的希冀，而是算计谁输谁赢冷冰冰的钩心斗角。不再有贡献力量的感觉，因为人们需要把更多的精力放在仅仅是维持一份工作上面。人们珍惜工资单，因为下一份可能就不会到来了。所有这些毁掉了工作生活的快乐和意义。

美国大陆航空公司董事长戈登·贝休恩曾经带领员工创造出扭亏为盈的辉煌，他说：

> 1994 年 2 月，我走进门的那一刻，看到了大陆航空最大的问题：这个工作环境太糟糕了。在公司经历多年的裁员、工资冻结、工资削减和不遵守诺言后，这里的文化是一种诽谤中伤、互不信任、恐惧憎恨的文化。说得婉转些，人们来这里工作并不开心。他们对顾客板着面孔，对其他员工脾气暴躁，对自己的公司感到羞耻。而如果没有喜欢来这里工作的人，你不可能生产出好的产品。这是行不通的。

但是大陆航空并不是唯一一家工作环境让人感觉如此沮丧的公司。世界上成百上千的公司，大部分都采用了时下最流行的管理方式，或者是为短效利益拼尽全力，都成功地创造了同样有害的工作氛围。股票市场稳定增长，每一个地方的管理者都在为保证股东利益和财富作出努力，却忘记了基本的一课：没有人，什么事都干不成。任何组织的人都创造文化，以赋予他们所做事情的意义，使他们能联想到更远大的东西并为此自豪。在今天，大部分组织的文化已经瓦解，因为人们自卫式地追逐自己的利益，联合起来抵制充满敌意的环境，这一点不令人感到奇怪吗？只有一种方法能走出这种僵局。回到根本上来，重建一个社会环境，能满足员工的需要，鼓励他们伸出双手，去拥抱一个更远大的目标。

我们提倡工作场所重新人性化。在这里列出的步骤可能对你有帮助，但是比此更重要的是更大的挑战：让人们觉得工作有意义。只有在那时，人们才会重新感到做事有目的，有冲劲，更加确定用额外的精力去完成一个集体目标是有意义的。我们的方法更关注文化，这是企业柔性的一面。

让人们想要工作

让我们从最基本的地方开始：人们最初为什么要去工作？

报酬

人们为了报酬而工作。工作最直接的目的就是能够过上舒服的日子。因此，让人们想要工作，就从提供一份体面的报酬开始。但是还远远不止这些，无论员工在公司里的职位高低，他们都在用心工作。他们对于周围所发生的事很敏锐，特别是工作中那些直接影响他们的方面。如果员工所得的报酬比其他工作相同的同事少，而对此并没有让人满意的解释，他们会心生怨恨。若是他们的报酬不如其他公司，他们也全都知道。如果公司漫不经心地随意给人奖励或晋升，这会让他们感到愤怒。“多劳多得，少劳少得”听起来像是一个组织的口号，但这也是员工想法的写照。

正如员工对报酬很精明一样，他们也不会对影响自己报酬的条件浑然不觉。如果公司因为无法控制的原因（例如，需要更新的旧技术，低价进口产品以压低市场价格）而业绩不佳，员工会理解为什么自己的报酬不尽如人意。如果公司没有采取任何措施去改变现状，他们可能会变得不耐烦，若公司在可以理解的困境中努力解决问题，员工常常会接受并不太理想的报酬。但是，如果公司业绩不断创新高，报酬却未提升，人们自然会觉得愤怒和怨恨。而且如果利润迅速蹿升，通过股票期权不断提升经理人的报酬，员工就会彻底地敌视公司。

不让报酬成为打击士气的因素，公司唯一的办法是公正付酬。如果一个公司能让所有报酬都维持在高水平（就像许多高科技新兴公司），其他条件又很公平，员工会心花怒放地工作。不幸的是，今天大部分公司的情况并非如此乐观，所以他们的报酬方案必须要有公正的实行原则。不能回避公正付酬这一问题，但是要鼓励那些工作斗志昂扬的快乐员工，高报酬还只是冰山的一角，只是必要而非充分条件。

合理的工作保障

终身雇佣保证的时代已经是过去时了。今天的人们并不期望有这样的保证，因为今天几乎没有人会认为公司所作出的这种保证是可信的。但是，这种商业环境的转换，并不意味着工作安全感不再是员工担心的事情。持续不断的裁员和建立在不可预测基础上的雇佣体系并不可行。

人们需要一定程度的工作保障，因为他们根据持续的收入来作出设想，安排生活。他们有房贷要还，儿女一旦如愿上了大学就要交学费。人们计划好了家庭假期，早早地订好了机票。体检已排好了日期，来保持身体健康。所有这些个人承诺都需要钱来支付，无论用何种方式。若是收入突然中断，毫无预兆并且常常不怎么公正，就会让所有这些正常的家庭安排陷入混乱。

虽然不情愿，今天大部分人还是会承认社会竞争越来越激烈。竞争对手带着低价产品进入市场，其他企业就要遭殃。那些为生存苦苦挣扎的公司的员工都承认，要继续下去就得采取行动。如果需要裁员，就只好这么做了：这就是今天的商业界。但如果接二连三地裁员，有些甚至是在利润创新高时进行的，早先对裁员的接受就会变成怨恨和被欺骗的感觉。这种反应是正常的。这也是正常人的反应，因为这种持续的裁员氛围会把工作以外的生活搅得一团糟。

大部分雇主都认识到了这点。但是，不断增长的季度收益的压力使得对人的关注远非紧迫任务。这种管理十分糟糕。它导致员工士气低落；它阻碍提高生产力的真正举措；它毁坏了受影响员工生活的社会组织。公司若是如此非人性化，假以时日，必然会毁掉公司组织和竞争力。所有这些都是常识。问题是做些什么来改变这一情形。

没有简单的对策。但是有些措施可以让雇主来改善这种情形。首先，如果因为公司的经济环境改变需要裁员，要保证措施得当。保证举措和需要的反应都公开。在决定裁员负担如何落实到个人身上时保证公平，极其审慎的公平。而且在帮助被解雇员工过渡到新工作和新生活时，在经济环境允许的条件下尽可能地慷慨。此外，只进行一轮裁员，而且要得当。如果必要，削减明显非急需的费用，以尽可能保证剩余员工的工作安全感。

对那些过去裁员后剩下来的员工，应致力于重新争取他们的信任，保持他们的忠诚和承诺。从极端上讲，没有余留的员工，也就没有公司了。对那些不可能被解雇的员工，完全可以放心大胆地向他们保证只要公司在，他们就不会离开。事实上，在最大型的公司里，这种有限的终身职位可以适用于员工中的很大一部分。但是，只有雇主考虑周全了，并且告诉员工这一事实，否则就不会奏效。如果雇主做了必要的工作，即使是那些在下次不景气时最有可能走人的新进员工，也能确切知道他们至少能在公司里待多久。即使这种有限的承诺，比如说两年，远不足以使员工有安全感，但这样一种态度比起消极处理也有很大不同。雇主所做的全部，只是一点远见和公平对待员工的意愿。雇主因为自己的行为使得工作不安全感四处蔓延，让他们采取行动来缓解这种现状有什么过分的吗？

工作内容和工作满足感

第三个激励员工的主要因素是他们从所做工作中得到的满足感。与那些工作时间忙不起来的员工聊聊，你的眼界就会开阔，他们之所以无所事事，与满意度和工作动力有关。有些人喜欢循规蹈矩，如果现状变化太多，他们会觉得不舒服。另一些人喜欢变化，如果他们日复一日都面对同样的工作，马上就会觉得厌倦。让人们去做那些符合自己性格和爱好的工作，是任何管理者所面临的主要挑战之一。但这并不是产生工作满足感的关键所在。

解决问题的要点在于让那些工作的人能各尽其才。多年来，为使工作丰富化（以及其他大意差不多的说法），人们费尽心力。为了让人们工作时施展自己的全部才华、完成任务时充分发挥自己的所有能力，以前的方法远不够有效。管理的难题就在于只有一定数量的任务需要完成，而并不是所有人都能从事最有意思的任务。但只要任务足够灵活，个人能在其中进行思考和决断，任何任务都能变得很有意思。员工觉得最无法忍受的是工作时没有发言权，因为这样他们无法运用自己的能力尽其所能完成任务。

员工承担起更多责任时生产力就提高了，大家发现这一点时似乎都很惊讶，我却觉得理所当然。将一个生产工人调离生产线，原本他的职责只是成为生产线上多个小齿轮中的一个，而现在安排他去生产团队里，要完成各种各样的任务，你就能见证生产力的提高；或者，把同一个工人调离生产线，安排他去质检组，就会发现这个团队能想出许多个改善生产过程的新点子。这可不是魔法，也不是什么高深理论。如果要求员工运用自己的才能，包括他们的智慧，他们就会有更出色的表现。

全世界如此广泛运用的泰勒主义，把工作分解为最简单的许多任务，无视个人远不止这些潜力。事实上，这样创造的生产力水平还不如人们能尽其所能时可能创造的生产力水平。想一下在工厂里安装一台复杂而高效的机床，却只让它一次又一次做同样的重复性零工。我们绝不会让一台昂贵的机器无法物尽其用，同时我们却一直这样对待人力资源。

我们并不是倡导重新计划每一项工作职责。要达到同样的目标，有简单得多的办法。最有效的就是将责任分散，把责任尽量落实到做这项工作的每个人身上。这就要求信任员工，而且能容忍其偶尔的失败。这种方法确实奏效：这让工作更有趣了，并激励员工发挥自己的最佳水平。当然只有评价系统到位了，保证一切运转顺利，责任分散才能奏效。但是，这种评价系统需要去评价产出，而不是员工在一个困难的任务前工作有多么“努力”。

真正的责任分散再加上适当的监督，不仅能提高生产率和效率，还能让人们觉得快乐。它使得人们能从成功中获得满足感，而不用总是有人监督自己的一言一行。这能使人们感觉到工作是值得的。快乐的员工还能让管理者也觉得工作更加快乐。当管理者和员工都喜欢工作时，提高生产率水平的可能性也大大增加。

回报型的社会环境

人们工作也是为了过得愉快——这并不是指聚会、欢笑和玩笑，或者大家都感到快乐的经历。某些人觉得愉快的事并不一定对他人来说也是如此。要想界定工作上“愉快的事”，最好是用其相反面来说明：没有人想结束工作回到家里时，觉得一天过得糟透了，什么积极的事都没做。

人们只要醒着，绝大部分时间都是用来工作。尽管家庭在一个人生活中的地位比工作要高，却是工作使得家庭蒸蒸日上。工作排在家庭生活前面是因为它占用了员工在家的时间。事实上，工作的需求直接决定了家庭时光。更重要的是，工作还能决定一个人家庭以外的个性，因为人们花很多时间在工作上。在工作中我们结识了很多朋友和熟人，下班后和他们之间的交流能占去人们很大一部分时间。如果工作是如此重要，应该如何让社会环境符合人们的期望呢？

首先，最重要的因素是尊重：如果自己得不到重视，没有任何一个正常人会觉得工作是在社会上有所回报的。工作环境里的尊重用一句话来概括，就是把每个人都当作有才智的个体来对待。不同的工作会有不同的地位，高层的人会得到最深的敬意。但无论是什么职位，人们都应该得到尊重。得到尊重并不排除吸取批评意见。人们如果做错了事，就希望有人能告诉自己——或者是做了什么特殊的事就能得到奖励。不然他们凭什么来学会别人期望自己怎么做？批评和监督并不意味着缺乏尊重。

要创造一个培养快乐和高效员工的工作环境，建立尊重意识至关重要。好的企业把对个人的尊重放在企业价值观的重要地位。把尊重当作价值观来宣扬并不够，必须在日常行为中的所有方面都得到落实。这是建立吸引人的工作环境的基础。

除了尊重，其他社会环境方面也使工作场所很吸引人。这些方面中最重要的就是娱乐和冒险。无数研究表明，人们从工作中获得快乐时就表现得更好。当和他人的交往增多，人们的幸福感就会提升。这种感觉促使人们更勤奋地工作，接受更大的挑战。他们刚下班就又想上班了。但是，人们普遍认为工作应该是一本正经的，它阻碍了人们想从工作中获得趣味的愿望。加里·盖雷西（Gary Geresi）是花旗银行一家重要分行的资深副总裁，曾经对我们中的一个人说：“如果他们想要工作变得有趣，他们就会把它叫做‘游戏’。但是他们没那么做，而是把它叫作

‘工作’。”我们可能本应该回答：“但是，加里，这是冒险开始的地方。”但是每一个人都捧腹大笑，在这个本应该严肃的工作环境里。

工作时人们期望能接受挑战。如果有足够的挑战，工作就成了冒险。挑战成功能带来个人满足感，并为此庆祝。在第 11 章我们讲到管理具有能给工作场所带来一种乐趣的作用。与此矛盾的是，管理者鼓励这种趣味的一个重要途径就是让个人接受挑战，做自己没想过的事。没有奖励的挑战没有用。但是，没有挑战的工作缺乏激情。管理者若没有让员工挑战自己的极限，就在两方面都有所损失：他们错过了战胜这些挑战所带来的利益，也失去了使员工更喜欢自己公司的机会。

工作生活的最后一个方面，就是共同创造出一个有社会回报的环境。这和工作时的友情相关。大部分成功的企业在他们雇用的人身上寻找特有的品质。尽管结果常常是统一性，这使得工作场所对志同道合的员工有吸引力。我们提到过，微软因为雇用聪明的员工而著名。人们普遍认为微软之所以能成功，是因为其职员中聪明人的比例远远高于其他公司。相比之下，麦当劳曾经雇用进取心极强的员工。他们的个性促使他们在新兴的速食产业里设立和实践高目标。西南航空公司坚持雇用工作态度好的员工，该公司的创始人赫伯·凯莱赫曾说过：“我们寻找的是态度；有幽默感的人常常并不严于律己。我们可以就你的工作职责对你进行训练，但是西南航空不能改变的一点就是人们与生俱来的态度。”结果是乘坐西南航空令人愉快，而且它的服务是所有企业中首屈一指的。

为什么严格的招聘原则在建立有吸引力的企业环境中扮演这么重要的角色？人们往往和自己认同的人相处得更好，往往和与自己志同道合的人更容易交朋友。而如果这种志同道合甚至包括都有针锋相对的性格（例如，在英特尔这样的公司里），他们觉得这也更容易处理争论。团队里的人有共同的价值观让他们觉得成为其中一员很开心。统一的招聘理念可以是一把双刃剑。任何一个公司若是人员特点太过一致，会让其失去经验和观点的多样性，而这对于在复杂而充满竞争的市场里成功是很重要的。但是太不统一会使得工作环境很尴尬，使得工作场所令人不适。在相似和相异中找到恰当的平衡是关键。

舒适的物理环境

工作场所最重要的就是舒适。衡量舒适的标准可以也确实各不相同。例如，英特尔和惠普这样的公司偏好大面积敞开式平面布局的办公室，像微软这样的公司考虑到工作需要思考，坚持使用个人独立的办公室。许多制造企业则体现出另一种风格，能让工人们联想到生产线活动（比如，简朴的办公家具和铺着油布的大厅）。不管建筑师和设计顾问说什么，没有什么是绝对正确的：只要在特定的环境下能让里面的人感觉到舒适就是正确的。

如果没有绝对正确的答案，那么可以有无数种方法能使工作环境变得受欢迎。最重要的就是清洁，即使看起来普通一点也不要紧。没有人愿意在猪圈似的房间里工作。保持工作区的清洁对营造一个有吸引力的环境来说必不可少。地板不能有油污和水渍，用过的咖啡杯不能放在咖啡区，复印机、碎纸机旁不能有废纸。建筑物、停车场、员工食堂以及卫生间的整洁度都关乎一种舒适感。保洁工作做不好则表示某种程度的懒散，这种懒散也可能会带到工作中去。

除了基本的卫生标准外，提供非正式交流的空间有助于建立一个社会性的友好的工作环境。公司的工作真正完成的地方是饮水机旁、有咖啡机的茶点间、非正式的会议室、储藏室。如果管理者能把这些人们常常聚会的地方布置得舒适宜人，就一定能得高分。怡人的环境使人们愿意聚在一起随意交谈，建立工作上的友谊。诚然，有利于非正式交流的环境设施并不能使一种企业文化在一夜之间脱胎换骨，但有吸引力的聚会场所有助于营造一种工作环境，使大家都乐意来工作——这就是成功的第一步。

准备在全球化的世界中生活

随着现代通信和旅游业的发展，我们可以随时随地拨打电话，安排会议。数以百万计的人的生活范围扩大了，常常可以与全球范围内的同事和商业伙伴联系。一些人所在的工厂外包给了工资成本低的国家；一些人的公司是远在世界另一端的供货商；还有一些人在合资公司工作。随着资本市场的开放和随之而来的投资基金在国际上的流通，你的老板很可能身在更遥远的地方。20 世纪 70 年代以来，经营世界的国际化发展到了前所未有的程度。如果不能顺应这个潮流，任何重建工作社会环境的努力都会是过时的、徒劳的。

正如第 7 章讲到的，经济日趋全球化使企业文化发生了急剧的转变。尽管跨国旅行和交流越来越频繁，快速的全球化还是让人们感到措手不及，因为他们对跨文化的商业交易仍不了解。人们常常陷于对其他文化的偏见与成见中。人们一旦产生了成见，就会自然而然地为别人设定一个模式："我很正常，你很奇怪。"这样会影响交流的效果，达不到合作的目的，还会产生疏远感。这些都会使工作场所变得非人性化，导致员工对它产生排斥感。向全球市场挺进的运动速度越来越快，范围也越来越广。如何使人们更好地应对无国界环境下的工作呢？

毫无疑问，答案就是了解更多的外国文化和习惯。世界上很多国家已经为此做了很好的准备工作。例如，欧洲一些年轻人看到欧洲大陆各国融合越来越紧密，正在学习各种不同的语言，并且主动寻求国外工作机会。越来越多的亚洲年轻人学习英语，作为他们的第二语言。只要有机会，不同年龄的亚洲人都开始到世界各地旅游。虽然在西方世界，通常比较鄙视走马观花式地组团旅游，但亚洲人想要了解其他文化的愿望仍值得钦佩。只有在美国，狭隘的地域观念还占统治地位。大多数美国人还是“与世隔绝”的，虽然全球化正迫使人们开始反思一些基本的观念。因此，文化交流中对抗和误解仍然占据主流地位。

为什么会这样呢？在许多引领全球化运动的美国公司中，员工并未做好在无国界的世界里生活的准备。像吉列这样的公司在这方面做得很出色，但大多数公司在意识到需要一个真正的全球化姿态时已经太迟了。结果造成了局势的紧张，交流的低效，甚至各文化之间合作的失败。这就使国际的商业往来变成了不可能的事。如果一个企业的商业运作不成功，就几乎不可能发展出强有力的企业文化。如果没有为全球商业活动做好准备，也不可能在理解学习其他价值、知识和经验的前提下进行合作。

管理者如何让公司做好准备，应对在全球化经济中的生存？让人费解的是，很多公司在雇用和提拔年轻人时仍然不要求他们学习外语。更荒谬的是，有些公司也不会定期安排给年轻员工一些国外的工作任务。要培养对文化差异的敏感性，最好的方法就是到另一个国家去生活和工作。但这并不包括让新员工轮流熟悉国外业务。通常，只有员工的能力在国内工作中得到证明以后，才会被派往国外从事相似岗位的工作。

虽然以上都在讨论全球管理，但这绝不是通过本国员工的管理“控制”国外业务的问题，也不是培养外国员工让他们融入国内业务的问题。为了克服以往的失败，这两种做法在短期内都可能是必要的。但相比建立一支全球员工队伍，让他们与世界上任何地方的人一起舒适地工作这个长期工程来说，这些都只是权宜之计。

由于长期的理想和短暂的现实之间存在着巨大的差距，期望一家公司在一夜之间发生转变是不现实的。但一家公司如果致力于在全球经济中持续发挥作用，就应该开始让年轻的员工为未来 20 年甚至更远的将来做好准备。

要用全球的眼光看待目前的工作团队，公司可以做很多事情来弥补它们在这方面的不足。所有公司都在为培训员工而投资。但现在有多少投资是用于让员工了解国外文化的呢？几乎没有。当员工去外面进修，很多公司都会报销他们的学费，或直接给他们补贴作为奖励。但是，如果当前工作并不要求员工掌握语言技能，又有多少公司会补贴参加语言培训的员工呢？有多少公司的员工短期培训项目中，会让来自不同国家的人参与其中，帮助他们学会与各种不同文化打交道呢？只要有意愿并有远见，公司可以采用许许多多低成本的方式促进其全球化事业的发展。但现在，几乎没有公司在做这样的投资。

一家公司如果真的想使它的业务全球化，就必须树立起世界性的观念。在这方面，公司可以向工作环境更加人性化的方向迈进。一个全球化的员工队伍不是去拒绝外来文化的侵入，而是欢迎其他文化的影响，因为人们会带来各种各样不同的视角。一个全球化的工作团队不是把国外的同事当成笑柄，而是把他们视为学习的对象、灵感的源泉；不是把文化外来者孤立起来，而是去欢迎他们，把新的友谊当成开阔视野的良机。很多公司都希望加入到全球化的进程中。要使潜在的利益变成现实，它们必须迈开步伐积极准备。只要相互配合、坚持努力，公司就能够建立起真正的全球性文化。不过，要做到这一点，就得从现在开始。

在工作中建立学习环境

1969 年，在《不连续的时代》（*The Age of Discontinuity*）这本具

有里程碑意义的书的第一版中，作者彼得·德鲁克造了一个新术语“知识社会”。他引发了管理思维领域的一场革命，这是一个初见成效的想法。1998 年 7 月，亚马逊网上书店的书单证明了这一点，在书单中，有 95 部书的书名中包含了“知识管理”，345 部书的书名中包含“信息时代”“知识社会”这些当代的同义词。

这些流行标签对于现代商业来说究竟意味着什么样的变化呢？信息时代的来临预示着商业实践新时代的来临吗？这些变化又将怎样影响工作的性质？德鲁克的解释是，在这个新的时代，“知识已经成为最核心的经济资产”，它将决定商业的成败。随着知识变得越来越重要，作为知识的载体，人的作用是不是会远远不如知识本身呢？同样，根据德鲁克的观点，新的商业知识会变得更加条文化，更加依赖于科学发现，更少依赖于个人经验。因此，以获取知识为目的设计机制和以针对商业问题引进知识为目的的系统，将会越来越不重视人作为知识载体的作用。许多公司都在投入重要的资源来发展获取知识的系统。我们认为这是现代社会实现泰勒主义（细化社会分工）的最终尝试：这是最后一次努力，把个体作为工业机器上的一个齿轮对待。

《牛津简明词典》（*Concise Oxford Dictionary*）把知识定义为“人们所知道的事物的总和”。如果从字面上理解这个定义，知识管理可以被看成是人们获取、开发已知事物的知识的集合。对这个定义的认同是管理理念开明的表现之一。员工渴望在工作中全面展现包括智力和知识在内的所有技能。人们在工作中不断地学习，这对有思考力的人的自我印象至关重要。泰勒信徒们的这些想法对于组织 20 世纪工业生活来说意义非凡，它们曾使行业组织变得明晰，同样又消除了人们缺乏条理的输出。信息时代的来临能从此让人类作为知识（商业的首要资产）的管理者再次发挥主导作用吗？

任何一家重视员工知识的公司都会通过良好的团队作业和沟通技巧

来激发员工。对于一个有远见的企业来说，尊重员工在会议上提出的见解将会成为其核心价值。对于从事招聘工作的人来说，寻找有强烈求知欲的员工将成为他们的主要目标。要融入以知识为基础的企业文化，第一要义就是鼓励员工以富有成效的方式分享知识。建立一个鼓励学习的环境，使员工在其中能够学习和成长，将会成为管理者的首要任务。信息时代要求人们能够学习知识、存储知识、分享知识，这会改变现代商业的面貌，使工作环境变得独具吸引力，因为它重视员工，在共同追求商业成功的过程中把他们的技能转化成了资本。

建立一个以知识为基础的商业环境也同样符合 20 世纪员工的个人利益。工作曾经被视为安全感的源泉，人们辛勤工作以期终身受雇于一家企业，但现代员工已没有了这样的保障。20 世纪 80 年代中期以来的管理行为使工作保障不再是一个可靠的承诺。相应地，如今许多员工也在为个人福利而四处寻觅。员工们更加重视获取新知识、新技能的机会，这部分是出于个人利益的打算，员工们寻求这样的机会很少是出于公司利益的考虑，更多考虑到的是这些技能在今后的求职中有多大作用。许多现代员工非常渴望学到有助于实现个人职业目标的知识。对于缺乏信任感而又极具上进心的这一代人来说，真心重视和支持员工追求知识的企业，很可能成为最具吸引力的企业。

真正的学习发生在一个渴望探索的人身上，很可能出现在一个把学习作为根本价值观来支持的环境中。因此，如果一家公司追求获取知识和开发知识，并以此作为长期经营成功的关键，则现代员工的需求与公司的利益恰好相符。许多进步的公司都最大限度地利用了这种需求和利益的重叠，构建起一个有助于双方利益发展的工作环境。微软寻找并雇用人才市场上最聪明的人，并努力使他们喜欢上这样的工作环境。摩托罗拉、花旗公司、宝洁公司虽然经营的领域各不相同，但都采用各种员工政策，以确保员工有机会获得培训，培养各方面的能力。这种保障是传统工作安全保障的衍生物，但仍与当今难以预测的经营世界密不可分。我们知道的公司中，几乎没有几家公司把获取知识和分享知识作为企业文化身份的一条核心价值观。信息时代仍有许多资源尚待开发。

一家以知识为主要资产的公司，会创造一种重视员工、渴望知识的工作环境。这样的公司会鼓励员工学习，支持他们为了追求知识而努力工作，即使有时为了追求知识而承担高风险。这样的公司会鼓励分享知识——知识如果不与同事分享，又有什么用处呢？这样的公司对提升知识、增长能力的个人进行嘉奖。这样的公司会鼓励各级员工各抒己见，为公司更加美好的前景贡献自己的意见。这样的公司会努力保留它的核心资产——这些有知识的员工，因为它看到在他们身上蕴含着未来经营成功的基本要素。这样的公司将会是令人愉快的工作场所，每一位员工每天都盼望到这里来工作。

商业的运转最终表现为一种循环式的前进。我们正处在一个强调短期效益而非长期过程，在分享企业蛋糕的过程中强调股东利益而忽视其他利益要求者的循环当中，不过，我们足够乐观地认为，这一循环过程已近尾声。当这个令人苦恼的循环结束时，管理决策将会作出一些调整，将负面效应的某些部分抵消掉。商业利益的重新调整是必要的，有助于使工作场所重新回到正常表现。如果工作的社会方面得不到复兴，长期的企业效益和经济效益就会受到损害。

20 世纪 80 年代中期以来，商业的发展严重地影响了工作在人性化和社会性方面的吸引力。在这个时代，管理者过分关注提升股票市场的表现，往往会采取一些极端的措施，让员工产生疏离感，迫使他们出于保护意识变得前所未有地只关注自己的利益。最极端的情况是，员工对工作的幻想完全破灭，勉强去上班只是为了挣钱。由眼前利益驱使的行为会消解强企业文化，削弱潜在的长期绩效。

随着信息时代的发展，人们越来越认识到知识是关键的企业资产，这为工作场所重获吸引力创造了潜在的条件。意识到新企业文化的潜力的管理者可以逆转 20 世纪八九十年代的潮流。这些管理者可以重新开始把工作场所定义为一个有意义的、人性化的环境，在这里，员工们有巨大的潜力创造出骄人的业绩。他们能使工作变得独具魅力，能使员工重新焕发活力，并且引导他们一起为实现经营目标而努力。但要做到这一点，管理者必须认识到员工和雇主之间是相互依存的，营造一个双赢的环境十分必要。接受这个挑战的管理者将会成为商界明天的领袖，它的战利品属于有勇气去赢得它的人。

The New Corporate Cultures

by Terrence E. Deal and Allan A. Kennedy

Published by arrangement with Basic Books, a member of Perseus Books Group

图书在版编目（CIP）数据

新企业文化：重获工作场所的活力/（美）特伦斯·迪尔，（美）艾伦·肯尼迪著；李原，黄小勇，孙健敏译. --北京：中国人民大学出版社，2021.3
ISBN 978-7-300-28973-1

Ⅰ.①新… Ⅱ.①特… ②艾… ③李…④黄…⑤孙… Ⅲ.①企业文化-研究 Ⅳ.①F272-05

中国版本图书馆 CIP 数据核字（2021）第 032273 号

新企业文化
——重获工作场所的活力
[美] 特伦斯·迪尔
[美] 艾伦·肯尼迪 著
李 原 黄小勇 孙健敏 译
Xin Qiye Wenhua

出版发行	中国人民大学出版社		
社　　址	北京中关村大街 31 号	**邮政编码**	100080
电　　话	010－62511242（总编室）		010－62511770（质管部）
	010－82501766（邮购部）		010－62514148（门市部）
	010－62515195（发行公司）		010－62515275（盗版举报）
网　　址	http://www.crup.com.cn		
经　　销	新华书店		
印　　刷	北京联兴盛业印刷股份有限公司		
规　　格	160 mm×230 mm　16 开本	**版　　次**	2021 年 3 月第 1 版
印　　张	20.5 插页 2	**印　　次**	2021 年 7 月第 2 次印刷
字　　数	251 000	**定　　价**	65.00 元